中国稻米
产业经济通论

◎ 李建平 李俊杰 肖 琴 等 著

中国农业科学技术出版社

图书在版编目（CIP）数据

中国稻米产业经济通论 / 李建平等著. --北京：中国农业科学技术出版社，2022.12
ISBN 978-7-5116-6003-9

Ⅰ.①中… Ⅱ.①李… Ⅲ.①水稻－产业经济－研究－中国 ②大米－产业经济－研究－中国 Ⅳ.①F326.11

中国版本图书馆CIP数据核字（2022）第211884号

责任编辑	崔改泵　褚　怡
责任校对	李向荣
责任印制	姜义伟　王思文

出 版 者	中国农业科学技术出版社
	北京市中关村南大街12号　　邮编：100081
电　　话	（010）82109194（编辑室）　　（010）82109702（发行部）
	（010）82109709（读者服务部）
网　　址	https：// castp.caas.cn
经 销 者	各地新华书店
印 刷 者	北京建宏印刷有限公司
开　　本	185 mm×260 mm　1/16
印　　张	16.75
字　　数	386 千字
版　　次	2022年12月第1版　2022年12月第1次印刷
定　　价	150.00元

━━━━━◆ 版权所有·侵权必究 ◆━━━━━

国家现代农业产业技术体系"水稻产业经济岗位科学家项目"（CARS-01-53）、中国农业科学院基本科研业务费专项"高标准农田建设标准体系构建及投入机制研究——以水稻和小麦为例"（Y2021YJ03）资助

中国稻米产业经济通论

著者名单

李建平　李俊杰　肖　琴

吴海霞　李文娟　迟　亮

王秀芬　周旭英　梅　冬

王韶华　岑积新　温赛赛

序

我国是水稻历史古国、地理王国、资源富国、生产大国和科技强国。从历史渊源来看，我国是目前国际公认的稻作起源地，栽培历史可追溯到一万多年前，形成了非常悠久和深厚的稻作文化。从地理分布来看，水稻在我国的种植范围极广，南至海南岛，北至漠河，东至台湾，西至新疆天山，低至海平面以下的东南沿海潮田，高达2 700m的云贵高原，均有水稻种植。从种质资源来看，我国稻种资源占全球总量的一半以上。从生产规模来看，我国稻谷产量长期稳居全球第一，近十年一直保持在2亿吨以上，单产水平比全球平均单产高50%左右。从科技水平来看，矮秆水稻、杂交水稻的培育与应用是我国水稻科技的两次历史革命，大大促进了水稻产量迅速提高，对解决我国的粮食问题、推动社会经济发展做出了重大贡献。可以说，我国水稻产业高质量发展水平不仅在我国主粮作物中走在了前列，综合实力更是引领全球先进水平！

习近平总书记多次强调"中国人的饭碗要牢牢端在自己手中"。水稻作为我国最重要的口粮作物，进一步促进水稻产业高质量发展对我国粮食安全关系重大。党的二十大报告明确提出"加快建设农业强国"，对提高我国农业发展水平提出了更高要求。我国水稻产业在国际上处于领先地位、发展优势突出，将在农业强国建设中发挥引领作用。水稻产业经济是水稻产业研究的重要内容，涉及整个水稻产业链。加强水稻产业经济研究意义重大，是服务我国水稻产业发展战略和政策制定的重要支撑。

本书主要著者李建平研究员是国家水稻产业技术体系经济研究室主任、岗位科学家，他长期从事水稻产业经济研究，取得了系列成果。本书从生产、流通、市场、贸易和政策五个方面展开，内容不仅涉及水稻作物分类、稻谷收储、大米加工等基础知识的科普，也包括著者在稻米价格、效益、贸易等方面的最新研究成果，还有对我国稻米产业的发展形势、经济社会影响、发展战略、政策等宏观分析，较全面地展现了我国稻米产业经济的历史、现状和未来，不仅对科研工作者等同行具有重要启发价值，也是水稻产业政策、农业农村政策制定者的重要参考书，更是水稻生产、加工、贸易等相关从业人员的重要科普读物。

国家水稻产业技术体系首席科学家
2022年11月

前　言

加快建设农业强国，这是党中央着眼全面建设社会主义现代化国家大局作出的重大决策部署。粮食安全是"国之大者"，建设农业强国，首先是粮食强国。党的二十大报告明确提出，全方位夯实粮食安全根基。我国水稻种植历史悠久，正在加快向供给保障强、科技装备强、产业韧性强的高质量发展阶段迈进，为我国及全球粮食安全作出了重要贡献，并将在提高我国国际粮食市场话语权、实现中国式现代化上发挥更大作用。

我国是名副其实的水稻生产大国，水稻种植面积、总产量、单产以及库存都处于全球领先水平，为减少全球饥饿作出了重要贡献。中国稻谷总产量多年保持在2亿t以上，稳居全球第一；稻谷播种面积保持在4.5亿亩左右；2021年中国稻谷单产474.2kg/亩，比十年前增加了22.4kg/亩，单产水平名列前茅，远高于印度、泰国、越南等水稻主要生产国。近十年我国稻谷库存消费比平均为48.7%，远高于17%～18%的国际粮食安全警戒线。

我国已向水稻强国迈进，稻谷安全保障综合实力全球第一，水稻种业科技引领世界先进水平。我国现有7.6万份稻种资源，总量居世界第一，占全球稻种资源数量的一半以上。水稻品种试验渠道逐步实现多元化，高产育种技术创新突破，选育品种类型不断丰富，逐渐从单一高产型向优质、高产、专用型转变，品种结构进一步优化。"十三五"期间共审定水稻品种8 863个，其中国家审定1 459个，审定水稻品种数比"十二五"期间增长了近6倍，国家审定品种数增长了3倍。目前，我国生产上应用的水稻品种全部为国产自育，水稻良种覆盖率98%以上。

水稻产业经济是水稻产业研究的重要内容，是服务我国水稻产业发展战略的重要支撑。本书按照经济学研究的科学范式，从全产业链的视角，围绕生产、流通、市场、贸易、政策等关键环节，对稻米产业发展现状和发展趋势进行全面梳理，注重理论联系实际，着重对我国稻米产业的重点问题及热点问题进行系统分析。本书共分为5篇，分别为：生产篇、流通篇、市场篇、贸易篇和政策篇。

第一篇为生产篇，分为6章。第1章基于科学分类系统，重点介绍籼稻和粳稻，早、中、晚稻以及生态系统的分类，并结合我国水稻产业发展趋势和近年热点，对杂交稻、优质稻、特种稻和再生稻等进行详细说明。第2章中国水稻区划与耕作制度中，对我国水稻种植区域的布局变化情况和种植制度的历史沿革进行了详细介绍。第3章为我国水稻情势分析，包括我国水稻整体生产情况以及不同区域、不同类型水稻生产情况的研究等。第4章分析了我国水稻种植主体，按照当前我国农业生产的组织形式，重点探讨了小农户、种植大户、家庭农场、农民专业合作社、农业企业等水稻生产主体在我国的发展情况。第5章立足全球水稻生产的视角，重点介绍了全球水稻生产、布局和水稻主要生产国的生产情况。水稻种植效益关系到农民种粮积极性和国家粮食安全。第6章在对中国、美国、日本水稻生产收益进行全面比较的基础上，对我国水稻产业的发展前景进行了阐述。

　　第二篇为流通篇，包括4章。粮食储备是保障国家粮食安全的重要一环，包括政府储备和社会储备两个层次，第7章从政府储备的视角对我国稻谷收储体系进行了重点阐述。水稻从田间地头到餐桌的重要一环为加工，第8章从烘干、碾磨、加工副产品利用等环节，对大米加工进行了全面介绍。第9章重点介绍了我国粮食流通的政策体系、稻米流通的产业格局和运输环节存在的问题。随着经济发展和人民生活水平的提高，我国稻谷消费格局逐步由单一的口粮消费向以口粮消费为主、饲料用粮和工业用粮消费为辅的多元消费结构转变，第10章简要介绍了我国稻米消费的结构、社会环境变化和市场消费格局。

　　第三篇为市场篇，分为3章。第11章就我国粮食期货市场和现货市场（包括零售市场和批发市场）的历史演变和市场现状进行了深入分析，并重点介绍了当前多种国内外稻谷（大米）期货合约的组织形式、运行特点及国际影响。第12章从三个层面对我国稻米的市场价格形势进行了深入分析，包括近年来我国稻米市场价格走势、稻米价格的季节性波动情况以及新冠肺炎疫情下我国稻米价格变化情势。并在此基础上，在第13章介绍了我国大米品牌的发展和竞争力现状，并对大米品牌价值进行估值。

　　第四篇为贸易篇，包括2章。稻米贸易是世界较为活跃的农产品贸易种类，明确世界稻米贸易格局和中国稻米贸易的国际地位对提高中国稻米国际竞争力至关重要。本书第14章全球稻米贸易格局演化中，基于复杂网络分析法，利用全球稻米贸易关系数据构建全球稻米贸易网络，定量解析了稻米贸易网络格局总体特征。基于全球稻米贸易的分析，本书第15章中重点分析了中国稻米进出口贸易情况及国际竞争力，主要包括中国稻米进出口贸易的特点、中国稻米国际竞争力评价及影响因素。

　　第五章为政策篇，包括1章。该篇章主要解析了新中国成立以来我国水稻的生产支持政策，主要内容包括新中国成立以来我国粮食生产支持政策演变轨迹及其内在逻辑，作为主要粮食作物品种，我国对水稻生产的支持政策种类、实施效果及存在问题，以及从政策完善的视角，对当前水稻生产支持政策提出相关建议。

前言

　　本书从立意构建到最终成稿，得到国家水稻产业技术体系项目以及体系首席、岗位科学家和试验站站长的大力支持。此外，本书撰写过程中，得到中国农业科学院农业资源与农业区划研究所领导和同事们的指导和帮助，在此表示感谢。本书为著者首次尝试从产业经济研究角度出发，围绕稻米全产业链撰写的一本著作，涉及范围较广，内容丰富，论述深入浅出，既适合农业经济研究者、稻米行业科技人员和管理人员参阅，也适合作为关心国家粮食安全和水稻产业的广大读者的科普读物。由于著者水平有限，本书难免有疏漏和不妥之处，敬请各位同仁和读者提出宝贵意见。

著　者

2022年11月

目　录

第一篇　生产篇

第1章　中国水稻分类 ··· 3
　1.1　籼稻和粳稻 ·· 3
　1.2　早稻、中稻和晚稻 ·· 5
　1.3　水稻生态系统分类 ·· 6
　1.4　杂交稻 ·· 8
　1.5　优质稻 ·· 8
　1.6　特种稻 ·· 11
　1.7　其他分类 ··· 14

第2章　中国水稻区划与耕作制度 ··· 18
　2.1　水稻种植区域布局变化情况 ·· 18
　2.2　水稻种植制度变化沿革 ·· 26

第3章　中国水稻情势分析 ·· 36
　3.1　全国水稻生产情况 ·· 36
　3.2　区域水稻生产情况 ·· 39
　3.3　不同类型水稻生产情况 ·· 45

第4章　中国水稻种植主体 ·· 53
　4.1　土地生产经营制度演变情况 ·· 53
　4.2　小农户的定义与发展现状 ··· 54
　4.3　种植大户的定义与发展现状 ·· 56

4.4	家庭农场的定义与发展现状	56
4.5	农民专业合作社的定义与发展现状	61
4.6	农业企业的定义与发展现状	65

第5章 全球水稻生产 70

5.1	全球水稻生产概况	70
5.2	全球生产布局	73
5.3	主要国家水稻生产特点	74

第6章 水稻生产效益国际比较 82

6.1	中美日水稻生产概况	82
6.2	中美日稻谷生产成本结构比较分析	88
6.3	中美日水稻产出率变化趋势比较分析	93
6.4	中国水稻产业发展前景	95

第二篇 流通篇

第7章 中国稻谷收储 99

7.1	稻谷储备体系	99
7.2	稻谷收购	99
7.3	稻谷仓储	101

第8章 大米加工 102

8.1	稻谷烘干系统	102
8.2	大米碾磨系统	104
8.3	大米加工副产品及利用	105
8.4	中国大米加工产业发展形势	106

第9章 中国稻米流通 114

9.1	粮食流通政策概述	114
9.2	稻米流通格局	114
9.3	稻米运输	116

第10章 中国稻米消费 ····· 117
10.1 中国稻米消费结构 ····· 117
10.2 中国大米消费社会环境分析 ····· 119
10.3 中国大米消费市场分析 ····· 121
10.4 中国大米空间消费分析 ····· 123

第三篇 市场篇

第11章 粮食（稻米）交易市场 ····· 127
11.1 粮食市场体系 ····· 127
11.2 粮食现货交易市场 ····· 129
11.3 粮食期货市场 ····· 135

第12章 稻米市场价格 ····· 144
12.1 我国近年稻米市场价格走势及原因分析 ····· 144
12.2 我国稻米价格季节性波动及原因分析 ····· 146
12.3 新冠肺炎疫情冲击下我国稻米价格变化情势 ····· 146

第13章 中国大米品牌 ····· 155
13.1 中国大米品牌发展现状 ····· 155
13.2 中国大米品牌竞争力 ····· 174
13.3 中国大米品牌估值 ····· 179

第四篇 贸易篇

第14章 全球稻米贸易格局演化 ····· 187
14.1 全球稻米贸易整体特征 ····· 187
14.2 全球稻米贸易核心节点分析 ····· 189
14.3 全球稻米贸易区域特征及其演化趋势 ····· 193

第15章　中国稻米进出口贸易与国际竞争力 ····· 196
　15.1　中国稻米进出口贸易特点 ····· 196
　15.2　中国稻米国际竞争力评价及影响因素分析 ····· 207

第五篇　政策篇

第16章　水稻生产支持政策 ····· 219
　16.1　粮食生产支持政策的演变轨迹及内在逻辑 ····· 219
　16.2　水稻生产支持政策的实施效果及存在问题 ····· 248
　16.3　水稻生产支持政策相关建议 ····· 249

参考文献 ····· 251

第一篇　生产篇

第1章　中国水稻分类

稻属（*Oryza* L.）属于禾本科稻亚科（Oryzoideae）、稻族（Oryzeae），由林奈（Linnaeus）于1753年命名，有两个主要栽培稻种，即亚洲栽培稻（*Oryza sativa* L.）和非洲栽培稻（*Oryza glaberrima* Steud.）。在中国，栽培稻种为亚洲栽培稻（*O. sativa* L.），又分为籼亚种和粳亚种。对于栽培稻，较为科学并得到广泛应用的有四种分类系统，即丁颖（1958）五级分类系统、程侃声等（1984）五级分类系统、张德慈（1985）生态地理分类系统和全球栽培稻生态分类系统。丁颖（1958）提出了以我国栽培稻种系统发育过程为基础的五级分类法：第一级为籼粳亚种，第二级为晚季稻与早、中季稻的气候生态型，第三级为水、陆稻生态型，第四级为黏、糯稻的淀粉性质变异性，第五级为品种的栽培特性与形态特征。

基于科学分类系统，本部分重点介绍籼稻和粳稻，早、中、晚稻以及生态系统的分类，并结合我国水稻产业发展趋势和近年的热点等，重点介绍杂交稻、优质稻以及特种稻、再生稻等典型类型。

1.1　籼稻和粳稻

1.1.1　农艺特征

籼稻和粳稻，是按照植物分类学进行的划分，是水稻最重要的一种分类。籼稻的许多性状比粳稻更近似于祖先野生稻，因而籼稻被认为是基本型，而粳稻是变异型。粳稻中包括两个生态型，即温带粳稻和热带粳稻，热带粳稻也叫爪哇稻。虽然温带粳稻与热带粳稻的遗传关系更为密切，但热带粳稻的籽粒外观和口感与籼稻相似，因此热带粳稻碾制的大米一般被归入籼米市场（Kim，2018）。

籼稻和粳稻由于地理分布不同，在形态特征和生物学特性上存在显著的差异。籼稻多分布在我国南方稻区和低海拔温热地区，在形态特性上表现出叶片宽大，叶色较淡，叶片多毛，剑叶开度较小，茎秆较粗而脆，容易折断，穗多数无芒或短芒，谷粒狭长，米粒黏性小，胀性大；在生物学特性上表现为发芽快，分蘖强，耐肥性较差，不大耐寒，但能耐热、耐湿、耐强光，容易落粒。粳稻多分布在我国北方各省或高海拔地区，生育期间的温度一般较低，在形态特征上表现出叶片窄，叶色较深，叶片少毛或无毛，剑叶开度大，茎秆细而坚韧，穗以长芒为主，个别无芒，谷粒短圆，颖毛长而密，米粒黏性较强，胀性小；生物学特性上表现为发芽缓慢，分蘖差，耐肥、耐寒性较强，耐弱光，不易落粒，脱粒较困难。另外，在幼苗的抗旱性、抗倒伏性，谷物产量的氮素响应，幼苗的氮吸收，竞争能力，种子的储存期限等方面也有明显差异（Morishima and Oka，1981）。表1-1列举了籼稻和粳稻在形态特征和生理特性方面的主要差异。

表1-1　籼稻和粳稻在形态特征和生理特性方面的主要差异

性状	籼稻	粳稻
叶形和色泽	叶宽、色淡绿	叶窄、色浓绿
剑叶开度	小	大
叶片茸毛多少	多	少至无毛
芒	多数无芒、有芒的都是直生短芒	多无芒、稀有芒
颖色	种类较简单，以秆黄色为主	种类多杂，秆黄至赤褐色
颖毛	短小，散生于颖面	集生于颖棱上，由基部向顶部递增
谷粒形状	细长而稍扁平	短而圆，横断面近圆形
颖颈长短	较短	较长
谷粒和米粒的碳酸反应	能染色	不能染色
脱粒性	易	较难
分蘖力	较强，一般散生	较弱，一般集生
耐寒性	弱	强
发芽速度	快	慢
幼苗的抗旱性	高	低
抗倒伏性	低	高
谷物产量的氮素响应	低	高
幼苗的氮吸收	高	低
竞争能力	高	低
最低发芽温度	高	低
种子的储存期限	长	短

注：随着水稻育种技术的不断进步，籼稻中也培育出了株型好、叶色深绿、耐肥性强、不易落粒的新品种，因此籼稻、粳稻的某些生物特征也有所改变。

籼稻籽粒主要是长粒，籽粒强度小，出米率低，做成米饭胀性较大，黏性较小。粳稻籽粒大部分为短粒至中粒，籽粒强度大，耐压性能好，加工时不易产生碎米，出米率较高，米质胀性较小而黏性较大。粳米比籼米具有更高的整粒率和凝胶稠度，更低的垩白粒率和垩白度，以及更低的直链淀粉含量（Feng et al.，2017）。

1.1.2 地理分布

从全球范围来看，籼稻主要产于印度、孟加拉国、泰国、越南、印度尼西亚、缅甸、菲律宾和中国南方地区。温带粳稻主要产于中国、美国（加利福尼亚州）、日本、韩国、欧盟、埃及和土耳其。热带粳稻主要产于美国的阿肯色州和路易斯安那州、伊朗的部分地区以及南美洲的一些地区。籼稻和粳稻在产品性状和适种区域上的差别使其相互替代性较弱，消费市场相对分割，种植上也不太容易有"争地"的情况。

我国水稻分布总体上呈现"南籼北粳"的格局。如表1-2所示，籼稻比较适宜生长在高温、强光和多湿的热带及亚热带地区，在我国主要分布于华南热带和淮河以南的亚热带低地。粳稻比较适宜生长在气候暖和的温带或热带高地，在我国主要分布于南部热带、亚热带的高地，华东太湖流域以及华北、西北、东北等年均温度较低的地区。籼稻和粳稻的垂直分布也不同，同一热带地区，大体上籼稻分布在低地，粳稻分布在高地。

从分布省份来看，黑龙江、吉林、辽宁、内蒙古[①]、山东等地稻谷面积基本上为粳稻，湖南、江西、广东、广西、福建、海南等地基本上为籼稻。其他省份基本上两者都有种植，其中，安徽、湖北、四川、贵州、重庆、河南等地以籼稻为主、粳稻为辅，籼稻占比70%~80%；江苏以粳稻为主，占比约90%；云南、浙江等地籼稻和粳稻约各占一半。我国粳稻集中分布地区主要有3个：以黑龙江为核心的北方粳稻区，以江苏为核心的南方粳稻区，以云南为核心的云贵高原粳稻区。粗略估计，2020年我国粳稻面积约1.5亿亩（15亩=1hm^2，下同），约占稻谷总面积的1/3。

表1-2　籼稻与粳稻在中国的地理分布

指标	籼稻	粳稻
地理分布	热带及亚热带地区，主要分布于华南热带和淮河以南的亚热带低地，主产区为长江中下游平原、四川盆地、江南各省区	温带和亚热带高海拔地区，主要分布于南部热带、亚热带的高地，华东太湖流域以及华北、西北、东北等年均温度较低的地区
省份分布	湖南、江西、湖北、四川、广东、广西等	黑龙江、吉林、辽宁、江苏等
垂直分布	低地	高地

1.2　早稻、中稻和晚稻

早稻、中稻和晚稻，是根据生育期长短进行的划分。全生育期（播种到成熟）125天以内的为早稻，125~150天为中稻，150天以上为晚稻。早稻、中稻、晚稻在生理特性、栽培特点上均有区别，最大区别在于对光照反应的不同。早稻、中稻对光照反应不敏感，在全年各个季节种植都能正常成熟，晚稻对短日照很敏感，严格要求在短日照条

---

① 内蒙古自治区简称内蒙古。为了叙述简介，本书中各自治区在大多数情况下用简称。

件下才能通过光照阶段，抽穗结实。

早稻通常所指的是双季稻的前季稻，主要为籼型，即早籼稻。早籼稻生长期较短、收获期较早，长江中下游地区一般3月中下旬播种，4月中旬栽插全面开始，7月中下旬进入大面积收割阶段。早籼稻一般米质疏松，耐压性差，加工时易产生碎米，出米率较低，食味品质也较中晚籼稻差。早籼稻脂肪含量相对较少，大米的陈化速度较慢，较其他稻米品种更耐贮藏，因此，早籼稻往往是国家储备粮的首选品种，南方地区粮食部门将早籼稻作为储备粮轮换的主要稻谷品种。早籼稻除作口粮外，还用作工业加工用粮和饲料。早籼稻直链淀粉含量高，是食用味精、米粉和白酒的主要加工原料。早籼稻主要分布在湖南、江西、广西、广东等南方地区。

中稻是半晚熟稻，是一种在季节上处于早熟类型和晚熟类型之间的中熟类型稻，一般在早秋季节成熟。多数中粳品种具有中等的感光性，播种至抽穗日数因地区和播期不同而变化较大，遇短日高温天气，生育期缩短。中籼稻品种的感光性比中粳稻弱，播种至抽穗日数变化较小而相对稳定，品种的适应范围较广。中稻种植地区一般一年只种一季水稻，主要分布在四川、湖北、安徽、湖南等地。

晚稻为生育期较长，成熟季节较迟的类型。现代改良品种中，许多晚稻品种的感光性被削弱。由于晚稻的成熟灌浆期正值晚秋，昼夜温差较大，稻米品质比较优良。一季晚稻以粳稻为主，与粳稻分布区域基本一致。双季晚稻以籼稻为主，主要分布在江西、湖南、广东、广西等地，与早籼稻分布区域基本一致。

从种植制度来看，我国最主要的3种水稻种植模式为：早稻+晚稻，即双季稻；中稻+油菜/小麦等（或再生稻）；一季晚稻。由于中、晚籼稻的种植和收获时间连续，用途相近，通常把中晚籼稻归为一类，与早籼稻相区别。结合大米品质、消费市场和用途方面的差异度，习惯上一般将水稻区分为早籼稻、中晚籼稻和粳稻，这也是我国最低收购价政策的分类。

1.3　水稻生态系统分类

IRRI（1993）将水稻生态系统分为四种类型：灌溉水稻生态系统（Irrigated rice ecosystem）、雨养低地水稻生态系统（Rainfed lowland rice ecosystem）、高地水稻生态系统（Upland rice ecosystem）和易涝水稻生态系统（Flood-prone rice ecosystem），占世界水稻土地的比例分别为50%、34%、9%和7%。除高地系统为旱地种植外，其他系统都是水田种植。

1.3.1　灌溉水稻生态系统

灌溉水稻生态系统中，以土堤边界作田间区隔，田间整地成泥浆状后进行栽植，栽培期间有水源进行灌溉。稻田大部分区域均有充足的水源供应，具有高日照量、较少病虫害、较高资本投入的特点，也因此单位产量较高。灌溉生态系统多数集中于东亚地区。大部分水稻研究与育种均针对此系统加以改良，培育出的品种多为生育时期较短、氮肥反应良好且具有数种病虫害抵抗性与逆境忍受力的品种。

1.3.2　雨养低地水稻生态系统

以土堤边界作为田间区隔，利用雨水作为灌溉，在其生育期中有不超过10天的时间田间最深处有超50cm水深。雨水灌溉的低地水稻生态系统的特点是缺乏对水的控制，同时存在水灾和旱灾、土壤质量差、水稻产量不稳定等问题。依照环境的优劣，雨养低地水稻生态系统又可分为：良好的降雨低地区（Favorable rainfed lowland）、干旱区（Drought-prone）、浸水区（Submergence-prone）、干旱和浸水区（Drought-and-submergence-prone）、中等水深区（Medium-deep water）等五个次生态系统。农民常在雨季来临时进行整地、种植与栽培，土堤田埂除作为边界外，也兼具保水、蓄水的功能。由于雨季雨水的多寡影响水稻的产量，农民在降水量与产量都无法有效预估的条件下，对于栽培期间肥料、农药等资材投入转趋保守，单位产量较低。雨养低地水稻生态系统主要分布在东印度、孟加拉国、印度尼西亚、菲律宾和泰国等地区。

1.3.3　高地水稻生态系统

高地水稻生态系统，也被称作陆稻生态系统（吕坤泉等，2002），水稻直接播种在翻耕过的干燥土壤或潮湿、无水的土壤中，土地很少被水淹没，生长在有氧土壤中。用于高地水稻生产的土地从低洼的山谷到起伏或陡峭的坡地都有，主要分布在亚洲、非洲和拉丁美洲，土壤的质地、持水能力和营养状况各不相同，但总体上土地贫瘠、土壤缺水，产量较低。

1.3.4　易涝水稻生态系统

易涝水稻生态系统，也被称作深水稻生态体系（吕坤泉等，2002），其特点是极端的洪水和干旱条件，产量低且不稳定。受到不受控制的水淹，每次淹没时间可长达5个月，水深超过0.5m，甚至达4m以上。通常集中于河边、湖泊旁或河口三角洲地带，包括沿海平原的潮汐稻田，除洪水外，还可能遭受干旱以及潮汐地区的土壤盐度或毒性的影响。在雨季来临前播种或种植，雨季来临时，由于雨水的汇集，湖河的水位急速上涨，使得深水稻的茎秆以每日2~3cm的速度生长，部分深水稻的生长速度甚至可达每天20cm，在淹水最深时开花，水位下降时收获，收获时仅采取穗部，稻草不处理，雨季过后，于孟加拉国、印度、缅甸、越南等地的深水稻栽培地区，通常再种植小麦、马铃薯、洋葱、大蒜、油料或豆类作物。依照水位的情况，深水稻生态体系又可分为五个次生态体系：浸水区（1~10cm）、深水区（30~100cm）、极深水区（100~400cm）、潮汐沼泽区、干季灌溉区。五个次生态体系中，以深水与极深水区的深水稻产量最低，干季灌溉区的产量最高。深水稻生态体系的土壤由于干旱与淹水交替，导致盐土与毒害问题严重，农民无法确保种植成功，产量更无法确保。此生态体系多数集中在南亚及东南亚。

1.4 杂交稻

水稻按留种方式分为常规稻和杂交稻（表1-3）。常规稻的基因型是纯合的，其子代与上一代的农艺性状相同，因此常规稻品种不需要年年制种，只要做好提纯复壮工作，就可以连年种植。杂交稻的基因型是杂合的，由两个不同遗传特性的品种间相互杂交所产生的杂种一代，但个体间的表现型相同，群体的农艺性状整齐一致。由于杂种一代在生长势、产量、适应性和抗逆性等方面都超过了父、母本，具有杂种优势，生产上利用这种优势，能迅速提高水稻单位面积产量。但由于杂种第二代产生性状分离，生长不一致，产量严重减退，因此，不能继续作为生产用种子，需要年年制种。目前我国生产上大面积利用的杂交稻有三系杂交稻和两系杂交稻两类。

杂交稻在增产、抗性上具有明显的优势，在同等条件下可比常规稻品种增产10%~20%，有耐肥、抗倒伏、耐旱、抗病能力强、适应性广等优点。但常规稻品种在大米品质上较杂交稻更有优势，食味品质更受消费者喜爱，这也是近年来随着优质大米的需求增加，杂交稻面积有所缩减的原因之一。

我国杂交稻以籼型杂交稻为主，主要分布于南方地区，其中湖南、湖北、四川、重庆、广西、广东、江西、福建、贵州等地是杂交稻的主产区。我国杂交水稻推广面积自1976年后迅速扩大，于1995年达到2 090万hm^2（占水稻面积的68%），这段时期全国水稻单产保持了较高的增长率，此后杂交水稻面积有所下降，占水稻面积比重大致保持在50%左右。

表1-3 常规稻与杂交稻对比

种类	常规稻	杂交稻
留种方式	农民可自己留种，但3~4年后品种混杂、退化现象逐年严重	须年年制种，专门制种
产量	—	可增产10%~20%
抗性	—	较强
大米品质	较优	—
用种量	—	较少
种子价格	—	较高

1.5 优质稻

主要从产品标准的角度，将水稻分为普通稻和优质稻。优质稻是一个相对概念，并没有严格定义，通常包含3个方面的含义，即优质稻品种、优质稻谷和优质大米。

优质稻品种是指产量和抗性能满足水稻生产需要的、稻米品质优良的水稻品种。稻米品质包括碾米品质、外观品质、蒸煮食用品质、营养品质和卫生品质五个方面。优质稻品种要求出米率高，特别是整精米率高、外观好、食味佳。2018—2020年，由农业农村部种子管理局指导，全国农业技术推广服务中心、国家水稻良种重大科研联合攻关组主办的"全国优质稻品种食味品质鉴评活动"连续举办3届。其中，水稻品种美香占2号、天隆优619连获三届金奖，五优稻4号、吉粳816等9个品种已获两届金奖。

优质稻谷主要依据国家标准来评定（表1-4）。为了适应我国粮食流通体制的改革，为商品稻谷收购及市场流通过程中按质论价提供依据，促进稻谷种植结构的调整，制定了优质稻谷国家标准。1999年颁布了国家标准《优质稻谷》（GB/T 17891—1999），规定了优质稻谷的定义、分类、质量要求、检验方法及包装、运输、贮存的要求，标准适用于收购、贮存、加工、销售的优质商品稻谷。2017年颁布了新的国家标准《优质稻谷》（GB/T 17891—2017）。

表1-4 优质稻谷质量指标（GB/T 17891—2017）

类别	项目			等级		
				1	2	3
籼稻谷	整精米率/%	≥	长粒>6.5mm	56.0	50.0	44.0
			中粒5.6~6.5mm	58.0	52.0	46.0
			短粒<5.6mm	60.0	54.0	48.0
	垩白度/%	≤		2.0	5.0	8.0
	食味品质/分	≥		90	80	70
	不完善粒/%	≤		2.0	3.0	5.0
	水分/%	≤		13.5		
	直链淀粉（干基）/%			14.0~24.0		
	异品种粒/%	≤		3.0		
	杂质含量/%	≤		1.0		
	谷外糙米含量/%	≤		2.0		
	黄粒米含量/%	≤		1.0		
	色泽气味			正常		
粳稻谷	整精米率/%	≥		67.0	61.0	55.0
	垩白度/%	≤		2.0	4.0	6.0
	食味品质/分	≥		90	80	70
	不完善粒/%	≤		2.0	3.0	5.0

（续表）

类别	项目		等级		
			1	2	3
粳稻谷	水分/%	≤		14.5	
	直链淀粉（干基）/%			14.0~20.0	
	异品种粒/%	≤		3.0	
	杂质含量/%	≤		1.0	
	谷外糙米含量/%	≤		2.0	
	黄粒米含量/%	≤		1.0	
	色泽气味			正常	

注：整精米率、垩白度、食味品质为定级指标，直链淀粉含量为限制指标。定级指标中有一项达不到三级要求，或直链淀粉含量不在标准规定的范围内的，不得判定为优质稻谷。

优质大米也是依据国家标准来评定的（表1-5）。最新颁布的国家标准为2018年发布的《大米》（GB/T 1354—2018），规定了大米分类、质量要求、检验方法、检验规则及包装、标签、储存和运输的要求。《大米》国家标准历次版本包括GB 1354—1978、GB 1354—1986、GB/T 1354—2009。

表1-5 优质大米质量指标（GB/T 1354—2018）

项目			优质籼米			优质粳米		
			一级	二级	三级	一级	二级	三级
碎米	总含量/%	≤	10.0	12.5	15.0	5.0	7.5	10.0
	其中：小碎米含量/%	≤	0.2	0.5	1.0	0.1	0.3	0.5
	加工精度		精碾	精碾	适碾	精碾	精碾	适碾
	垩白度/%	≤	2.0	5.0	8.0	2.0	4.0	6.0
	品尝评分值/分	≥	90	80	70	90	80	70
	直链淀粉含量/%			13.0~22.0			13.0~20.0	
	水分含量/%	≤		14.5			15.5	
	不完善粒含量/%				3.0			
杂质限量	总量/%	≤			0.25			
	其中：无机杂质含量/%	≤			0.02			
	黄粒米含量/%				0.5			
	互混率/%	≤			5.0			
	色泽、气味				正常			

注：碎米（总量及小碎米含量）、加工精度、垩白度和品尝评分值为定等指标。

1.6 特种稻

根据稻米种皮的颜色、稻米品质和营养价值,以及稻米用途等,又有普通食用稻和特种稻之分。特种稻按用途可分为有色稻、香稻、专用稻。

1.6.1 有色稻

有色稻米是花青素在稻谷的种皮内累积,使得糙米的色泽不同于普通白米,由于花青素含量不同,使有色稻糙米种皮呈现紫(黑)、红、黄和绿等不同颜色,其中,紫(黑)米和红米最为常见。紫(黑)米又分糯性和非糯性。糯性的一般称为紫米,或"黑糯米""紫糯米""黑糯糙米"等,支链淀粉含量高,黏度较高。非糯性的一般称为黑米或"乌米""黑籼糙米"等。

与白色稻米相比,有色稻米具有更丰富的营养成分和保健价值,如富含维生素E、微量元素、花青素和黄酮等。有色稻米种皮内沉积的特殊色素,可作为天然安全的食品添加剂应用于食品加工业。

据统计,我国有色稻品种资源占全世界的90%,其余有色稻品种主要分布在印度、孟加拉国、印度尼西亚、日本、越南、菲律宾等国家(张名位等,1995)。目前我国的有色稻品种占已保存的水稻种质资源的10%左右,其中红米资源最丰富。有色稻品种在我国的云南、广西、贵州、湖南、广东、福建等生态多样性和品种资源丰富的地区有一定规模的种植。

1.6.2 香稻

香气是大米质量的一个主要特征,可以提高大米在国际贸易中的潜在价值。与非芳香水稻品种相比,大多数香稻品种产量低,农艺性能较差,极易受到环境条件的影响(Prodhan et al., 2017),但香米因其出色的香气和谷物品质而备受推崇。大部分香米来自印度、巴基斯坦和泰国。国际贸易中最主要的香米是巴斯马蒂(Basmati),主要在印度和巴基斯坦种植。而泰国茉莉香米(Jasmine)可以说是全球最著名的大米,被认为是世界上最美味的水稻品种之一。中国有较多地方性的香稻栽培品种,但在国外鲜为人知。

巴斯马蒂大米,因其香气、谷粒形态、质量和其他理想的特性,在稻米界具有独特的地位。与其他稻米品种相比,各种巴斯马蒂水稻品种具有数量多、特征明显、植株类型较好、生长习性好的特点,但同时也面临稻瘟病、细菌性叶枯病等病害严重的问题。印度和巴基斯坦的巴斯马蒂大米总体上呈现的特征包括:在烹饪过程中拉长超过75%,产生长宽比>3.5的饭粒;具有强烈的"爆米花"香气;有点白垩色(中心白色),通常透明度较低;通常研磨程度较低,因此显示出更多的麸皮条纹;批次之间的颜色和垩白度差异很大;煮后干燥蓬松的质地。

茉莉香米,在泰语中被称为Hom-Mali,是一种长粒香米,主要生长在泰国、柬埔寨、老挝和越南。茉莉的称谓是指谷物的颜色像茉莉花一样洁白，而它的香气更接近香兰。煮熟后质地湿润柔软，有黄油爆米花和香兰的独特香味，略带甜味和坚果味。茉莉香米的味道没有巴斯马蒂大米那么浓郁，质地也没有巴斯马蒂大米那么结实，但巴斯马蒂大米的香味没有茉莉香米那么细腻。茉莉香米在泰国和国际上都很受欢迎，泰国每年的大米出口量中，几乎有一半是茉莉香米。泰国茉莉香米每年种植一次，由于其非常特殊的生长要求，每年只能在10月至11月期间收割一次。泰国茉莉香米的最高等级只在泰国的特定地区种植，主要在东北部省份，如乌汶叻府、武里南府、西沙吉府、罗易府、雅颂府和素林府。这些地区有适宜的环境特征，如全年充足的阳光、大量的雨水和较好的农业生产条件。

绝大多数茉莉香米都是抛光的白米，去掉了谷壳和米糠。与大多数类型的大米一样，也有去壳但仍有麸皮的棕色米（糙米），甚至有一种较少见的黑色茉莉香米。这三种米都有相同的基本特征，即有明显的香气和坚果味。棕色茉莉香米由于有麸皮，有更多的维生素、纤维和抗氧化剂。黑茉莉香米的蛋白质、铁和纤维含量明显高于棕色和白色米，而且花青素含量也高很多。

1.6.3 专用稻

专用稻一般是指为适应专门用途的特殊要求而培育的水稻品种，如酿酒专用稻、米粉专用稻、稻渔种养专用稻、再生稻专用稻，以及专供保健或药用用途的功能型品种等。

酿酒专用稻。酿酒专用稻要求直链淀粉含量高、胶稠度低和垩白度高，但食用的优质稻要求直链淀粉含量适中、胶稠度低和垩白度低。2020年四川省宜宾市颁布的地方标准DB5115/T 28—2020明确提出，酿酒专用稻谷的直链淀粉含量≥24%，总淀粉含量≥80%，垩白度≥8%。近年来水稻新品种的审定数量逐年攀升，但其中酿酒专用稻却非常少，许多酒企只能在常规水稻中找适合酿酒的品种。2021年四川成立首家"酿酒专用稻品种审定试验科企联合体"，对酿酒专用稻新组合进行区域试验，有望育出突破性品种。

米粉专用稻。米粉专用稻是专用于制作米粉的水稻，具有高黏度、高韧性等特点，要求制作的米粉蒸煮过程中不糊汤、不易断，而普通水稻黏弹性差，不适合用于制作米粉。优质米粉加工专用稻需要兼顾高直链淀粉含量和长胶稠度。2021年我国发布的农业行业标准NY/T 3836—2021规定了对米粉专用稻的质量要求（表1-6）。早籼稻是米粉生产的主要原料来源，通过选育和筛选米粉稻专用品种，可为米粉专用稻的区域化生产和产业化开发提供强有力的技术支撑，有利于提高早籼稻的种植收益。目前对米粉专用稻的研究在深度、广度上还有很大的发展潜能。

表1-6 米粉专用稻质量指标（NY/T 3836—2021）

项目	等级		
	一级	二级	三级
出糙率/%	≥79.0	≥77.0	≥75.0
直链淀粉含量（干基）/%	≥24.0	≥22.0	≥20.0
胶稠度/mm	35～39	40～44	≥45
碱消值级		3.0～7.0	
粗蛋白质含量（干基）/%	≥10.0	≥8.0	≥6.0
杂质含量/%		≤1.0	
水分含量/%		≤13.5	
黄粒米含量/%		≤1.0	
谷外糙米含量/%		≤2.0	
互混率/%		≤5.0	
色泽、气味		正常	

稻渔种养专用稻。稻渔种养专用稻一般要求具有抗倒性强、高度耐肥、抗病性强等特点，并需要考虑稻渔接茬时间差异、争地争水等问题。2019年，我国稻渔综合种养产业继续保持较快增长，种养面积接近3 500万亩，是提高农民种粮收益的一种重要模式。2021年国家杂交水稻成都分中心科研团队选育的稻渔种养专用稻新品种'天泰优808'丰收，该品种专门适用于"稻渔立体生态循环种养"模式，质优、产量高（亩产可达800kg以上），茎秆粗壮，株型紧凑、穗子大（主穗可达450粒），株高适中（120cm左右），抗倒性强、高度耐肥，稻瘟病抗性强、稻曲病发病轻，适合海拔800m以下地区种植。

再生稻专用稻。再生稻专用稻要求生育期、再生能力、稻瘟病抗性三个指标都表现优异。再生稻专用品种生育期要适宜，如果太长会影响再生稻生长。再生能力要强，如果头季稻茬易倒伏，会影响稻桩营养物质的转运，从而抑制再生稻腋芽萌发，降低产量。再生稻进入分蘖末期或孕穗期，品种还要抗稻瘟病。随着劳动力成本提高，对抗机械碾压力强、适宜机收的再生稻专用品种需求提高。再生稻需要头季和再生季同时高产，品种性状要求更加复杂，育种难度大。以往再生稻品种多数从生产推广的良种中筛选，已不能满足再生稻发展的需求。2021年，湖北省自主培育的首个再生稻专用品种'秧荪1号'通过湖北省农作物品种审定委员会审定，有效解决了再生稻生产中品种生育期偏长、再生性差、稻瘟病抗性差的难题。

功能型水稻。功能型水稻主要是指胚乳、胚和米糠中所含的有效活性物质，能调节人体代谢、满足各种特殊消费人群的专用型保健性水稻（贾倩和赵琦，2009）。常见的功能性成分有功能性蛋白质（如低含量谷蛋白、抗过敏蛋白等）、功能性油脂（富含不饱和脂肪酸）、活性多糖（包括抗性淀粉、膳食纤维等）、功能性维生素（β-胡萝卜素等）、必需微量元素（铁、锌、硒等）等。如，适合糖尿病人的抗性淀粉稻米，适合贫血患者的高铁功能型水稻，适合肾病患者食用的低谷蛋白大米等。2013年，上海师范大学植物种质资源开发中心育成'益肾稻1号'，经农业部谷物及制品质量监督检验测试中心分析，该品种与普通大米品种相比总谷蛋白含量下降61.7%，不利肾病患者的蛋白可下降60.8%，可辅助食疗肾病。2020年，浙江大学原子核农科所选育成功的'浙大两优宜糖籼1号'，是一个高抗性淀粉专用水稻品种，是浙江省首个适宜糖尿病人食用的稻米品种。

1.7 其他分类

水稻历史悠久、品类繁多，以下重点介绍近年来其他几种受关注较多的类型，包括糯稻、再生稻、多年生稻、巨型稻和海水稻。

1.7.1 糯稻

根据米粒的淀粉结构不同，水稻可分为糯稻和非糯稻。我们通常所称的籼稻和粳稻都指非糯稻，习惯上将籼稻、粳稻和糯稻并列。糯稻又分粳型糯稻和籼型糯稻。糯稻淀粉中支链淀粉含量接近100%，非糯稻淀粉中支链淀粉占75%~85%。支链淀粉含量越高，大米的黏度越高。糯稻脱壳的米一般称为糯米，粳糯外观圆短，籼糯外观细长，颜色均为白色不透明，黏性强，胀性小，出饭率低，但易煮软，食味好，常用作糕、团、粽子和酿造的原料。

糯稻在老挝、泰国、柬埔寨、越南、马来西亚、印度尼西亚、缅甸、尼泊尔、不丹、印度东北部、中国、日本、韩国和菲律宾都有种植。其中，只有老挝和泰国将糯米作为基本主食。糯米深深扎根于老挝的文化、宗教传统和民族认同，老挝的人均糯米消费量全球最高，每年达171kg，糯米生产占老挝全部大米生产的80%左右（USDA，2020）。泰国北部和东北部人均年糯米消费量125~155kg。

糯稻在我国分布广泛，北方稻区以粳型糯稻为主，南方糯稻籼粳都有，湖北、安徽、湖南、江苏、黑龙江、河南、江西等地区的糯稻种植面积较大。其中，籼糯主要集中在湖北孝感，河南信阳部分地区，安徽南陵、宣城、凤台一带，江西高安、奉新及抚州部分地区，湖南常德一带；粳糯主要分布在安徽皖南及蚌埠、江苏苏南地区、黑龙江哈尔滨东北部地区。我国糯稻常年种植面积占水稻总面积的5%以下。我国糯稻受国家收储政策影响较小、市场化程度较高，因此价格波动相对较大。

1.7.2 再生稻

再生稻是利用水稻自身植株的再生特性，在适宜的光、温、水、肥等条件下，头季收获后稻桩上存活的休眠腋芽萌发成穗，从而达到再次成熟获得收成的目的。随着强再生力水稻新品种的育成和再生稻现代栽培技术的成熟，种植再生稻增产增收、省种省工、减肥减药，有效提高复种指数，增加稻谷单产，尤其对于温光资源一季有余两季不足的稻区，发展再生稻是增加粮食总产的一条重要途径（蔡秋华等，2021）。通过良好的作物管理，再生稻的产量相当于主要作物的60%，资源和劳动力投入减少了50%，水稻再生提高了谷物质量（垩白度低），增加了农民的利润，减少了温室气体排放（Wang et al.，2020）。再生稻的收获一般在第一季收获后约90天，第一季收获后留的残茬越高，再生季越快成熟，但产量越低，具体因品种各异。

再生稻种植在中国有着悠久的历史，1 700多年前就有了最早的记载（Cai，1987）。在1960年之前，只是用来补充主季作物的不足，产量只有750~900kg/hm^2（Cai，1987；Sun，1991）。从1960年到1979年，开发了两个具有高再生能力的常规水稻新品种：泸双1011和南京11，产量在主要作物季节达到7 500kg/hm^2，再生稻的产量达到1 500~2 250kg/hm^2（RISAAS，1977）。1980年后，用圆锥花序数型杂交水稻栽培品种进行了田间试验，研究整合高产栽培技术对再生稻产量的影响，通过这些栽培品种和改进的作物管理，再生稻的粮食产量达到3 000~3 750kg/hm^2（Xiong，1996）。从1990年到1999年，在重庆、福建和湖北，对主要作物—再生稻系统的生理学、生态学和高产技术进行了深入研究（Lin et al.，2015；Xu et al.，2015）。自2000年以来，随着中国南方采用重圆锥体杂交水稻，再生稻的粮食产量增加，例如在福建省的一个再生稻示范区连续几年达到7 500kg/hm^2（Liu et al.，2014a）。到2015年，在湖北、四川、福建、重庆和湖南，主要作物由联合收割机收割的机械化轮作水稻系统开始流行。在这种系统中，当主作物被机械收割时，有很大一部分残茬被损坏，与人工收割的再生稻相比，生长周期更长，粮食产量更低。不过，对机械收获的再生稻高产高效栽培技术的集成和应用的深入研究，使其在2015年至2017年扩大了35万hm^2（Xu et al.，2021）。

据估计，目前我国再生稻面积约2 000万亩，并且呈扩大趋势，主要在南方地区，可分为五个气候区：西南区包括四川、重庆、云南和贵州等，华南季风水稻区包括广东、广西、海南等，东南区包括福建、江西、浙江和台湾等，中部季风水稻区包括湖南和湖北两省，东部季风水稻区包括安徽和江苏两省。其中，西南区再生稻种植面积约800万亩，占全国再生稻面积的40%（Xu et al.，2021）。

1.7.3　多年生稻

多年生稻只需栽种一次，一年收获两季，越冬后可继续收割3~5年，从第二年（季）起不用犁田耙地、买种子、播种育秧和移栽，只要田间管理就可实现多年的稻作生产。多年生稻是利用具有地下茎生物学特性的多年生长雄野生稻为父本与一年生栽培水稻为母本进行种间远缘杂交，结合地下茎分子标记辅助选择，培育出的创新型水稻品种，结合了野生稻的多年生长特性和栽培水稻的高产特性。

多年生稻实现了水稻轻简化生产，在药肥双减和劳动力价格飙升的背景下，对维持粮食产量，降低生产成本，具有现实意义。多年生稻突破传统耕作方式，是水稻育种的创新，云南大学培育的'云大107'等品种试种取得明显增产增收，利用长雄野生稻发达的地下茎培育的多年生稻品种及其配套耕作栽培技术，具有苗株健强、抗病虫害能力强等特点。截至2021年，云南大学已培育出'多年生稻23''云大107'等适应多个生态区的多年生稻品种，累计试验示范应用12万亩。多年生稻生产技术也已在"一带一路"倡议沿线的老挝、缅甸、泰国、孟加拉国、伊朗、乌干达、埃塞俄比亚等国家开展试验示范，显示出极大的发展潜力和广泛的应用前景。不过，多年生稻的大面积应用依然面临诸多难题：克隆和解析多年生性状的调控基因，实现多年生性状的越冬再生、再生发苗，以及年际间稳定表达的精准调控等基础科学问题；选育适应不同生态区的本地化、多样化的多年生粮食作物品种；集成创新以免耕为核心的多年生粮食作物耕作栽培技术体系，包括杂草控制、土壤水分管理、农机农艺融合等技术。

1.7.4 巨型稻

巨型稻是中国科学院亚热带农业生态研究所于2017年正式发布的一种水稻新种质。巨型稻是在现有优异种源的基础上，运用突变体诱导、籼粳及野生稻远缘杂交、分子标记定向选育等一系列技术获得的。巨型稻的高度一般是常规稻的两倍，有的巨型稻高度超过2.2m，是水稻中的"巨人"。和常规稻相比，巨型稻生物量更大、稻粒更多，单穗最高实粒数达500粒，生物量可现有水稻的1.5倍以上。巨型稻不仅抗病、抗倒伏能力强，而且耐淹涝、耐盐碱，稻田蓄水深、比较适合稻渔种养。巨型稻秸秆纤维含量高的特点使其具有作饲料用的开发前景。目前，我国巨型稻仍处于试种阶段，在湖南、重庆、浙江、天津等地开展了试种。

1.7.5 海水稻

海水稻，即耐盐碱水稻，是指能在盐（碱）浓度0.3%以上的盐碱地生长且单产可达300kg/亩以上的一类水稻品种。海水稻比其他普通的水稻具有更强的生存竞争能力，具有抗涝、抗盐碱、抗倒伏、抗病虫等特点，其生长地是在海水经过之地而非海水里，不惧海水的短期浸泡。

1986年，广东海洋大学研究员陈日胜在湛江海边发现了第一株野生海水稻，申请了农业部植物新品种专利，定名为'海稻86'，这被袁隆平院士评价为继杂交稻之后水稻行业的又一次重大革命性突破（袁隆平，1987）。2016年，袁隆平院士团队与陈日胜合作，次年10月测产，海水稻开始广为人知。2017年，中国工程院院士、"杂交水稻之父"袁隆平领衔成立青岛海水稻研究发展中心，并联合多家科研单位成立中国首个耐盐碱水稻区试协作组。2020年，青岛海水稻研究发展中心在全国的海水稻示范种植面积由原来2万亩扩大到10万亩；2020年9月下旬起，10万亩海水稻陆续完成测产。

其中，新疆喀什，宁夏石嘴山，黑龙江铁力和山东东营、潍坊、青岛等地测评亩产均超500kg。2020年，海水稻首次在高海拔的青藏高原试种植。

截至2021年年底，全国海水稻种植面积达到60万亩，分布在黑龙江、山东、江苏、新疆、内蒙古、浙江等十多个省份，品种覆盖全国四大类典型盐碱地（滨海盐渍区、黄淮海平原盐渍区、荒漠及荒漠草原盐渍区、草原盐渍区）。2022年全国预计推广海水稻种植面积超100万亩。在盐碱地上种水稻，通过长期排盐，对盐碱地具有改良作用，有助于实现把盐碱地逐步变成良田的目标。根据联合国教科文组织和粮农组织发布的数据，全球盐碱地总面积为143亿亩，我国盐碱地面积15亿亩，主要分布在我国西北、东北、华北及滨海地区，其中，近1.5亿亩盐碱地具有开发利用的潜力，未来耐盐碱作物大有可为。

第2章 中国水稻区划与耕作制度

区划是人类根据不同的需要，根据相关原则和依据，在地球表面分级划分的区域。农业区划是按农业地域分异规律，科学地划分农业区。农业区划是在农业资源调查的基础上，根据各地不同的自然条件与社会经济条件、农业资源和农业生产特点，按照区内相似性与区间差异性和保持一定行政区界完整性的原则，把全国或一定地域范围划分为若干不同类型和等级的农业区域。在分区的基础上，研究不同农业区的资源特性、生产条件、布局现状和存在的问题，为实现农业合理布局和制定农业发展政策提供科学手段和依据。

2.1 水稻种植区域布局变化情况

2.1.1 我国稻作区划

作为我国最重要的口粮作物，水稻喜温喜水、适应性强、生育期较短，其生长发育要求的最低温度在10℃以上，抽穗扬花期要求温度在22℃以上。凡温度适宜、有水源、可灌溉的地方，均可种植水稻。我国水稻分布广泛，从南到北稻区跨越了热带、亚热带、暖温带、中温带和寒温带5个温度带，最北的稻区在黑龙江省的漠河（53°27′N），为世界稻作区的北限；最高海拔的稻区在云南省宁蒗县山区，海拔高度为2 965m。在南方的山区、坡地以及北方缺水少雨的旱地，种植有较耐干旱的陆稻，还有少量完全依赖雨水的天水稻。

从总体看，由于纬度、温度、季风、降水量、海拔高度、地形等的影响，我国稻作区域的分布呈东南部地区多而集中，西北部地区少而分散，西南部垂直分布，从南到北逐渐减少的趋势。从稻作类型看，灌溉稻约占93%，雨养稻约占4%，陆稻约占3%。南方稻区中，长江三角洲、珠江三角洲、皖中平原、鄱阳湖平原、洞庭湖平原、江汉平原、成都平原，以及云贵等省的坝地平原最为集中，浙闽等省的滨海平原、我国台湾岛的西部平原也是稻作较集中的地区。北方稻区则以淮北平原、河南的引黄灌区、山东的济宁滨湖地区、河北的渤海湾沿岸、宁夏的银川平原、新疆的塔里木和准噶尔盆地、甘肃的河西走廊、东北的辽河平原和东南沿海平原、松花江流域和牡丹江的半山区和三江平原为多。

根据中国稻作在地域分布上的相似性和差异性，中国稻作分区以周拾禄（1928）、赵连芳最早开始研究，其后蒋名贤（1948）根据稻作区域试验和调查结果，将全国划分为10个稻区。但当时的分区标准并不明确。丁颖（1957）以地区生态条件、种植制度和稻种类型三者结合的方法，将全国划分为6个稻作带，并编入1961年出版的《中国水稻栽培学》，为我国稻作区划奠定了基础。

2.1.1.1 华南湿热双季稻作区

位于南岭以南，包括云南省西南部，广东省，广西壮族自治区的中、南部，福建省东南部，台湾省以及海南省等地。本区稻田约占全国稻田面积的17%，稻谷产量约占全国稻谷总产量的16%，均居全国第二位。

本区属热带和南亚热带湿润季风气候，高温多湿。稻作期间日平均气温22~26℃，日较差5.4~8.1℃，≥10℃的积温6 500~8 000℃。稻作生长季达260天以上，山区比同纬度平原短5~10天。早稻安全播种期：2月中旬至3月中旬；海南省南部可在12月播种，全年都能种稻，是中国水稻育种加代的重要基地；丘陵山地随海拔每增高100m，播种期推迟3~7天。晚稻安全齐穗期：9月下旬至10月底；丘陵山地随海拔每增高100m，提早2~5天。稻作期间总日照时数1 400~2 000h，日照百分率40%~60%，且由南向北递减；光合辐射总量167~209kJ/cm^2，由南向北，自东到西递减，海南省为全国最高值。稻作季节雨量充沛，总降水量1 100~1 600mm，但时空分布不均，丘陵台地有明显春、秋干旱。土壤多为冲积土、砖红壤、赤红壤等发育而成的水稻土。种植制度以双季稻为主，占稻田面积的80%以上。海南省南部的陵水、三亚有少量三季稻和冬稻的种植。稻田复种轮作方式多样，有以双季稻与冬作物复种的一年三熟制；有休闲田种植双季稻；有单季稻与甘薯、大豆、花生、甘蔗、黄麻等旱作物复种的一年两熟制；有稻作与旱作实行年间轮换的水旱轮作制。水稻品种以籼稻为主，该稻作区的山区及台湾省部分地区有粳稻种植。本区常有早稻播种和开花期间的低温阴雨，晚稻出穗、灌浆期的"寒露风"，春、秋干旱，夏季台风暴雨以及交替出现的病虫危害等。

2.1.1.2 华中湿润单、双季稻作区

位于淮河、秦岭以南，南岭以北。包括江苏、安徽省的中、南部，河南、陕西省的南缘，四川省东半部，浙江、湖南、湖北、江西诸省及上海市的全部，广东省和广西壮族自治区北部，福建省的中、北部。本区稻田约占中国稻田面积的66%，稻谷产量约占中国稻谷总产的66%，均居全国首位。

本区属中亚热带和北亚热带湿润季风气候，温暖湿润，四季分明。稻作期间日平均气温21~25℃，日较差6~10℃；≥10℃积温4 500~6 500℃，由南而北递减，东西差异不大；四川盆地南部积温稍多于同纬度的长江中、下游地区；丘陵山地海拔每升高100m，积温减少100℃左右。稻作生长季为200~260天，丘陵山地短于同纬度平原。早稻安全播种期：3月中旬至4月中旬，由北而南逐渐提早；丘陵山地随海拔每增高100m，推迟3~4天。四川盆地因有秦岭、大巴山对寒流的阻挡，春温回升早于东部沿海地区，早稻播期比同纬度长江中、下游地区要早10~15天。晚稻安全齐穗期：9月初至10月上旬，四川和汉中盆地比同纬度平原提前5~10天。稻作期间日照总时数900~1 600h，以四川盆地最少；日照百分率30%~50%，北多南少，沿海又少于内陆。稻作期的光合辐射总量126~200kJ/cm^2，沿海与山地丘陵，因云雨较多，总辐射

量偏少。稻作生长季节总降水量为750～1 300mm，北少南多，差异较大。平原为冲积土，土质肥沃；丘陵山地多由红壤、黄壤发育而成的水稻土，土质黏性大，有机质含量低，酸性强；低洼地区地下水位高，土壤次生潜育化严重。种植制度为单季稻、双季稻的过渡地带。北部沿淮和鄂北一带为单季稻区；中部的苏南、浙北平原、皖中平原、鄂中丘陵平原、汉中盆地及四川部分盆地为双季稻与单季稻混栽地区。再向南移，双季稻面积显著增多。丘陵山区的种植制度，因地域和海拔不同而有差异。中部的浙北、皖南海拔在300m以下，南部福建在500m以下，一般都可种双季稻。品种以籼稻占多数，杂交籼稻占有很大比重。太湖平原的单季稻和双季晚稻多为粳稻，由于气候的不稳定性，水、旱、风、雹及高、低温等多有发；同时，病虫害种类多，常在生产上造成损失。

2.1.1.3　华北半湿润单季稻作区

位于秦岭、淮河以北，长城以南。包括辽宁省的辽东半岛，北京、天津两市，河北省的张家口至内蒙古自治区多伦一线以南部分，山西省全部，陕西省秦岭以北的东南大部分，宁夏回族自治区固原以南的黄土高原，甘肃省兰州以东，河南省中北部，山东省全部，以及江苏、安徽两省的淮北地区。稻田面积约占中国稻田面积的8%，稻谷产量约占中国稻谷总产量的8%。

本区属暖温带半湿润季风气候，春季温度回升缓慢，秋季气温下降较快。稻作期间日平均气温19～23℃，东部高于西部，南北差异较小；日较差10～14℃；≥10℃的积温为3 500～4 500℃，自南向北，由东向西逐渐减少。稻作生长季为140～200天，华北东部长于西北部和辽东半岛。安全播种期为4月10—25日；安全齐穗期，8月上旬至8月中下旬。稻作期间日照时数为1 200～1 600h，日照百分率46%～60%，以华北平原为多。稻作生长季的光合辐射总量为146～176kJ/cm²，自西向东逐渐增大，海河一带为本区的高值区。稻作期间降水量一般为400～800mm，东南多于西北，西部的兰州只有288mm。降水季节分布不匀，春雨特少，主要集中在6—8月，年际变率较大，多雨年平原洪涝成灾，少雨年干旱严重，致使稻作面积难以稳定。土壤是由草甸土、盐碱土、部分为褐土、栗钙土等发育而成的水稻土。其淋溶作用小，富含速效性矿物质养分。但因蒸发强烈，低地表土极易泛盐。陕西省关中及山西省汾河下游冲积平原，土壤疏松肥沃。种植制度以单季稻为主，淮北平原、海河地区多以一熟稻和麦稻两熟搭配种植；辽东半岛以一季中粳为主。品种在北部以早熟或中熟中粳为主；南部地区采用中籼、杂交籼稻。

2.1.1.4　东北半湿润早熟单季稻作区

位于辽东半岛西北，长城以北，大兴安岭以东地区，包括黑龙江省东部、吉林省、辽宁省的中北部。稻田面积约占全国稻田面积的2.5%，稻谷产量约占全国稻谷总产的3.0%。本区单产较高，米质优良，是优质商品米产区之一。

本区属中温带和寒温带半湿润季风气候，夏季温和湿润，冬季严寒漫长。稻作期间日平均气温17～20℃，日较差12℃左右；≥10℃积温小于3 500℃。黑龙江省北部只有2 000℃。稻作生长季110~160天，为全国最短。安全播种期自南向北为4月25日至5月25日。安全齐穗期为7月20日至8月15日。稻作生长期总日照时数1 000~1 250h，日照百分率55%~60%，光合辐射总量100~146kJ/cm^2，自北向南递增。降水量只有300~600mm，西部少于东部。水分不足是影响稻作生产的主要限制因子。土壤多为草甸土、沼泽土、白浆土、盐碱土等发育而成的水稻土。种植制度均为一年一熟的单季早粳稻。栽培方法已由直播向育苗移栽演变。品种为早熟早粳稻，南部为中、迟熟类型；北部为特早熟类型。低温冷害、秋涝春旱和稻瘟病等自然灾害，是稻作生产不稳的主要因素。

2.1.1.5 西北干燥单季稻作区

位于大兴安岭以西，长城、祁连山、青藏高原以北地区，包括黑龙江省大兴安岭以西、内蒙古自治区、甘肃省西北部、宁夏回族自治区的大部、陕西省北部、河北省北部、新疆维吾尔自治区。稻田面积只占中国稻田面积的0.5%左右，稻谷产量占中国稻谷总产的0.4%左右。

本区属中温带大陆性干燥气候，降水稀少，气温变化剧烈，但日照充足，光能资源丰富。稻作期间日平均气温18~22℃，日较差是全国最大值区，达11~14℃，有利光合产物积累。≥10℃积温2 200~4 000℃。稻作生长季短，为120~180天，自北向南逐渐增加。安全播种期为4月15日至5月5日。安全齐穗期，地区差别很大，北疆7月中旬至8月初，南疆可到8月中下旬，河西走廊与银川平原7月下旬至8月上旬。稻作生长季日照时数为1 350~1 600h，日照百分率除南疆的于田、和田外，均在65%~70%，为全国最高值区；光合辐射总量为126~167kJ/cm^2，北部又比南部大。稻作生长季节降水量仅30~350mm，为全国最少，其中又以南疆最少；东南部高原雨量略多，为200~350mm。水源不足、霜冻早，是限制稻作生产的主要因素。但光照条件好，昼夜温差大，有利光合物质积累，易获高产。土壤多为草甸土、沼泽土、盐碱土发育而成的水稻土。以单季稻为主，部分地区也发展了稻麦两熟，或稻、麦、早秋作物轮换的两年三熟。稻作品种类型较多，河西走廊、银川平原以中熟早粳为主；北疆以早熟早粳为多；南疆可用早熟中粳。

2.1.1.6 西南高原湿润单季稻作区

位于中国大陆西南部，包括贵州省大部，云南省中、北部，四川省北部的甘孜、阿坝，青海省以及西藏自治区的零星稻区。稻田面积约占中国稻田面积的6.5%，稻谷产量约占中国稻谷总产的6.6%。

本区属亚热带和温带湿润和半湿润高原季风气候。气候类型呈明显的立体分布，2 800m以上地区已不能种稻。稻作期间贵州高原日平均气温18~24℃，日较差9~10℃，≥10℃的积温3 700~5 100℃；云南高原日平均气温17~21℃，≥10℃的积温3 000~6 000℃。稻作生长季只有190~220天，比同纬度华中稻作区少15~30天。贵州高原稻作安全播种期，3月底至4月中旬，比同纬度东部地区迟15~20天；安全齐穗期，8月下旬至9月上中旬，比同纬度东部地区提前15天左右。云南高原稻作安全播种期和安全齐穗期，分别比贵州高原推迟和提早15天左右。稻作期间总日照时数差异较大，贵州高原多云雾，光照不足，为950~1 100h，日照百分率为30%~38%，光合总辐射量为84~126kJ/cm^2，为全国低值区；云南高原略高，日照总时数为1 050~1 440h，光合辐射总量为105~126kJ/cm^2；青藏高原与四川西南部高原山地，又多于云贵高原。稻作期间，大部分地区雨量充足，但时空分布不匀，春旱、伏旱、秋旱可在不同地区出现。贵州高原总降水量为850~1 000mm，由南向北，自东向西明显递减，西部多春旱。云南高原，降水充沛，总降水量在1 100mm左右，其地理分布，大致由北部中部向东、南、西三面递增；季节分配差异也很大，11月到翌年4月为冬、春干旱季节，降水量仅占全年降水量的15%，5—10月为雨季，尤以6—8月降水多，占全年降水量的60%。藏南谷地雨量更少，仅300~450mm，略多于西北稻作区，春旱是阻碍稻作生产的主要因素。土壤多由黄壤和红壤发育而成的水稻土。一般以单季稻的稻麦两熟为主。云南高原农业的垂直分布明显，海拔2 300m以上的高寒地带，有少量一年一熟的单季早熟粳稻；海拔1 400~2 300m的中暖地带，多为一年一熟或一年两熟的单季中粳稻；1 400m以下的低热区为一年两熟的单季中籼稻，间有部分双季稻，故有"立体"农业之称。贵州高原在海拔800m以下，可种植双季稻，并有较大面积的杂交稻。云南高原，稻作品种资源极为丰富，有世界稻种宝库之称。栽培品种按海拔高度形成自然的粳籼分界线。海拔2 000m以上为粳稻区；1 750m以下为籼稻区；介乎其间的，为粳籼混栽区。

2.1.2 水稻播种面积变化情况

稻谷是我国第一大粮食作物，是口粮中最主要的消费品种，占口粮消费总量的54.7%。自1991年起，我国稻谷播种面积一般稳定在3 000万hm^2（4.5亿亩）左右，在谷物中占比约为32%。

从1978—2018年全国水稻播种面积来看，我国水稻播种面积随时间的变化总体呈现波动下降趋势，从3 442万hm^{2}下降到2 503万hm^2，减少了27.28%。其中，1993年、2003年和2012年为改革开放以来水稻播种面积出现的3个波动折点，面积分别为3 036万hm^2、2 651万hm^{2}和2 475万hm^2。从不同时期来看，1978—1993年，水稻的播种面积变化平缓，波动较小，共减少了128万hm^2；1994—2003年，水稻面积呈现先上升后下降的趋势，从2004年开始，水稻的播种面积持续保持小幅度的增长趋势，至2011年增至3 006万hm^2，出现一个增长的小高潮；2012—2018年，水稻面积变化极小，以平均每年增长4.71万hm^{2}缓慢升高。

从三大种植区来看，长江流域水稻播种面积的变动趋势与全国的变动趋势十分相似，1978—2003年，呈不断下降趋势，2004—2018年，又不断上涨，但截至目前仍未超过历史最高水平，这与该地区水稻播种面积的占比高有关；东南沿海的播种面积呈持续下降趋势，东北平原地区播种面积不断增加。

如表2-1所示，从水稻种植面积地区变化来看，1978—2018年高减少区为四川、广东、广西、浙江；较高减少区为云南、贵州、湖北、湖南、江苏、福建及上海；低度增加区主要分布于内蒙古、吉林、辽宁、河南、安徽及重庆；高度增加区主要分布于江苏、黑龙江、山东和安徽；持续增加区主要分布于黑龙江；波动不稳定区多分布于传统轮作区，例如四川、湖北、安徽和江苏。4个时期内面积减少的空间分布为：1978—1988年，面积减少主要是在东南沿海地区，广东面积减少最多，达121万hm^2；1988—1998年，南方双季稻主产区的浙江、湖南、江西和四川等地种植面积大规模减少；1998—2008年，中国沿海省份广东、福建、浙江、水稻种植面积持续减少，尤其是浙江，面积达107万hm^2，京津冀和辽宁的辽河下游地区小规模减少；2008—2018年，共20个省份（自治区/直辖市）水稻种植面积出现减少，面积达172万hm^2。4个时期内面积增加区的空间分布不均，1978—1988年的增加零星分布于湖北、安徽中部及东北三省部分地区；1988—1998年的增加量主要分布在黑龙江松嫩平原和三江平原、江苏北部、四川盆地、海南北部；1998—2008年的增加主要分布在黑龙江和吉林的松嫩平原、江苏、宁夏；2008—2018年，天津、河南、黑龙江等地面积增加。各区比重变化大致上反映了改革开放以来我国水稻区域布局演变的规律：由南向北迁移、由东向中聚拢。

表2-1 不同时期全国各省份水稻播种面积变化情况 （单位：万hm^2）

省份	1978—1988年	1988—1998年	1998—2008年	2008—2018年	1978—2018年
北京	-1.26	-1.65	-1.9	-0.023	-4.833
天津	0.86	0.81	-3.94	2.49	0.22
河北	2.25	2.05	-7.17	-0.307	-3.177
山西	-0.38	-0.14	-0.5	-0.03	-1.05
内蒙古	2.87	8.24	-1.99	5.255	14.375
辽宁	17.35	-5.77	16.27	-17.034	10.816
吉林	9.88	7.87	19.97	18.101	55.821
黑龙江	32.86	101.38	82.4	139.24	355.88
山东	-6.66	6.93	-2.69	-1.687	-4.107
江苏	-27.69	-1.46	-13.71	-1.788	-44.648
安徽	-6.25	-2.59	6.06	32.586	29.806
江西	-16.98	-30.97	35.47	18.07	5.59
河南	-2.67	9.62	10.63	1.571	19.151
湖北	-36.73	-28.81	-26.04	41.21	-50.37
湖南	-23.08	-31.73	-4.44	7.7	-51.55
重庆	0	79.47	-12.12	-1.705	65.645
四川	-5.24	-90.51	-13.15	-16.19	-125.09

(续表)

省份	1978—1988年	1988—1998年	1998—2008年	2008—2018年	1978—2018年
贵州	-6.65	1.88	-5.57	-1.932	-12.272
云南	-3.03	-8.92	9.79	-16.795	-18.955
西藏	0.02	0.02	-0.01	-0.006	0.024
陕西	-0.54	0.57	-3.54	-1.921	-5.431
甘肃	0.02	0.44	-0.29	-0.168	0.002
青海	0	0	0	0	0
宁夏	0.75	1.18	1.38	-0.229	3.081
新疆	-2.29	-1.36	0.17	0.759	-2.721
上海	-8.28	-5.68	-9.47	-0.502	-23.932
浙江	-15.04	-34.58	-107.04	-28.643	-185.303
福建	-20.58	-9.54	-52.67	-24.159	-106.949
广东	-120.64	-43.29	-73.91	-15.951	-253.791
广西	-42.95	-2.92	-31.43	-36.665	-113.965
海南	36.77	2.08	-7.85	-6.39	24.61

水稻种植面积变化是多种因素相互交织、综合作用的结果。稻谷效益深刻影响着稻农的生产决策行为，水稻种植面积的增减是水稻种植效益高低的直接反映，同时种植比较效益亦是影响水稻种植面积变化的直接和主要原因。除去农户由于水稻与其他作物净收益的差异而做出的主动调整外，由农业结构的战略性调整所带来的粮食与非粮食作物种植结构调整对于水稻种植面积变化的影响也不容忽视。与之类似，这种自上而下的结构调整还表现在水稻种植制度上，"单改双""双改单"的变动与我国水稻种植面积变化密切相关。1949年后南方推广双季稻的政策提高了复种指数，水稻种植面积因此获得增长；改革开放后南方稻区又进行了部分双季稻改单季稻的调整，然而双季稻种植效益低于单季稻更使得农户自发地加剧了"双改单"现象，这种复种指数的变化造成水稻种植面积大量缩减。另外，工业化与城镇化进程加快对水稻种植面积多方面影响，主要体现在两方面：一方面，受到第二、第三产业挤占而导致的耕地消亡，促使水稻种植面积减少；另一方面，工业化与城镇化提供了更多的非农就业机会，非农活动的增多引起农业生产劳动力不足，也使得水稻种植面积下降。

2.1.3 水稻产量变化情况

如图2-1所示，1978年以来水稻总产量略有上升，近年来基本维持在1.8亿t左右。改革开放至今，我国各地区水稻产量除东南沿海自1999年起开始显著下降以外，其余地区的产量基本都呈上升趋势或保持稳定。从2004年开始，与播种面积变化一致，水稻产量也呈现持续增长的趋势，2018年增至18 070.2万t。华东、华南、华中地区为我国具有较高综合比较优势的传统水稻主产区，1978年以来，华东、华南2个地区的水稻生产均有所下降，其中华南地区下降程度最为明显，而华中地区保持稳中微增的势头，但并不足以遏制传统优势产区的整体颓势；西南地区在全国水稻生产份额中也占有一席之地，其水稻生产集中度变化相对平稳，发挥了稳定南方水稻生产的作用；东北地区水稻产业飞速发展，生产集中度迅速增加，已成为我国日渐重要的新兴水稻主产区；此外，其他非水稻主产区对我国水稻总产量的贡献长期以来维持在一个较低的状态（图2-2）。具体到我国水稻主产省份来看，黑龙江、吉林、辽宁、江西的水稻生产均显著增长，而浙江、福建、广东及广西则显著下降，其余省份变化不明显。可以看到，水稻产量指标反映出的水稻生产布局演变规律，同面积指标大致相同。

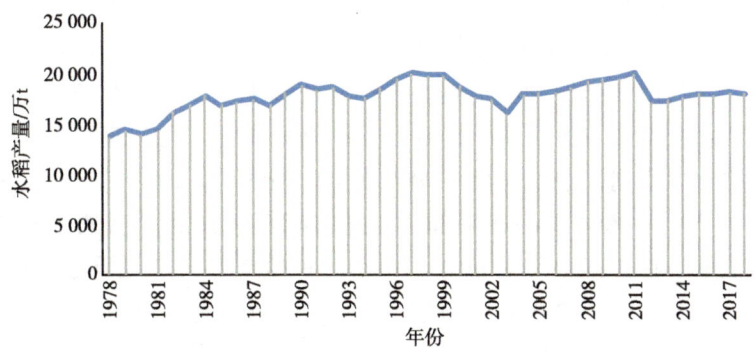

图2-1　1978—2018年全国水稻产量变化

如图2-2所示，从水稻三大主产区域来看，长江流域产量变化趋势与全国趋势基本一致；东北平原产量有明显的增长，2018年为3 749.9万t，较1978年增长了约9.3倍；东南沿海产量从1999年开始呈现下降趋势，2018年仅为3 142.7万t。水稻产量的增长主要得益于水稻品种改良、栽培技术进步、化肥和农家肥的投入、机械技术水平和劳动效率的提高。

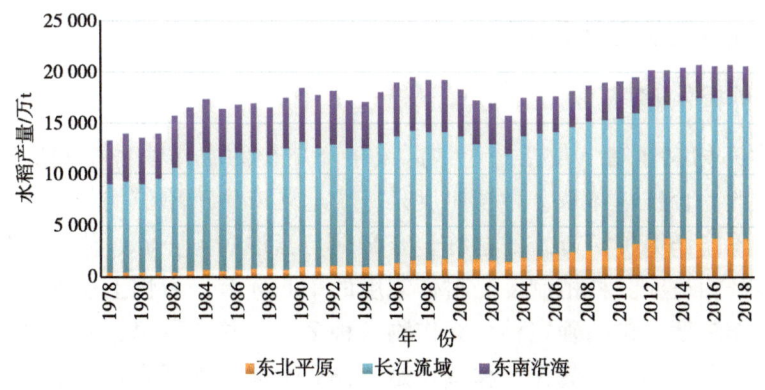

图2-2　1978—2018年三大地区水稻产量变化

2.1.4 水稻种植重心变化

水稻种植重心整体向东北移动，40年间移动直线距离达到361.48km，累积距离为364.08km；水稻产量的迁移直线距离为365.54km，累积距离为367.87km，水稻产量重心的迁移距离和幅度显著高于种植重心。1978年水稻种植重心在湖南省岳阳市境内。1978—1988年水稻种植重心向东北移动50.07km，1988—1998年种植重心继续移动86.43km，1998—2008年移动100.03km，到达湖北武汉市新洲区境内，2008年以来，则继续移动127.55km到达河南省信阳市商城县南部，4个时期移动距离和幅度大致相近。与之对应的水稻生产重心，1978年水稻产量重心在湖南省，1978—1988年向东北迁移48.70km进入湖北咸宁市，1988—1998年继续迁移87.56km，由湖北咸宁市到达黄冈市，1998—2008年迁移148.58km，重心从湖北黄冈市迁移至湖北红安县北部，2008—2018年迁移123.91km到达河南省信阳市商城县最北部，水稻种植与产量重心同向，这一趋势与我国粮食产量和耕地重心的迁移规律不一致。研究表明，粮食产量中耕地重心表现为"北进中移"，而水稻的迁移规律则表现为"北进东移"态势。我国水稻的分布主要集中于两个端，一端是南方秦岭淮河以南的广大南方地区，另一端是我国东北三省的粮食主产区。总体重心在南部，但随着40年来东北地区的水稻扩张和产量提升，总产与种植重心在距离上显著拉大，1978年种植重心与产量重心距离为44.90km，而2010年这一距离扩大到112.04km，这与水稻种植面积变化对总产影响的空间分布特征一致。我国北方水稻除面积扩张之外，其他生产要素投入，特别是进入21世纪以来单产的大幅提升也极大地促进了总产提升，导致种植重心与总产重心的距离扩大。

改革开放以来，中国水稻生产重心在东经113.24°～115.43°、北纬28.72°～32.05°，水稻生产重心一直处于中国几何中心（东经103.50°、北纬36°）的东南方向。这表明，东南部传统稻作区的水稻生产在全国始终占据重要的地位。在此期间，水稻生产重心整体呈现出向东北方向移动的演变趋势，这表明东北地区水稻生产的增长速度已经超过其他地区，并对全国水稻生产起到明显的拉动作用。

2.2 水稻种植制度变化沿革

2.2.1 中国种植制度

耕作制度亦称农作制，是指一个地区或生产单位的农作物种植制度以及与之相适应的养地制度的综合技术体系。种植制度是一个地区或生产单位的作物组成、配置、熟制与间套作、轮连作等种植方式的总称。它必须与当地农业资源、生产条件以及养殖业和整个农村经济相适应。种植制度是耕作制度的中心环节。习惯上也往往以种植制度的名称来命名耕作制度。包括确定种什么作物、种多少、种在哪里，一年种一茬还是种多茬，种植方式是采用间作、套作、移栽还是单作或平播，不同生长季节或年份作物的轮换顺序或连作等。养地制度是与种植制度相适应的土壤生态维护技术，包括农田基本建设、土壤培肥与施肥、水分供求平衡、土壤耕作以及农田保护等。研究和改革耕作制度的目的在于：①提高土地为主的农业资源利用率、增加农作物产量；②增加农民经济收益，促进农村综合发展；③持续提高土地生产力，保护并改善土壤生态环境。

中国幅员广阔，自然资源与社会经济条件十分复杂。按气候条件，秦岭淮河以南是以水稻为主的一年二熟或三熟制；华北水浇地多以小麦为主的一年两熟制，旱地以玉米、高粱、谷子、甘薯等旱粮为主的一年一熟或二年三熟制；东北、西北则以小麦、旱粮为主的一年一熟制；年降水量小于300mm的地方，只能实行灌溉种植，一年一熟或二熟。按作物构成划分，有以粮食、经济作物为主的，也有以饲料作物为主的，或以多年生作物为主的种植制度类型等。也有混合的，如粮饲并重的种植制度、粮草兼有的种植制度等。此外，种植制度还常以熟制或轮作命名，例如水田一年一熟、小麦→大豆→玉米二年三熟、麦→稻→稻一年三熟等。牧草→牧草→牧草→小麦→玉米→棉→棉→棉这样一种草田轮作，不仅反映了轮作与连作的关系，也反映了作物组成结构与复种程度，这实质上也是一种种植制度。

中国人多地少，人均资源紧缺，实行集约农作对于充分提高土地利用率，促使用地与养地相结合，对农业的可持续发展有重要作用。需要科学地改革耕作制度，走集约持续发展的道路。

2.2.1.1 耕作制度演变历史的探索

20世纪50年代以来，农学界、农史学界对耕作制度变革做了深入探索，认为世界历史上，耕作制度的发生发展与改革是与各国生产力发展的水平相适应的，大多经过数个阶段。由于各国自然与社会经济条件差异甚大，故各阶段的长短与形式有着显著不同。

（1）撂荒耕作制。在生产力水平极低的原始社会里，实行刀耕火种，土地连种几年（3~6年）肥力下降后进行撂荒（10~30年）以恢复地力。中国自新石器时代早期（六七千年以前）到公元前5世纪左右盛行撂荒制，现今已基本消灭。国外在东南亚、非洲、南美等热带人口稀少地区仍普遍存在。

（2）休闲耕作制。在可种作物的季节或全年，对耕地采取只耕不种或不耕不种以积蓄水分与有效养分的方式，称为休闲。在休闲耕作制阶段，休闲时间已缩短为1~2年，随后作物种植1~2年。欧洲中世纪期间盛行三圃制（小麦→大麦→休闲）长达1 000多年。中国进入休闲耕作制时间甚早，周朝已开始从撂荒制进化为三圃休闲制，比欧洲早1 500年。当时主要农具是木制耒耜。但中国的休闲制经历时间短，只盛行于春秋战国时期，称易田制。此时已出现铁犁，从人耕发展到畜耕，耕作效率提高。战国时期秦和六国都在"垦草""治莱"（休而不耕者曰"莱"）（商君书），"辟草莱""任土地"（孟子）。据《周礼·地官》记载"不易之地家百亩（指连年种），一易之地家二百亩（指种一年休一年），再易之地家三百亩（指种一年休二年）"。现今，休耕制在中国边远半干旱地区尚有少量存在，而在美国中西部、俄罗斯草原、澳大利亚等半干旱地区尚广泛实行。

（3）常年耕种制。随着人口增加、生产力的发展、生产条件与工具的改进，休闲田地进一步减少，代之以连年种植作物的"不易之地"。从战国时期起已开始，汉、魏晋南北朝以后，常年耕种制逐步占据主导地位，一直长期盛行到20世纪上半叶，时至今日，仍是中国重要耕作制度之一。欧洲只是在17、18世纪以后，英国的诺福克四圃轮栽制（谷物→芜菁→谷物→三叶草）替代了长期盛行的三圃制，进入常年耕种制阶段。

常年耕种制的特征是土地利用率达75%~100%，用有机肥、豆科作物轮作恢复地力。19世纪后，化肥开始应用，大大提高了生产能力。在种植方式上既有轮作换茬，也有连作或自由作。

轮作换茬曾在长时期内是中外恢复土壤肥力的一种有效手段。北魏贾思勰（公元6世纪）在《齐民要术》中已指出："凡谷田，岁易为上""稻无所缘、唯岁易为良""凡谷田，绿豆、小豆底为上，麻、黍、胡麻次之，芜菁、大豆为下"。在换茬中常包含有各种豆类作物，如大豆、小豆、绿豆等。与此同时，贾氏也指出，有的作物适于重茬连作，如葵、蔓菁等。与西欧不同的是，在中国农学史上始终没有形成像四圃制的那种有规则的轮作，也未曾将多年生牧草广泛地包含在耕作制度之中。

进入常年耕种制以后，土壤耕作技术有了发展。《吕氏春秋·任地篇》就曾指出"五耕五耨"。东汉王充在《论衡》中提出"深耕细锄，厚加粪壤，勉致人功，以助地力"。北魏的《齐民要术》提到"凡秋耕欲深，春夏欲浅"。南北朝时，黄河流域已形成旱农保墒耕作的技术体系，出现了耙糖等工具。唐宋时，南方水田改直辕犁为曲辕犁（江东犁），有利于水田的深耕细作，形成了一套干耕深耕耙耖结合的稻田土壤耕作技术体系。

（4）集约耕作制。这是一种在现代工业与现代农业科学技术装备下形成的高投入、高产出、高效益的集约经营耕作制度。种植指数达100%~300%，作物单产大为提高，人工方式（灌溉、化肥、除草剂、残茬秸秆还田、机械耕作等）已成为养地的主要手段。种植方式中，连作、自由作比重相对上升，作物布局与结构随市场变动较大。在熟制上表现为，温带多集约性高产一年一作，暖温带、亚热带、热带则盛行多熟制。

中国的多熟制起步甚早。公元前1世纪《氾胜之书》中已记载西汉黄河中下游地区出现麦后种谷或豆以及瓜薤小豆间作、桑黍间作的做法。三国魏晋南北朝时南方已出现双季稻。但是，由于当时经济生产条件落后，这种集约型多熟作法只是极少数的个别例子。有的学者认为中国秦汉时期农业已进入"复种制阶段"，这是不符合当时历史条件的。唐宋以后，中国经济中心南移，麦稻两熟，双季稻有所发展。宋初官府从福建向江淮大量引进推广早熟的占城稻，促进双季稻面积增加。明清以后，随着人口大量增多，复种、间套作在生产上发展较快，已有一定比重。明代《天工开物》说："南方平原，田多一岁两栽两获者。"稻豆套作、麦豆套作、麦棉套作、稻菜套种等，也纷纷发展起来。但是一直到20世纪上半叶，复种指数在1931—1937年也只有118%左右。

由上可见，中国耕作制度具有起步早、进展快、内容丰富的特点，形成了优良的精耕细作传统。但明清以后，经济与科技落后于世界的发展，因而近代耕作制度的集约化、机械化、科学化的步伐缓慢，这种情况一直延续到中华人民共和国成立之前。

2.2.1.2　20世纪下半叶中国耕作制度的改革

1949年以来，是中国历史上耕作制度变革发展最快的时期，它对农业增产起了十分重要的作用，引起了世界的瞩目。

（1）作物组成改变。1995年与1952年相比，粮食作物面积稍有减少，经济作物面积增长1.7倍，蔬菜等其他作物面积增长2.6倍。从总产量看，粮食增加1.85倍，其中小麦、玉米增加5倍，稻谷1.7倍，大豆近1倍，而高粱谷子减少1/3~1/2。经济作物中棉花增产2.7倍，油料6倍，糖料达9倍。淮河以南广大南方地区主要是水稻，北方主要是小麦与玉米，棉花集中在黄河流域和长江中下游和新疆，大豆主产于黑龙江和黄淮平原。

（2）复种面积增加。1949年全国种植指数约为128%，1952年为130.9%，到1995年已达157.8%。近半个世纪增加约30个百分点，通过复种增加播种面积近0.27亿hm^2。全国实行复播的耕地面积达0.47亿hm^2，约占耕地面积1/2，而在复种耕地上的播种面积则达全国总播种面积的2/3，它所生产的粮食占全国3/4左右。

1952—1995年，华东、华中、华南10省平均种植指数从159%增加到220%，增加了61个百分点，主要种植稻麦两熟、双季稻和双季稻三熟制；西南的云贵川从127%增加到203%，增加76个百分点，在全国增幅最大，主要方式是水田稻麦（油菜）两熟、旱地上实行小麦（油菜）—玉米（甘薯）两熟、玉米甘薯一熟或小麦套玉米再套甘薯的套种三熟制；华北的冀鲁豫平原从138%增加到158%，增加了20个百分点，主要是将原有的两年三熟改为小麦—玉米（大豆、甘薯）一年两熟，变棉田一熟为麦棉套种两熟；西北八省从96%增加到106%，增加了10个百分点，主要实行小麦、玉米等旱粮一年一熟，减少休闲面积，在水热条件较好的关中、晋南以及甘、宁、蒙灌区实行小麦玉米两熟或间套作；东北三省变化不大，从99%增加到102%，增加了少量短生长期作物的复种或套作。

（3）扩大间作套种。历史上中国旱作物多实行间混套作，最多的为玉米（高粱）和豆类间作，麦豌豆混作，玉米甘薯间作，小麦玉米套作，麦棉套作，稻田套种绿肥等。1949年以来，一些不利于田间作业的间套作类型如麦豌豆混作、玉米高粱豆类混作、芝麻大豆混作等大幅度压缩，而增产显著的类型或效益好的类型则不断扩大。如麦棉套作已从长江流域推进至黄河流域，华北的小麦玉米套种比重占小麦玉米两熟六七成以上，西北灌区的小麦玉米间套带田发展迅速，西南旱地上麦玉薯三茬套种普遍推广。果园、菜园、药圃的间套作也增加甚多。据粗略估计，中国间套作面积在0.33亿hm^2左右。与间混套作词义相近的所谓"立体种植"成为农业推广技术中的一个热点。其中带有高价值作物（蔬菜、果树、经作、特作、菌类等）的间套作受到农民的普遍欢迎。

（4）改进土壤耕作。20世纪下半叶，与种植变革相适应的土壤耕作也取得了不小的成就。首先是耕作机具与动力的变化，从引进马拉农具到田间作业机械化，机械耕翻已占到一半以上，其他部分主要是畜耕；其次，在耕法上，基本上北方继承了以耕翻耙耱为主体的旱地保墒土壤耕作制，南方实行湿耕干耕耙耖结合的水田土壤耕作制。东北垄作制仍较普遍，在此基础上发展深松与翻耕耙茬相结合的轮耕制。全国少免耕推广面积已有667万hm²以上，其中北京等城市郊区推行现代机械化的少免耕覆盖技术。西北旱农地区推广集水耕作、地膜覆盖、大垄沟水平耕作等保墒、保土耕作技术。各种土壤耕作方法与施肥、灌溉、修梯田、造林等相结合，形成了各地区的土壤生态维护体系，促进了用地与养地的结合。

（5）多熟种植异军突起。以间套复种为主体的多熟种植是中国耕作制度改革的核心与特色，也是闪烁在世界农业的一颗明珠。种植指数（复种指数）的变化是多熟种植发展的主要标志。20世纪下半叶，中国的多熟种植经历了三增二降的曲折上升历程，最终增加30个百分点。

20世纪50年代是多熟种植第一次发展期，也是新中国发展最快的时期。在此期间，种植指数上升了14个百分点。主要是南方稻田"单改双"（即单季稻改双季稻）、"间改连"（即间作稻改为一年内前后相连的两季水稻）。据《1957—1967全国农业发展纲要》披露，1952—1957年，五岭以南地区种植指数由167.2%上升到186.8%，五岭以北长江以南地区由147.2%上升到171.1%。在此期间，长江以北长城以南种植指数也提高了5个百分点，主要是江淮间扩大冬种、推广稻麦两熟，华北平原改二年三作为一年二作。

60年代是多熟种植第一次退坡与徘徊时期。前期由于政治动荡、农业滑坡，种植指数下降了5个百分点，后期缓慢地回升了3个百分点。

70年代是第二次多熟种植发展期。1970—1978年上升了10个百分点。南方双季稻由华南向长江流域推进，1977年全国双季稻面积高达0.13亿hm²，同时还推进了双季稻加冬作的三熟制，1979年面积达0.1亿hm²，占南方稻田面积的1/2。华北平原由于灌溉面积大幅度增加，原有的小麦—夏玉米—春玉米两年三熟制基本上改成为小麦—玉米一年两熟制。与此同时间套作也迅速发展，小麦玉米套作、棉麦套种面积剧增。70年代中国的耕作制度改革，总体上是健康的，推动了农业生产的发展，但由于行政干预过多，某些集约方式推进过快，例如双季稻覆盖了整个热量偏紧的苏南地区，超出了当时当地自然与社会经济条件的阈限。

1978—1983年是多熟种植第二次滑坡调整期，种植指数下降了5个百分点。此时，中国农村体制发生了变革，农民获得了较多的自主权，对不适宜的多熟方式进行了调整，最集中表现为苏南地区又将双季稻改为单季稻，实行稻麦两熟，整个南方双季稻和双季稻三熟制的面积都有所下降。有的地方种植指数也出现了不应有的削减。

20世纪80年代后期到90年代出现了第三次多熟种植的发展。1983—1995年上升了11个百分点。在此期间，政治稳定、生产条件与科学技术不断改进。1986—1995年种植指数上升了9.7个百分点，增加复播面积851万hm²，其中75%面积扩种粮食，年增产粮食241亿kg，占同期全国粮食增产数的36.5%，对保障粮食安全供给起了决定性的作用。这期间，种植指数的上升在全国呈均衡发展态势：南方水田双季稻区开发冬闲田，单季稻区发展再生稻；西南丘陵旱地增加旱两熟与套种三熟面积；华北1990年麦套玉米面积达5 563万hm², 麦套棉面积达213万hm², 占棉田的1/2；西北东北一熟地区灌溉地上发展小麦玉米半间半套带田，而在旱地上则增加投入减少面积，间接地提高了种植指数。

2.2.1.3 21世纪种植制度发展的方向

一个国家一个地区耕作制度的改革，必须与自然和社会经济条件以及国民的需求相适应，因地制宜，稳步前进。中国今后的趋势是：人口增长趋于稳定，农产品需求呈现多样化，人地矛盾依然突出，市场经济的作用将越来越广泛。鉴于此，中国耕作制度的发展方向是集约化、现代化、可持续化、地区化与多元化等相结合的种植制度。

2.2.2 水稻种植制度

稻田种植制度是以水稻为核心，包括旱作物在内的种植体系，包括稻区作物的布局、复种方式及种养结合等。稻田种植制度的改革与发展对农业生产的发展具有十分重要的意义。中国稻田产出的增长主要依靠稻田农作制度的发展，我国非常重视稻田农作制度的调整与改革。

20世纪80年代前，我国稻田种植制度改革的主要内容是提高作物复种指数和改种高产作物，例如"单改双"，推行双季稻和冬作三熟制，改冬沤田为水旱两熟田。20世纪80年代以后，稻田种植制度的改革在稳定稻田复种指数和多熟种植的同时，重点发展优质高效多元化种植模式，一是利用水稻与其他作物轮作，运用间套作等复种模式和配套技术，通过水稻与其他作物的合理接茬，建立以水稻为主体的多元化高产高效多熟种植模式，提高稻田生产对光、温、热、水、土等自然资源的高效利用。二是利用稻田种稻与养殖共生特性，自然和人工干涉有机结合，充分利用水稻与养殖共生物之间相互依存的互利共生关系，形成稻田种养复合型立体水稻生产模式。稻田优质高效多元化种植的重要生产模式包括：水稻—瓜果蔬等、水稻—饲料和绿肥、水稻—食用菌、水稻—中药材和工业原料、水稻—鱼类、水稻—家禽等，这些生产模式不仅丰富和发展了我国稻田种植模式，还为稻农提供多样化的稻田生产，提高生产效益。

2.2.2.1 北方水稻种植制度变化

水稻起源于长江以南，后传至黄河流域，新石器时代北方就有水稻种植。当时水稻栽培已由黄河流域逐渐向东北扩展，东北地区包括黑龙江、吉林、辽宁省和内蒙古东北部的赤峰市、通辽市、兴安盟和呼伦贝尔市。北方粳型优质水稻区划分为以下三区。

（1）东北平原半湿润一熟单季早粳优质水稻区。该区又可划分为3个亚区：北部黑龙江松嫩三江平原优质水稻亚区，中部吉林松辽平原优质水稻亚区，南部辽宁辽河及东南沿海平原优质水稻亚区。东北地区属温带季风气候，大陆性较强，雨热同步，日照充足，昼夜温差较大，这种独特的气候、土壤条件造就了稻米的高产优质。经过多年的发展，东北稻区已成为世界最大的种植早、中熟粳稻生产区。

（2）华北平原半湿润一年两熟单季中粳、中籼优质水稻区。该区又可划分为3个亚区：华北北部平原一熟单季中粳优质水稻亚区，华北中部平原、丘陵一熟单季中籼、中粳优质水稻亚区，华北南部平原一年两熟早、晚茬中粳优质水稻亚区。

（3）西北高原盆地干旱一熟单季早粳优质水稻区。该区又可划分为2个亚区：新疆盆地一熟单季早粳优质水稻亚区，甘宁陕晋蒙高原一熟单季早粳优质水稻亚区。

在东北稻区，由于冬季温度低，夏季生长季节短，稻田常实行水稻常年连作，冬季休闲。部分稻田实行隔年水旱轮作，即稻/稻/绿肥、稻/稻/豆类、稻/稻/春小麦。此种水旱轮作制度可改善土壤结构，提高肥力。在华北和西北稻区，种植制度有水田一年一熟连作或水旱轮作、水旱两年三熟和一年两熟3种。一年一熟为一年一季稻，冬季休闲，翌年再种水稻或旱作（玉米、豆类、蔬菜）。水旱二年三熟有春稻/冬小麦/夏稻/冬闲，或春玉米（豆类）/冬小麦/稻/冬闲。一年二熟为冬小麦/稻[①]。

2.2.2.2 南方水稻种植制度变化

我国南方地区是世界上最早种植水稻的地方，也是最大的水稻产区。20世纪80年代以来的田野考古中，在江西万年仙人洞吊桶环、湖南道县玉蟾岩遗址、浙江浦江上山遗址等地均发现了近万年前的人工栽培稻遗存。人工驯化野生稻，培育栽培水稻，使长江中下游成为世界农耕文明发源地之一，与黄河流域的粟黍文化共同孕育形成了中华文明，并传播到了从印度半岛到日本的亚洲东南部广大地区。以此，围绕水稻生产、食用及贮藏加工等，逐步演化形成独特的耕作制度和稻作文化，由于水稻生长过程中需要长期蓄水，主要种植在平地和山坡中的梯田里，因此发生土壤侵蚀和水土流失的风险较小。

中国南方地处亚热带，南部有小面积热带气候，雨量充沛，人口多，人均耕地少，复种多熟成为南方稻田种植制度的主要特征。南方地区地域辽阔，横跨17个省、自治区、直辖市，地貌、海拔差异大，气候、土壤、生产条件和农村经济发展水平差异更大，形成南方稻区种植制度的多样性、复杂性和区域性。20世纪稻田种植制度的发展与研究，是以既能因地制宜提高稻田复种程度和产量水平，又能提高经济效益和可持续发展为中心进行的，对南方稻田生产力的提高起了重要的作用。尤其是后20年稻田种植制度改革发展很快，使中国南方主要稻区的种植制度成为世界上集约化水平最高的地区之一。

（1）发展过程和研究进展。

① 20世纪前半叶。20世纪上半叶稻田种植制度以一年一熟为主，复种指数低，冬闲田面积大，其中西南地区冬水田较多。全国双季稻不超过400万hm^2，分布在浙、赣、湘、桂、闽、粤的南部，以间作稻为主，连作稻比重很小。研究工作方面可追溯至30年代。如周祖宪（1936）提出"作物栽培改进必须从改变农制入手"，提倡稻田冬种麦、蚕豆、油菜和蔬菜。潘简农（1941）记述了长沙、湘潭等30个县增加冬种

---

① （Rice Knowledge Bank http://www.knowledgebank.irri.org）

小麦、绿肥、油菜的情况，并在川东提倡间作稻和再生稻。杨守仁（1941）论证了四川提高冬水田利用应倡导早晚稻间作制。陈华癸（1947）论证了稻田种植绿肥的重要性。柯象寅（1947）的"西南各省稻作两熟栽培试验研究"是一篇较完整的有关双季稻的种植制度研究报告。莫炳权（1946）的"广西连作稻之特性及其改进"一文对品种搭配和栽培技术做了研究，但在实践中应用较少。在稻田种植制度区域特征研究方面，唐启宇（1930）针对我国土地的垦殖指数与耕地指数进行的研究中对南方各省不同稻区的作物组成与熟制做了概述，徐天锡等（1941）的"广西水稻区域"和缪进三（1944）的"福建省稻作区域之划分"等研究对广西和福建不同区域的稻田种植制度做了概述，为中国南方稻区种植制度的研究提供了一个概略性的基础和历史记录。

② 20世纪50—70年代。20世纪50年代以来稻田种植制度改革以提高复种指数为中心实施"三改"，即改一年一熟为两熟、两熟为三熟，改间作双季稻为连作双季稻，改低产为高产。主要有三种形式：a. 改单季稻为双季稻，1957年全国发展到647万hm^2，比1952年增加237万hm^2，第一个五年计划期间"单改双"共增产25.75亿kg。b. 改中稻为早稻，增种一季晚秋，适于伏旱严重、水利条件差的地区，使稻谷稳产高产，又可增种秋荞、萝卜等。c. 利用冬闲田扩大冬作面积，如1949年广东冬种面积仅23万hm^2，1955年扩大到117万hm^2。中国农业科学院长江流域双季稻考察组得出结论："几年来改制结果证明，双季稻面积不断增加，产量比一季稻增产。一些地区出现双季不如单季，种了小麦亏了谷，主要原因是增种了一季，没有相应地增加肥料和改进水利"。在湘鄂赣浙应以发展双季稻为主，西南各省和苏皖以扩大冬种发展两熟为主，粤桂闽双季稻区以扩大冬种发展三熟制为主。

20世纪60年代初针对改制速度过快、养地跟不上出现的问题，强调"用地与养地相结合"（刘巽浩，1961），调整"种植制度是增产的战略问题"（孙渠，1962），把过高的复种指数降下来。如1962年浙江省把连作稻恢复到1958年的43万hm^2水平，调整冬作物布局，适当压缩小麦，增加油菜、绿肥和豆科作物面积，一些地区还提出冬作物中粮、油、绿肥和豆科作物各占1/3为宜。在此期间，开始注意水旱轮作。马建猷（1962）主张四川丘陵山区应保持冬水田。萧泽宏（1963）主张湖南应适当发展绿肥。1964年农村经济好转，随着水稻矮秆良种的推广，长江中下游地区发展以绿肥双季稻为主的多种形式，双季稻三熟制取得进展。华南地区双季稻发展较快，如1965—1970年广西双季稻年均增加4.96万hm^2。西南地区改制处于徘徊期。

20世纪70年代是双季稻三熟制大发展阶段，1977年南方稻区双季稻达1 267万hm^2，双季稻向北向高海拔区推进。1977—1978年湘鄂赣三省双季稻占稻田60%~70%，其中肥稻稻占80%左右，浙江粮油肥复种轮作三熟制占稻田50%以上。1978年广东麦稻稻三熟制占稻田20.3%，薯类和蔬菜双季稻三熟制也有较快发展。1976年地处北亚热带的江苏南部双季稻三熟制占稻田的85.9%，无锡、吴江、江阴达100%，对粮食增产起了重要作用。1979年浙江省复种指数上升到222%，全省粮食每公顷产10 455kg，成为全国粮食平均单产最高的省。70年代末围绕双季稻北移和高移出现的问题，尤其是地处北亚热带的苏州地区双季稻三熟制开展了一场争论。以李尔璜（1979）为代表的一种意见认为，苏州地区双季稻三熟制增产效果应当肯定和坚持，改制中的矛盾是可以解决的。以周正度（1979）为代表的另一种意见认为苏州地区双季稻三熟制长期淹水对土壤物理性质不利，加上成本高、用工多、增产不多，主张改为稻麦两熟。北京农业大学刘巽浩等经过调查，认为全国大多数地方以双季稻为主的布局要稳定下来，≥10℃积温低于5 500℃地区种植双季稻季节较紧，应降低种植比例，≥10℃积温5 000℃以下地区仅宜少量种植，4 800℃以下地区不宜发展，山区双季稻上限在浙赣湘以400～500m为度。

③20世纪80—90年代。围绕稻田改制出现的问题和社会经济发展的需要，进行必要的调整，如双季稻面积有所减少，在苏南地区以稻麦两熟为主，一些丘陵山区海拔较高的地方也转为一季稻。双季稻三熟制中油稻豆比重上升，绿肥双季稻、小麦双季稻比重下降。为适应稻区畜牧业发展，将玉米、大豆纳入稻田的两旱一水三熟有一定发展。西南稻区复种呈大幅度提高趋势，麦—稻、油—稻的比重上升，冬种绿肥面积下降。围绕发展高产优质高效农业，在生产条件优越的区域，吨粮田、双千田发展很快。为适应市场需要，蔬菜、西瓜、水果等高经济收入的作物进入稻田，稻田养鱼、鸭、菇等立体种养模式也纷纷兴起。赵强基（1990）曾将南方稻区这些新的生产模式归纳为9种类型：农—渔型、农—牧型、农—瓜菜型、农—药型、农—菌型、农—蔬菜瓜果饲料绿肥食用菌综合型、农—果型、农—外贸型、基塘型等。与机械化相适应的轻型种植制度也有一定发展。稻田种植制度的改革促进了稻区高产优质高效农业的发展。

（2）稻田种植制度的理论研究。20世纪70年代沈学年提出"良田良制良种良法——四良配套"原则，对稻田改制有普遍意义。元生朝从定义上区别了稻田复种轮作和复种连作的不同概念，并将复种轮作分为4类10种模式，是在稻田种植制度分类上一项奠基性的工作。杨开渠在50年代对再生稻做过深入研究。邹超亚（1988）关于复种热潜力分析公式和贵州稻田生产潜力研究，吴乐民（1995）关于广东稻田生产的潜力研究等，对稻田进一步改制均具有理论导向作用。高亮之等对南方稻区水稻气候生态区划与种植制度做过深入研究，其"中国水稻种植区划"是具有权威性的工作。章熙谷、李丹等对稻田种植制度效益评价，刘光玉等用线性规划优选稻田种植制度做了有益的探讨。学术专著《多熟种植》（1983）、《中国耕作制度》（1993）、《南方耕作制度》（1996）、《中国水稻栽培学》（1961）、《中国稻作学》（1986）等，对南方稻区和各省稻田种植制度做了全面、深入的论述。中国耕作制度研究会历次学术会议与论文专集，也是南方稻区种植制度研究进展的历史记录。湖南、浙江、广西、海南等省的耕作制度专著，各自对本省稻田种植制度做了深入探讨。

（3）发展趋势。南方稻区种植制度将沿着提高稻田生产力、增加经济效益和有利于稻田生态平衡的方向发展，推出集约化程度更高的新型种植制度。主要方向为：a.继续发展和普及多熟制，提高复种指数，开发冬季农业、晚秋农业。b.进一步扩大吨粮田面积，发展吨半田种植制度。c.中低产田改良、节水型种植制度。d.农牧结合程度更高的新型种植制度。e.适应机械化、规模化经营的轻型种植制度。f.城郊型、农村型高经济效益种植制度的推陈出新。g.稻区作物布局与结构市场化的调整与革新。h.稻区可持续发展的生态建设、农田改良工程、用养结合配套技术将更加完善。

第3章 中国水稻情势分析

3.1 全国水稻生产情况

水稻是世界主要粮食作物之一，世界上约有一半人口以稻米为主食，在我国粮食生产和消费中占据主导地位。我国是世界上最大的水稻生产国和消费国，水稻种植面积常年约占粮食作物种植面积的23%~35%，目前直接用于食用的稻米约占85%，工业和饲料用稻约占10%。随着我国城市化发展，直接用于食用的稻米比例呈下降趋势，用作工业原料和饲料的专用稻将逐步上升。水稻的生产对保障我国粮食安全有着十分重要的意义，同时，稻米在改善我国居民膳食营养结构中具有举足轻重的作用。为了解我国水稻的生产情况，本章对全国水稻的产量、播种面积和单产情况进行了分析。

3.1.1 水稻总产

1978年以来，我国水稻产量总体呈波动增长态势（图3-1）。1978年全国水稻总产量为13 693万t，到2018年，水稻总产量为21 213万t，增加了7 520万t，总增幅高达54.92%。同时，水稻总产量占全国粮食作物总产量的比重却在波动中逐渐减小，占比从1978年的44.93%降低至2018年的32.24%，降低了12.69%。根据水稻产量的变化趋势可以将我国水稻生产主要划分为以下几个阶段。

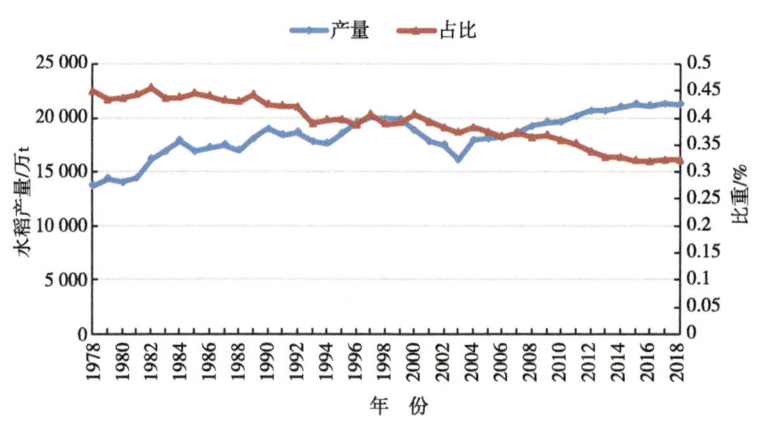

图3-1 全国水稻产量及其占比

1978—1984年，我国水稻生产处于快速增长阶段。改革开放以来，随着家庭联产承包责任制的实施，以及"一调三改"等农业政策的推进，使农民种植水稻的积极性得到了充分调动，我国水稻产量得到了迅速增加。1978—1984年，全国水稻总产量累计增加了4 132.5万t,增幅达到30.18%。

1985—1999年,我国水稻生产处于波动增长阶段。1985年以来,随着农产品统购统销政策和农业生产资料价格补贴政策的取消,以及合同定购制的推行,对农民种植水稻的积极性产生了一定程度的负面影响。1988年,国家对粮食合同定购价格的提高,以及1996年保护价收购政策的实施等,再次调动了农民种植水稻的积极性,这些都对水稻生产的波动产生了一定的影响。1985年起,水稻产量先出现小幅增加,1987年达到峰值,之后产量有所减少,1988年达到最小。1988年后,水稻产量出现了"增—减—增"的波动趋势,并于1996年后产量达到了相对稳定。

2000—2003年,我国水稻生产处于迅速下降阶段。自2000年起,粮食生产受到生产结构调整和"退耕还林"工程等的影响,水稻生产受到了一定程度的负面影响,使得水稻产量连续下降。2000年,全国水稻总产量为18 791万t,到2003年,水稻总产量降至16 066万t,降幅高达14.5%。

2004—2018年,我国水稻生产处于平稳增长阶段。2004年起,随着多个有关"三农"工作的中央一号文件和一系列支农惠农政策的出台,保障了农民的生产利益得到充分保障,使水稻生产实现了平稳增长。全国水稻总产量从2004年的17 909万t增长到2018年的21 213万t,增加了3 304万t。

3.1.2 水稻播种面积

由图3-2可知,1978—2018年,我国水稻播种面积总体波动性较强,播种面积呈先波动减小后缓慢增加态势。全国水稻播种面积从1978年的3 442万hm^2减少至2003年的2 651万hm^2,总体减少幅度达到了23%。根据水稻播种面积变化大致可分为两个不同的波动期,其中1978—1994年为第一个波动期,在此期间水稻种植面积经历了由缓慢减少到快速增加再到快速减少的波动过程;1995—2003年为第二个波动期,同样经历了由增加到减少至谷底的过程。2003年以后,我国水稻生产迎来了一个恢复性增长的阶段,由2003年的2 651万hm^2逐渐增加至2018年的3 019万hm^2,累计增加了358万hm^2,增幅为13.5%。同时,水稻播种面积占全国粮食作物播种面积的比重也在波动中缓慢减小,1978年,水稻播种面积占全国的比重为28.5%,到2018年,水稻播种面积占全国的比重降至25.8%。1978—2003年我国水稻播种面积的逐年减小与日益加快的工业化、城镇化步伐和种植业结构的调整是分不开的。2003年后,水稻播种面积占比又出现了新的小幅减少趋势,虽然一系列农业政策和中央一号文件的发布,为农民种植水稻提供了良好的政策环境,提高了农户对水稻的种植意愿,促进了水稻的生产,水稻播种面积有小幅增长,但由于其他作物也同步增加,且经济作物增加速度快于粮食作物,使得水稻在作物总面积中的比重出现了下降情况。

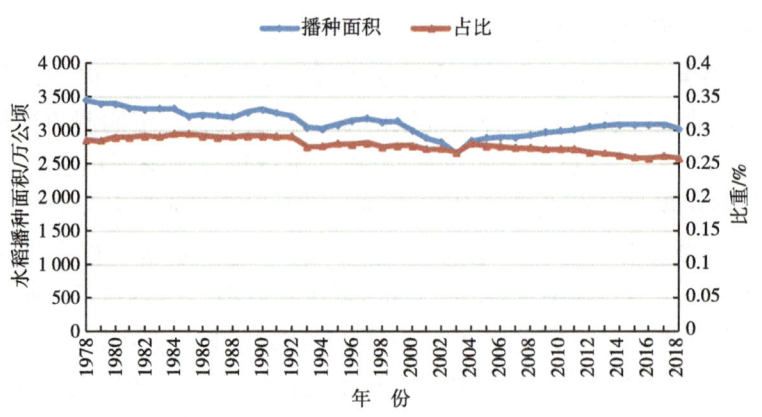

图3-2 全国水稻播种面积及其占比

3.1.3 水稻单产

1978年以来，我国水稻的单产水平始终呈波动上升态势（图3-3）。1978年，全国水稻的单产为3 978kg/hm^2，而2018年水稻单产为7 027kg/hm^2，40年间单产水平提高达76.6%，这离不开政策、经济和技术水平的多重作用。1970年开始，中国对水稻种植技术方法进行了大量探索和实验，取得了显著进展。70年代中期，中国在世界上首先育成了一批丰产性较好的水稻新品种，并在生产上推广应用。1973年中国首先实现了籼型杂交水稻的配套选育，成为世界上第一个成功利用水稻杂种优势的国家，并在1978年后得到大面积推广种植。加之农村改革的推进，尤其是1978年家庭联产承包责任制的实行，规定农民"交够国家的，留够集体的，剩下都是自己的"，土地自主经营权的放活，极大地激发了农民的种地积极性，土地的生产力得到了极大的释放。1978—1984年，短短6年间，我国水稻单产水平就从不足4 000kg/hm^{2}增加到5 373kg/hm^2。

1985—1998年，我国水稻单产持续增加，但增速较前一时段有所放缓，单产水平从1985年的5 256kg/hm^{2}增加到1998年的6 366kg/hm^2。20世纪80年代中期，我国水稻栽培制度发生变革，建立了以水稻直播、机插、抛秧以及肥床旱育高产群体质量栽培等为主体的水稻新型栽培技术体系，促进了种植结构的优化调整，推动了水稻种苗专业化生产、商品化经营、社会化服务和适度规模经营，极大地提高了水稻的生产率水平。总体看来，此时段我国水稻单产水平的增加以技术推动为主，政策效应已由改革初期的主要推动变为次于技术效应的伴随推动。

1998—2003年，我国水稻单产水平出现了一个小幅回落期，水稻单产由6 366kg/hm^{2}小幅减少至6 061kg/hm^2。这也是改革开放以来我国水稻单产水平出现的第一个持续下降期，主要是由于此时期我国对种植业结构进行了调整，优化了过去以粮食生产为主的种植结构，适当增加了与老百姓生活息息相关的经济作物的种植面积，加之此时期我国水稻生产配套技术应用水平进步缓慢，水稻生产机械化应用并没有全面推广开来。此期我国水稻产量持续增加，市场供应能力增速超过了需求水平的提高，价格行情也限制了水稻供应能力的进一步增加。

2003—2018年，我国水稻单产又迎来了一个稳定增长期（图3-3），我国水稻单产水平从2003年的6 061kg/hm²增加到2018年的7 026kg/hm²，总增量接近1 000kg/hm²。此段时期，随着我国加入世界贸易组织，我国粮食市场与世界粮食市场的发展越来越紧密，加之我国经济社会发展水平的迅速提升，农民的技术应用能力得到了增强，育种、施肥、病虫害防治、水稻轻简栽培、高产栽培等先进生产技术得到广泛应用，水稻生产机械化水平不断提高，大大提升了水稻的单产水平。

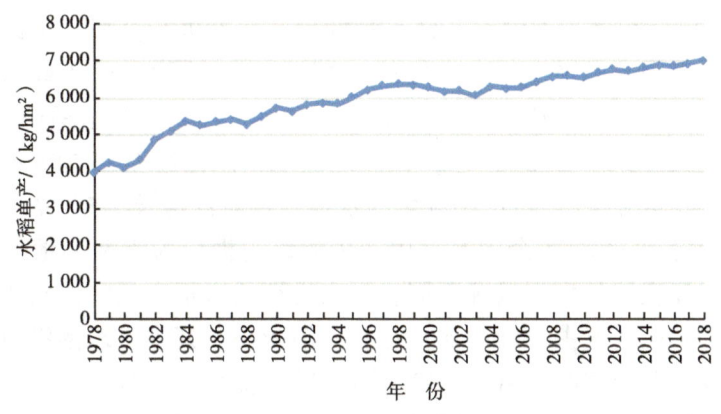

图3-3　全国水稻单产

3.2　区域水稻生产情况

我国水稻生产具有一定的空间差异性，不同区域间的生产情况有所不同。对不同区域水稻的生产情况进行分析，可以了解不同省份、产区的水稻生产差异，辨别生产的优势区域，对发挥水稻生产优势，提高水稻产业发展水平有重要作用。

3.2.1　水稻主产区

2003年，农业部研究编制了《优势农产品区域布局规划（2003—2007年）》，确定了我国农产品的优势产区，这些地区自然条件好、生产规模大、产业化基础强、区位优势明显，为促进农业稳定发展和农民持续增收做出了重要贡献，有力地支撑了国民经济平稳快速发展。按照2008年中央1号文件关于继续搞好优势农产品区域布局规划和建设的要求，农业部又编制了《全国优势农产品区域布局规划（2008—2015年）》（以下简称《规划》），继续推进优势农产品区域布局，目的在于进一步优化农产品优势区域布局、提高优势农产品质量和效益、保障农产品基本供给、促进农民增收。水稻是我国口粮消费的主体，依靠国际市场调剂国内需求的余地极为有限，战略地位十分重要。

依据《全国优势农产品区域布局规划（2008—2015年）》对我国水稻生产区域进行划分，分为东北平原区、长江流域区和东南沿海区三个区域（表3-1）。

表3-1 我国水稻主产区划分

主产区名称	包含省份
东北平原区	黑龙江、吉林、辽宁
长江流域区	重庆、四川、云南、贵州、河南、江西、江苏、安徽、湖南、湖北
东南沿海区	上海、浙江、广东、广西、福建、海南

如表3-2所示,通过对不同主产区水稻的生产情况进行分析,可以探究水稻生产区域间的差异性。从三大产区看,1978年以来长江流域的水稻产量和该产区水稻产量占全国水稻总产的比重始终较大。其中,1978年长江流域的水稻产量为8 674万t,占全国的比重为63.35%。到2018年,该产区的水稻产量增至13 786.4万t,占比也增至76.29%。总体来看,41年间长江流域的水稻产量累计增长了5 112.4万t,占比增加了12.35%,表明长江流域在全国水稻生产中始终占据较为重要的地位,且生产地位逐渐增强。与长江流域的生产情况不同,东南沿海的水稻产量在波动中呈缓慢减小的趋势,且该产区水稻产量占全国的比重也在逐渐减小。其中,东南沿海的水稻产量从1978年的4 319万t减少至2018年的3 142.7万t,累计减少了1 176.3万t,同时,该产区占全国的比重也从1978年的31.54%降至2018年的17.39%,降幅为14.15%。东北平原的水稻产量呈逐渐增长的态势,且在全国中所占的比重也逐渐增大,1978年东北平原的水稻产量为404万t,且所占比重较小,仅为2.95%,而到2013年,该产区的水稻产量为3 735.1万t,占比也升至21.51%,并首次超越东南沿海,成为仅次于长江流域的水稻主产区。到2018年,东北平原的水稻产量所占比重达到了20.75%,而东南沿海的比重仅为17.39%,说明东北平原逐渐成为仅次于长江流域的重要水稻主产区,生产地位逐渐增强。

表3-2 我国水稻主产区产量及占比

年份	东北平原		长江流域		东南沿海	
	产量/万t	占比/%	产量/万t	占比/%	产量/万t	占比/%
1978	404.0	2.95	8 674.0	63.35	4 319.0	31.54
1983	533.5	3.16	10 792.0	63.91	5 207.5	30.84
1988	801.8	4.74	11 095.5	65.61	4 676.3	27.65
1993	1 053.8	5.94	11 446.7	64.48	4 834.5	27.23
1998	1 690.2	8.51	12 426.3	62.53	5 167.1	26.00
2003	1 512.4	9.41	10 444.7	65.01	3 768.9	23.46
2008	2 602.6	13.56	12 631.4	65.82	3 513.2	18.31

（续表）

年份	东北平原		长江流域		东南沿海	
	产量/万t	占比/%	产量/万t	占比/%	产量/万t	占比/%
2013	3 735.1	21.51	13 172.6	75.86	3 264.3	18.80
2018	3 749.9	20.75	13 786.4	76.29	3 142.7	17.39

如表3-3所示，从播种面积看，长江流域的水稻播种面积始终最大，东南沿海次之，而东北平原最小。1978—2018年，长江流域的播种面积从2 109.5万hm^2减少至1 926.8万hm^2，但该产区水稻播种面积占全国水稻总播种面积的比重却从61.28%升至76.98%，说明即使在全国耕地面积不断减少的背景下，长江流域的水稻生产始终在全国水稻生产中占有重要的地位，且该产区水稻的种植面积占全国的比重一直大于60%。东南沿海的水稻播种面积和占全国的比重均呈逐渐减小的趋势，1978年该产区水稻播种面积为1 175.4万hm^2，占全国比重的34.15%，而在2018年，水稻播种面积减少至516万hm^2，占比降为20.62%。与东南沿海区相反，东北平原区的水稻播种面积在波动中不断增加，从1978年的88.6万hm^2增长到2018年的511.1万hm^2，累计增长了422.5万hm^2，占全国的比重也由2.57%增长到20.42%。

表3-3 我国水稻主产区播种面积及占比

年份	东北平原		长江流域		东南沿海	
	播种面积/万hm^2	占比/%	播种面积/万hm^2	占比/%	播种面积/万hm^2	占比/%
1978	88.60	2.57	2 109.48	61.28	1 175.36	34.15
1983	91.50	2.76	2 039.21	61.54	1 119.00	33.77
1988	148.69	4.65	1 981.16	61.94	1 004.64	31.41
1993	164.74	5.43	1 885.02	62.10	917.35	30.22
1998	252.17	8.08	1 877.14	60.14	910.71	29.18
2003	233.25	8.80	1 677.11	63.27	687.82	25.95
2008	370.81	12.68	1 864.06	63.75	628.34	21.49
2013	517.81	20.62	1 933.48	76.98	559.34	22.27
2018	511.12	20.42	1 926.79	76.98	516.03	20.62

由不同主产区的产量和播种面积情况可知，三个主产区的生产存在一定的差异性，其中，长江流域区的水稻产量和播种面积始终最大，说明长江流域区在水稻生产中一直具有最为重要的地位，是我国水稻生产的主要产区，而东南沿海区和东北平原区的水稻生产水

平始终位于长江流域区之后,其中东南沿海区的水稻生产水平在2013年前一直高于东北平原区,但在2013年后开始低于东北平原区,且东南沿海区的水稻产量和播种面积一直有减小的趋势,这主要是由东南沿海区的对外开放与产业结构调整所造成的。

3.2.2 水稻主产省

我国的水稻生产在不同地区间呈现一定的差异性。由图3-4可以看出,1978年我国水稻主产省份中湖南和广东的播种面积位于前两位,播种面积分别为452.5万hm^2和432.5万hm^2,其次为江西和四川两个省份,播种面积均超过300万hm^2,此外,湖北、广西、江苏和浙江四个省份的播种面积较大,均大于250万hm^2。到1988年,湖南的水稻播种面积仍然位居首位,为429.4万hm^2,但较1978年略有减少,其后依次为江西、广东和四川,播种面积均大于300万hm^2,其中江西和四川较1978年变化较小,广东变化较大,其播种面积减少了120.6万hm^2。1998年,湖南的水稻播种面积下降至397.6万hm^2,但播种面积仍处于第一位,江西的播种面积紧随其后,为290.1万hm^2,广东居第三,播种面积为268.6万hm^2。2008年,水稻播种面积位于前三位的省份分别为湖南、江西和黑龙江,分别为393.2万hm^2、325.6万hm^2和239.1万hm^2。2018年,湖南的水稻播种面积仍然最大,为400.9万hm^2,黑龙江和江西次之,分别为378.3万hm^2和343.6万hm^2。总体上看,1978—2018年,湖南、江西、黑龙江、四川、广东等省份的水稻播种面积较大,是我国水稻生产的主要省份。

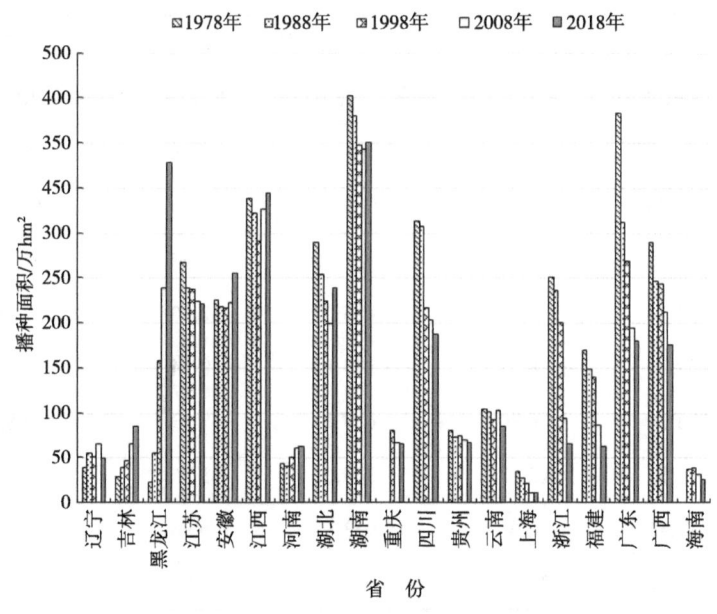

图3-4 水稻主产省播种面积

水稻播种面积的大小决定着水稻总产量的高低。如图3-5所示,1978年水稻产量位于前三位的省份为湖南、四川和广东,产量分别为1 875.5万t、1 431.5万t和1 419万t,三个省份的水稻产量占全国总产的34.5%。1988年，湖南的水稻产量较1978年有所增加，产量增至2 344万t，增幅达到了25%，其次为四川、江苏和湖北，三个省份的产量分别为1 966.5万t、1 639万t和1 588.2万t，较1978年分别增加535万t、357万t和380.2万t。1998年，湖南的产量为2 345万t，位居第一位；江苏的产量继续增长，增至2 089.2万t，仅次于湖南，位居第二位；四川的产量略有降低，降至1 643.7万t，位居第三位。2008年，湖南仍保持首位，产量增至2 528万t，江西、江苏分别位于第二、第三位，产量分别为1 862.1万t、1 771.9万t。2018年，黑龙江的产量超过湖南成为首位，其产量为2 685.5万t，而江西位于黑龙江之后，产量持续上升，达到了2 092.2万t。

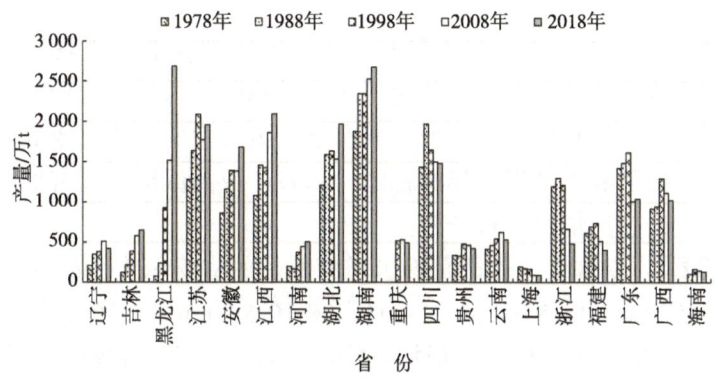

图3-5 水稻主产省产量

我国水稻主产省在全国水稻生产中占据举足轻重的地位。由图3-6可知，水稻主产省的平均产量水平始终高于全国平均水平，非主产省的平均产量却一直低于全国平均水平，且主产省、非主产省产量的增长促进了全国水稻生产总体水平的提高。在种植分布上，我国水稻的生产以秦岭—淮河一线为界分为南北两大稻区，南方稻区播种面积约占全国的94%，而北方稻区仅占全国的6%，其中水稻主产省主要分布在中国南方稻区，因此南方稻区对全国水稻生产有着决定性作用。

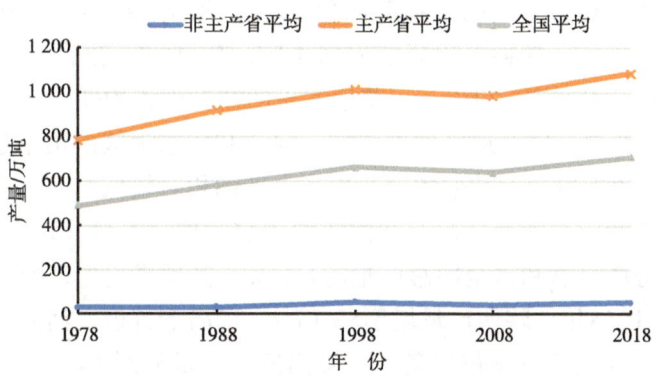

图3-6 水稻主产省和非主产省平均产量

从水稻的总体生产情况看，1978—2018年，我国水稻的主产省份主要集中在东北、华东、华中、华南地区以及西南地区的大部分省份，其中东北地区的黑龙江，华中地区的湖南、湖北，华南地区的广东、广西和华东地区的江西、江苏、安徽的水稻播种面积与产量均较大，是我国水稻生产的重要省份。我国水稻逐渐形成了以湖南、江西、广东、广西为核心的籼稻区，东北三省和江苏为核心的粳稻区的生产分布格局，这些省份的水稻生产直接影响着我国稻米市场的稳定，对保障全国粮食安全具有十分重要的意义。

3.2.3 水稻非主产省

我国水稻非主产省份主要分布在华北、西北地区和西南的西藏与华东的山东，都处于北方稻区，形成了华北和西北粳稻生产区，是我国较为重要的粳稻生产区域。水稻非主产省份的生产水平虽较主产省份低，并在全国生产中所占比重较低，但非主产省份水稻的稳定生产对保障我国粳米市场的稳定与稻谷产业的健康发展有重要作用。为此对我国水稻非主产省的生产情况进行分析。

从播种面积看，1978年，播种面积居于前四位的省份依次为陕西、山东、河北和新疆，分别为16万hm^2、15.5万hm^2、11万hm^2和10.6万hm^2，四个省份的播种面积均在10万hm^2以上，而其他省份的播种面积均在6万hm^2以下，不同省份间存在的区域性差异较大。1988年，陕西的播种面积较1978年略有减小，但播种面积最大，为15.4万hm^2，其次为河北、山东和新疆，播种面积分别为13.3万hm^2、8.8万hm^2和8.3万hm^2，其他省份的播种面积与1978年基本一致，变化相对较小，播种面积均小于6万hm^2。1998年与1978年基本相同，陕西、山东、河北三个省份依然位于前三位，播种面积分别为16万hm^2、15.8万hm^2和15.3万hm^2，而内蒙古上升至第四位，播种面积增至11.8万hm^2。2008年，大部分省份的播种面积较之前有所减少，这与2000年后种植业结构调整是分不开的，其中山东的播种面积减至13.1万hm^2，其次为陕西，播种面积减少为12.5万hm^2，而内蒙古、河北的播种面积分别为9.8万hm^2、8.2万hm^2，此外，宁夏、新疆的播种面积也均在7万hm^2以上，但其他省份的播种面积较小，均不足2万hm^2。2018年，内蒙古、山东、陕西位居前三位，播种面积分别为15.1万hm^2、11.4万hm^2、10.5万hm^2，河北、新疆、宁夏的播种面积都为7.8万hm^2，其他省份的播种面积均低于4万hm^2。总体而言，西北地区的陕西、新疆，华北地区的内蒙古、河北和华东地区的山东是水稻非主产省中相对生产水平较高的省份，而其他省份的生产水平都相对较低。

从产量看，1978年，陕西、山东、河北位于前三位，产量分别为81.5万t、60万t和54.5万t，三个省份产量总和占全国总产量的1.43%，其他省份的产量均较小，占全国的比重仅为0.73%。1988年，陕西产量增至88.1万t，仍居于首位，河北升至第二位，产量达到81.1万t，宁夏和新疆分别位居第三、第四位，产量分别为45.7万t、38.9万t，其他省份的产量均不足30万t。1998年，山东的产量达到138.9万t，首次超过陕西跃居第一位，陕西和河北分别以101.3万t和99.2万t的产量依次排列，除北京外，其他省份的产量均较1988年有所增加,但产量始终较低。2008年,各省份产量与播种面积的变化趋势相同,大部分省份的产量较之前有小幅度的减少,其中山东和陕西仍保持在前两位,但产量分别降至110.4万t和83.1万t,内蒙古产量为70.5万t,这3个省份的产量总和占全国的比重仅为1.37%。2018年,内蒙古的产量大幅度增加,产量跃居首位,达到121.9万t,较2008年增加51.36万t,增幅为72.85%,其次为山东,产量为98.6万t,较2008年减少11.8万t,在其他省份中,除了陕西的产量高于80万t之外,其余省份均低于75万t。总体来看,我国非主产省中播种面积较大的省份与产量水平较高的省份基本相同,其中山东、内蒙古、陕西、河北、宁夏、新疆6个省份的产量都相对较高,这是由于播种面积大小是影响产量高低的直接因素。

综上所述,我国水稻非主产省的生产水平整体较低,但相比之下,山东、内蒙古、河北、陕西、新疆、宁夏六个省份的水稻生产水平相对较高,是中国北方稻区的水稻生产重要省份,北方稻区的水稻生产能力虽然较低,但其对保障我国水稻产业的健康稳定发展有重要的意义,因此,稳定北方稻区的水稻生产至关重要。

3.3 不同类型水稻生产情况

根据水稻播种期、生长期和成熟期的不同,可分为早稻、中稻和晚稻三类。一般早稻的生长期为90~120天,中稻为120~150天,晚稻为150~170天。它们的播种期和收获季节,由于各个地区气候条件的不同,也有很大的差异。在长江中下游地区,早稻一般于3月底4月初播种,7月中下旬收获;中稻一般4月初至5月底播种,9月中下旬收获;晚稻一般于6月中下旬播种,10月上中旬收获。同一地区种完早稻可以接着种植晚稻,俗称双季稻,而中稻生育期较长,同一地区一年只能种植一次。

目前,国内所说的早稻通常指双季稻的前季稻,基本上为早籼稻。早稻多在4月左右播种,7月中旬收获。早稻生产的大米称为早籼米或早米,口感较差,一般作为工业粮或储备粮。早稻的适宜播期为连续3天日平均温度稳定超过12℃,长江流域的适宜播期为3月下旬至4月上旬。随着纬度和海拔增加而温度降低,播期应推迟。中稻又称半晚熟稻,是一种在季节上处于早熟类型和晚熟类型之间的中熟类型稻。一般在早秋季节成熟,多数中粳品种具有中等的感光性,播种至抽穗日数因地区和播期不同而变化较大,遇短日高温天气,生育期缩短。中籼品种的感光性比中粳弱,播种至抽穗日数变化较小而相对稳定,因品种的适应范围较广,华南稻区的迟熟早籼引至长江流域稻区可以作为中稻种植。晚稻是一种生长期较长、成熟期较晚的稻,一般在霜降后收割。一般在早稻收割后重新耕地,栽植的稻生产周期较长,口感较早稻好,但不如中稻。自然条件下,白天高于日平均温度,夜间低于日平均温度,以日平均温度10℃和12℃分别是粳稻和籼稻生长的最低温度。

我国水稻种植分布区域以南方为主,水稻生产越来越向优势区域集中。近年来,我国水稻生产逐步向长江中下游和黑龙江水稻产区集中。目前南方稻区约占我国水稻播种面积的80%，北方稻作面积约占全国的20%。早稻生产全部分布在南方，其中湖南、广西、江西、广东等4省区播种面积占全国的75%以上。中稻及一季稻生产分布在除广东、海南和青海以外的全国各地，其中四川、江苏、黑龙江、安徽、湖北、云南、湖南、重庆等8省（市）播种面积占全国的70%以上。双季晚稻生产分布在南方15个省份，与早稻分布相近。

3.3.1 早稻生产

早稻一直是我国粮食的重要组成部分，其年总产量大约占我国粮食年总产量的1/4，地位十分重要。新中国成立以来，为了解决我国人民的吃饭问题，党和政府十分重视发展早稻生产。20世纪60年代，我国开始大力发展"单改双"的种植模式，大力发展长江流域、两广地区、云贵高原等地的早稻生产，早稻种植面积高峰时曾达到1 333.3万hm^2。进入20世纪90年代以后，随着我国粮食紧缺矛盾的缓解、社会经济的发展和人民生活水平的提高，市场对优质稻米的需求量增大，但由于育种水平的局限，早稻米质低劣问题日益突出，早稻米备受冷落，库存量增加，"卖粮难"的问题日趋突出。1998年，湖南省为缓解粮食收购压力曾一度不收购早籼稻谷，同时，主产省份的湖北、江西等省也出现了市场价低于保护价的倒挂现象。随之，南方早稻生产面积大幅度下降，到2003年达到最低点，只有559.0万hm^2，早稻面积下降的表面原因是早稻米消费量减少、转化受阻、国家粮库压库严重，真实原因是早稻米质差，归根结底就是因为农业生产上种植的是劣质早稻品种。早稻面积的下降直接导致我国粮食总产量下降，至2004年，粮食安全问题再度凸显，国家随之出台了保护价提高、种粮直补、良种补贴、农业税赋减免等政策强力拉动，早稻生产得以恢复性发展。在"关于2005年发展粮食生产的意见"中，农业部明确提出，长江中下游和华南适宜区应继续恢复双季稻生产。因此，早稻生产问题不仅仅是一个面积大小、种与不种的问题，而是关系到我国农业能不能持续发展和粮食安全的重大课题。

1978年以来，我国早稻生产的产量和播种面积均呈下降趋势，总产量由1978年的5 081万t下降到2018年的2 859.02万t，降幅达43.7%；播种面积也由1978年的1 218.9万hm^{2}减少为2018年的479.1万hm^2，降幅达60.7%。这与我国粮食结构调整有很大关系。不过不同时期我国早稻生产状况也有一定的差异。

1978—2003年，此段时期为我国早稻生产波动下降期，早稻面积由1978年的1 218.9万hm^{2}减少为2003年的559万hm^2，总体降幅54.1%。其中，1978—1997年，我国早稻总产量总体较为平稳，面积略有下降。1997—2003年，我国早稻面积和产量都出现了先小幅上升后大幅回落的态势，此段时期我国早稻生产受市场和政策的冲击较大。主要原因是比较效益较低和农村劳动力短缺，部分农户选择双季稻改单季稻，甚至水田改旱田，主动调整农业生产结构，部分地区水田试行轮作休耕。在市场总体对早稻需求有限而呈现供过于求态势时，价格行情对农户早稻种植有较大影响，加之政策引导农户调整种植结构，扩大经济作物的生产，最终导致了此段时期我国早稻面积和产量出现大幅度的下降。

2003—2018年，我国早稻生产的面积和产量都保持了较为平稳的变化态势。总体而言，早稻生产稳中略减，说明我国早稻生产供需结构较为稳定，在整个经济社会的运行中保持了较为平稳的发展，我国早稻市场已呈现较为稳定的发展态势。

从不同省份看，各个省份的早稻生产有一定的差异性（图3-7）。1978年，早稻产量位居前三位的省份为湖南、广东、浙江，产量分别为919.5万t、729.5万t、635万t，分别占全国的比重为18.1%、14.4%、12.5%，产量居第四位的省份是江西，早稻产量也大于600万t，占比达到12%以上，其余省份的产量均未超过500万t，占比也相对较小。1988年，湖南、广东、江西、浙江、广西5个省份的早稻产量分别占据全国前5位，其中，湖南、广东、江西、广西的产量均较1978年有所上升，增幅分别为7.43%、4.85%、17.13%和20.75%，而浙江的产量有所降低，减少了14.91%。此外，安徽的早稻产量较1978年减少了139万t，而四川的早稻产量增加91万t，其余省份的产量均变化较小。

1998年，湖南、广东仍保持在前两位，其中湖南的早稻产量较1988年有小幅度的降低，降至830.6万t，而广东的产量持续上升，增加至791.4万t。与此同时，广西超越江西位居第三位，产量达到637.3万t，江西居第四位，产量为527.4万t。此外，浙江、湖北的早稻产量不断减少，占比也逐渐降低，其余省份的产量变化相对较小。2008年，江西的早稻产量迅猛增加，超越湖南位居首位，广西仍保持在第三的位置，广东、湖北等大多省份的早稻占比有小幅的降低。2018年，位于前四位的省份分别为湖南、江西、广东、广西，产量分别为755.5万t、693.9万t、499.99万t和470.48万t，其他省份的产量与2008年相比变化较小。

总体来看，我国早稻的生产主要集中于华东、华南和华中地区，其中湖南、江西、广东、广西4个省份的早稻产量始终占比较高，是我国早稻的主产省份。由于早稻生产生态条件好，气温由低到高，雨水充足，虫害较少，使用农药少，早稻米农药残留量较双季晚稻和中稻少。且早稻收割时一般天气较好，稻谷含水量低，耐贮藏。因此，早稻米易形成绿色食品和有机食品，符合优质早稻产业化发展的环境友好要求。此外，随着粮食紧缺矛盾的缓解，社会经济的发展、人民生活水平的提高，市场对优质稻米的需求量日益增大，早稻的生产也显得至关重要。

当前，我国早稻的发展缺乏优质品种。产量高的生育期长、品质差、销售难，种植效益低；品质好的产量低、抗性差、有品种无规模，不能实现优质优价，同样效益差，影响了农民的种粮积极性。劣质早稻和以目前主销的金优等系列的杂交早稻一般整精米率低、外观品质差，缺乏市场竞争力，购得进、销不出，优质早稻生产分散，收购难度大，严重影响了粮食部门收购的积极性。诸方面的原因导致早稻种植面积严重滑坡，严重影响到我国粮食安全。从品种来看，一是优质、高产、多抗、生育期适宜的品种选育和审定上进展不快；二是产业化开发的链条长、环节多，利益关联关系错综复杂，难以形成产业化。从种子生产来看，一是生产基地规模较小，生产条件差，抗御自

中国稻米产业经济通论

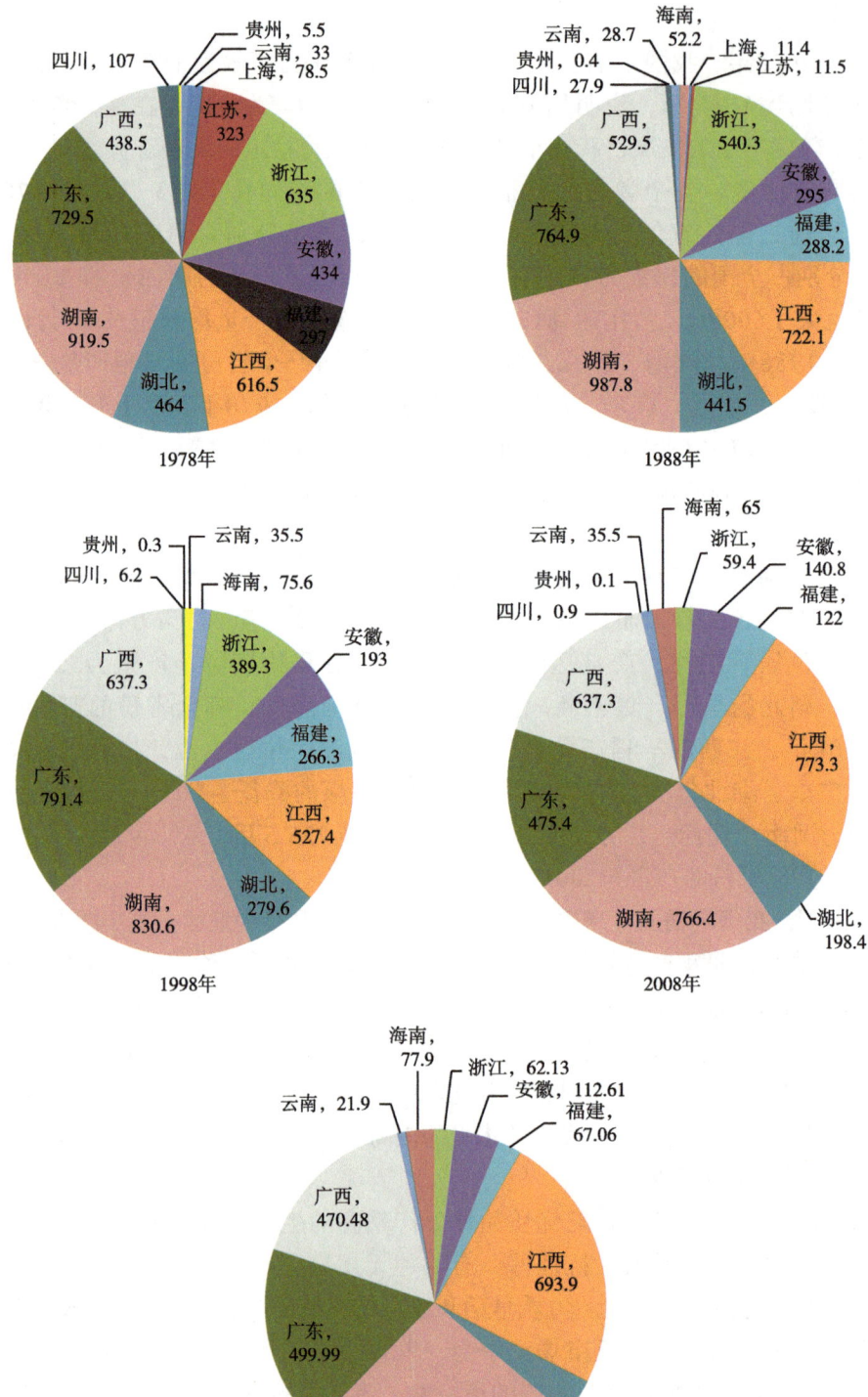

图3-7 不同省份早稻产量情况（单位：万t）

然灾害的能力弱，基地不稳固，发挥不了规模效应，不能做到稳定供种；二是优质早稻生产、推广速度慢，优势品种不能转变为优势产业，实现不了社会效益和经济效益；三是种子精细加工、包衣、包装手段比较落后，种子商品化程度不高，良种统供率低，良种的增产潜力不能充分发挥。因此，发展早稻生产，解决粮食安全和农民增收的核心就是要有一批优质、高产、生育期适宜、多抗相结合的好品种，并研究出相适应的开发和推广机制，挖掘单产潜力，理顺和协调产业化链条的各个节点，在互利共赢的基础上形成合力，最终形成优质早稻产业化。

优质早稻产业化，既能带动我国粮食种植结构调整，通过产业化的订单回收，解决卖粮难问题，切实增加了农民的收入，同时保障了粮食、加工企业的优质粮源，为企业打造精品名牌提供了坚实的物质基础，也为我国打造民族优质农产品提供了新的平台。

3.3.2 中晚稻生产

中晚稻的生产范围较广，基本覆盖全国大多数省份，其中南方稻区的中晚稻生产水平较高，是中晚稻生产的主要产区。南方稻区的水稻总产量占全国水稻总产量的比例始终保持在88%以上，居主导地位；南方稻区的中稻种植面积占水稻种植总面积的1/2以上，总产量占全国水稻总产量的50%以上。中国南方稻区中稻不仅种植面积大，而且大部分种植区无霜期长，水稻生长期充裕，所处生长季节温、光、水资源丰富，有利于充分发挥生育期较长的杂交中稻特别是超级杂交中稻的高产潜力，生长后期气温由高到低，有利于生产出优质稻米。南方稻区的杂交中稻生产是我国水稻生产重要的组成部分。

自1976年大面积推广杂交中籼稻以来，杂交籼稻的种植面积不断扩大，单产不断提高，增产效果越来越显著。1998年杂交中籼稻种植面积达800万hm^2，占中籼稻种植面积的54.5%。为了加快推广超级杂交中稻研究的前期成果，促进中国的粮食生产，确保国家粮食安全，从2005年起农业部正式启动超级稻发展的"6236"工程，加大了超级稻的推广力度，超级杂交中稻的种植面积呈快速上升趋势。近年来，农村加快了产业结构调整的步伐，杂交中稻因为其高产优质，比较经济效益好，与其他作物季节矛盾小，播期调节范围较大，有利于前后茬作物的播种和收获，从而广受农民欢迎，种植面积呈逐年上升趋势，使得我国中稻生产水平也实现逐年攀升。

此外，晚稻生产对我国水稻生产也至关重要。晚稻对日照长度极为敏感，无论早播或迟播，都要经9—10月秋季短日照条件的诱导才能抽穗。原来的华南和华中一带的单季和连作晚籼或晚粳的地方品种，都属于晚稻。现代改良品种中，许多晚稻品种的感光性被削弱。由于晚稻的成熟灌浆期正值晚秋，昼夜温差较大，稻米品质比较优良。其中，长江中下游的湖南、湖北、江西、安徽以及东南沿海的浙江、广东、广西、福建、海南等省是我国双季晚稻的主要种植区域，面积达1亿多亩。因此，确保南方双季晚稻丰产丰收，对稳定我国水稻乃至整个粮食生产均具有重要意义。

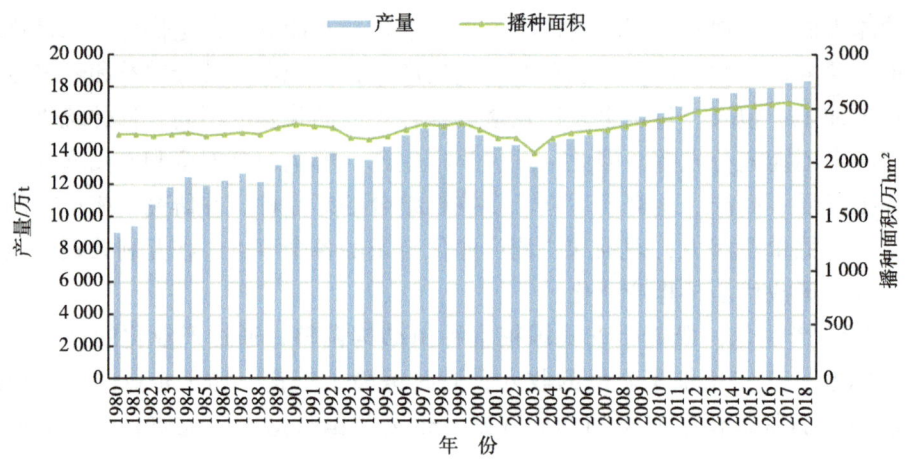

图3-8 我国中晚稻生产情况

1980年以来，我国中晚稻的产量和播种面积均呈缓慢增长的态势（图3-8）。1980年，中晚稻的产量为9 076.5万t，2018年产量增至18 353.9万t，产量累计增加9 277.4万t。与此同时，播种面积也从1980年的2 276.8万hm^{2}增至2018年的2 539.8万hm^2，累计增加263万hm^2，增幅11.55%。虽然中晚稻播种面积增加较少，但产量实现了快速增加，表明随着社会经济的迅速发展，我国农业生产技术水平突飞猛进，使得中晚稻的生产效率大大提高，实现了产量的迅速增加。从产量和播种面积看，2003年是我国中晚稻生产的转折点。2003年之前，全国中晚稻产量和播种面积变化较小，总体较为稳定；2003年产量和播种面积都有所回落，这与种植业结构的调整是分不开的。2003年以后两者又都实现了稳步增长。

如表3-4所示，从不同省份看，各个省份的中晚稻生产情况有所不同。1980年，位居第一位的是四川，产量达到了1 489.5万t，湖南、江苏次之，产量分别为1 007.5万t、997.5万t，广东的产量居第四位，为810万t，其余省份均少于800万t。1990年，四川的中晚稻产量较1980年有所增加，增至2 170.6万t，江苏赶超湖南位居第二位，产量为1 701万t，湖南为1 434.7万t，且大多数省份的产量均有所增加。2000年，江苏的产量增加到1 801.3万t，位居首位，其次为湖南，为1 514.9万t，湖北紧随其后，为1 279.8万t，3个省份的产量总和占全国总产的30.6%。2010年，黑龙江的产量增至首位，达到了1 843.9万t，位居第二、第三的省份分别为江苏、湖南，产量分别为1 807.9万t、1 741.5万t，其他省份的产量均在1 600万t以下。2018年，黑龙江的产量增至2 685.5万t，江苏仍位于第二位，产量为1 958万t，居第三位的省份为湖南，产量在1 900万t以上，其他省份的产量仍处于1 600万t以下。

表3-4　不同省份中晚稻产量　　　　　　　　　　　　　　　　　　　（单位：万t）

省份	1980年	1990年	2000年	2010年	2018年
北京	29.5	21.6	9.4	0.2	0.1
天津	31.0	28.2	14.5	11.2	37.4
河北	83.0	91.6	65.8	54.2	52.5
山西	7.0	5.4	3.3	0.5	0.6
内蒙古	4.0	31.4	72.2	74.8	121.9
辽宁	235.5	369.2	377.1	457.6	418.0
吉林	107.5	289.4	374.8	568.5	646.3
黑龙江	79.5	314.4	1 042.2	1 843.9	2 685.5
上海	56.0	172.6	137.2	90.3	88.0
江苏	997.5	1 701.0	1 801.3	1 807.9	1 958.0
浙江	546.5	714.6	739.3	584.7	415.3
安徽	428.5	1 048.7	1 068.5	1 243.1	1 568.6
福建	356.5	431.7	426.2	387.7	331.3
江西	539.5	840.8	901.2	1 152.8	1 398.3
山东	74.0	90.6	110.8	106.4	98.6
河南	178.0	270.0	318.8	471.2	501.4
湖北	677.0	1 302.3	1 279.8	1 358.2	1 868.1
湖南	1 007.5	1 434.7	1 514.9	1 741.5	1 918.5
广东	810.0	857.6	716.4	549.5	532.1
广西	513.0	571.4	594.1	589.8	545.8
海南	—	73.7	74.9	67.1	52.8
重庆	—	—	532.1	518.6	486.9
四川	1 489.5	2 170.6	1 631	1 511.4	1 478.6
贵州	323.5	359.7	477.2	445.7	420.7
云南	366.5	484.0	531.7	591.2	505.8

（续表）

省份	1980年	1990年	2000年	2010年	2018年
西藏	—	0.3	0.6	0.6	0.5
陕西	75.5	100.4	94.7	81.0	80.7
甘肃	2.0	2.4	6.2	4.1	2.5
青海	—	—	—	—	—
宁夏	33.0	54.3	62.4	70.0	66.6

如图3-9所示，从不同稻区看，东北平原区的中晚稻产量呈缓慢上升的态势，产量从1980年的422.5万t增加到3 749.9万t，累计增加了3 327.4万t。这与东北地区水稻生长期间光温水匹配总体较好有关。东南沿海地区的中晚稻产量变化趋势与东北地区相反，呈缓慢下降趋势，1980年，中晚稻产量为2 282万t，到2018年，产量降至1 965.1万t，降幅达到了13.9%。长江流域区的中晚稻产量呈波动增长态势，2018年产量达到了1.2亿t，较1980年增加了6 097.5万t，且长江流域区的产量始终远远高于东北平原区和东南沿海区，是我国中晚稻生产的主要区域。

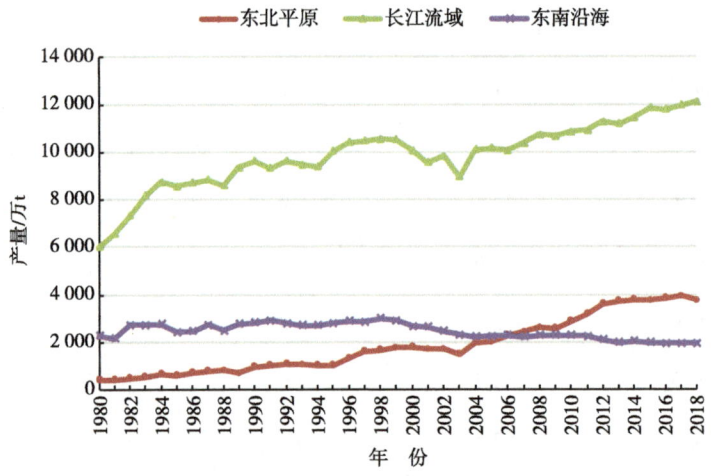

图3-9　我国主产区中晚稻生产情况

第4章 中国水稻种植主体

我国是传统的农业大国,农业自然再生产与经济再生产的产业特性、庞大的人口基数所形成的粮食供给的长期压力以及传统的"农耕文化"始终影响着我国农村土地生产经营制度改革创新的方向。土地是农业生产中最重要的生产资料,土地制度是农村最根本的制度,其决定了经营主体的发展方向。

水稻生产经营主体是指直接或间接从事水稻生产经营活动的各类经济主体,既包括直接从事水稻生产经营活动的承包农户,也包括那些不具有农业户口或不居住在农村、但直接从事农业生产经营活动的经济主体。新中国成立以来,尤其是改革开放以来,我国不同类型水稻生产经营主体发展迅速,逐渐呈现多种类型并存的格局,综合现有研究,水稻生产经营主体已由改革初期相对同质性的家庭经营农户占主导的格局向现阶段多种新型经营主体并存的格局转变。

4.1 土地生产经营制度演变情况

4.1.1 改革开放前经营阶段(1949—1978年)

新中国成立后,一直到1978年改革开放,我国土地生产经营制度经历了以家庭经营为基础的合作经营阶段和人民公社体制下的集体经营阶段的演变历程。在这一时期,土改运动在农村地区广泛展开,农民分得了土地,农户生产积极性被极大地调动,互助组、初级合作社、高级合作社、人民公社得到快速推行(杜润生,2002;林毅夫,2008;王国刚等,2017),但是人民公社大幅降低了农业生产经营参与者的主观能动性,对农村生产力发展造成了严重损害,这种农业生产经营方式持续到20世纪70年代末(王国刚等,2017)。

4.1.2 家庭承包经营阶段(1979—1992年)

1979年安徽省率先试行"包产到户",到1980年年底全省实行"包产到户、包干到户"的生产队占总数的70%。随着1983年和1984年中央一号文件对联产承包责任制的肯定,家庭承包经营成为真正的农业生产经营主体(陈锡文等,2009)。家庭承包经营是指以农户家庭为单位承包集体土地,自主经营、自负盈亏,生产的产品实行"交够国家的、留足集体的、剩下的都是自己的"分配方式。该阶段由于中国户籍制度控制较严,绝大部分农村劳动力被紧紧地束缚在土地上从事农业生产,非农从业者较少(王国刚等,2017)。

4.1.3 纯农户与兼业户并存的家庭承包经营阶段（1993—2006年）

20世纪80年代初，农业生产中逐渐出现了生产经营积极性不高的问题，以及农民部分脱离农业生产的问题，然而受当时政策导向的影响，其发展受到制约。随着社会经济快速发展，非农就业机会增多，人口流动加快，农户出现快速分化，兼业化现象日益突出（向国成和韩绍凤，2005；李宪宝和高强，2013；张照新和赵海，2013；李玉恒等，2014）。兼业农户是指农户在从事农业生产的同时也从事非农产业，分为以农业收入为主的Ⅰ兼型农户和以非农业收入为主的Ⅱ兼型农户两类（郝海广等，2010）。这一时期，纯农户和Ⅰ兼型农户是农业生产经营的核心主体。

4.1.4 以农民专业合作社为主的经营阶段（2007—2012年）

2006年10月31日全国人大常委会通过了《农民专业合作社法》，于2007年7月1日起实施，《中华人民共和国农民专业合作社法》第二条相关规定，"农民专业合作社是在农村家庭承包经营基础上，同类农产品的生产经营者或者同类农业生产经营服务的提供者、利用者，自愿联合、民主管理的互助性经济组织"。农民专业合作社以其成员为主要服务对象，提供农业生产资料的购买，农产品的销售、加工、运输、贮藏以及与农业生产经营有关的技术、信息等服务。

4.1.5 以家庭经营、合作经营、企业经营等多种经营形式并存阶段（2013年至今）

"家庭农场"的概念自2008年10月12日党的十七届三中全会通过的《中共中央关于推进农村改革发展若干重大问题的决定》首次提出后，"家庭农场"的具体内涵一直备受争议。2013年中央一号文件提出"引导农村土地承包经营权有序流转，鼓励和支持承包土地向专业大户、家庭农场、农民合作社流转"，以土地所有权、承包权、经营权"三权并行分置"为特征的新型农地制度得到认可，同时明确提出要培育和壮大新型农业生产经营组织。在相关政策的支持下，农业生产经营主体呈现出家庭经营、集体经营、合作经营、企业经营多种经营形式并存、多元分化加速的态势（王国刚等，2017）。

4.2 小农户的定义与发展现状

4.2.1 小农户的定义与特点

4.2.1.1 小农户的定义

根据World Bank（2010）确定的"户均耕地面积2公顷以下为小农户"这一划分标准，小农户经营是中国农业的突出特点，而且小规模兼业农户在很长一段时期内仍将是农业生产的基本经营主体（楼栋和孔祥智，2013；陈晓华，2014）。

4.2.1.2 小农户的特点

小农户拥有如下特征：一是水稻生产的规模小。不仅体现为水稻种植面积小，还突出表现在地块小及每个农户地块布局的高度分散（李谷成等，2010）。二是不仅劳动生产率低，而且土地生产率也很低，土地产出长期保持在一个较低的水平上。三是市场化程度低。由于产出水平低，小农户的稻谷大多是用作自留口粮，处于自给自足或半自给自足的状态（郭庆海，2018）。四是对生产要素、种植技术的需求弱。体现为农户扩大生产的热情不高，对农业机械、农业生产服务、雇佣劳动力、水稻种植品种的需求程度低，种植的产出效率低，抗风险能力弱（万忠，2015）。

4.2.2 小农户的发展现状

4.2.2.1 小农户持续保持活力，为当前农业生产的主力军

从数量上看，小农户目前仍是水稻生产的主体。据第三次全国农业普查（2016年）数据显示，我国现有农户2.07亿户，户均经营规模9.7亩，其中规模经营农户仅有398万户，普通经营户占比高达98%，71.4%的耕地由小农户经营，主要农产品由小农户来提供。相比第二次全国农业普查（2006年）的2亿农户，户均经营规模8.8亩，在农户数量和户均规模上并没有显著变化。总体而言，小规模经营仍然是我国农业生产的基本特点，小农户仍然是我国从事农业生产的主力军，最具生产活力。

4.2.2.2 稻谷播种面积随户均土地经营规模的缩减同步下降

我国水稻户均土地经营规模逐步缩小，粮食作物播种面积从2000年的户均7.87亩减少到了2015年的6.66亩，减少了15.37%。稻谷播种面积在2000年户均2.26亩的高点持续减少到了2014年的1.31亩，降幅为42%（图4-1）。

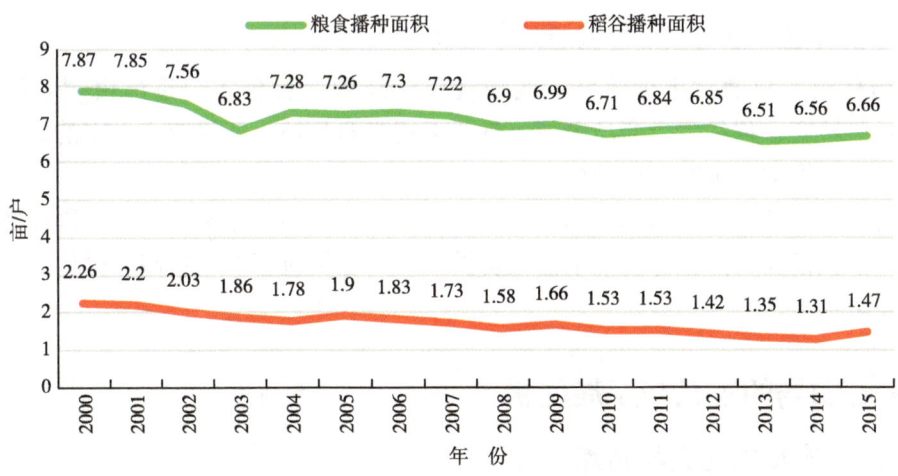

图4-1 农户主要农作物播种面积变化

数据来源：全国农村固定观察点调查数据汇编

4.3 种植大户的定义与发展现状

4.3.1 种植大户的定义与特点

4.3.1.1 种植大户的定义

种植大户是指那些在水稻生产规模上明显大于小农户，且具有较强经营管理能力的专业化农户。种植大户在实施联产承包制度之后不久就已经出现，种植大户的形成是农民家庭内部分工的结果，是部分农民不断扩大农业生产规模，逐步演化而来的从事水稻等种养业的经营主体（高强等，2013）。

4.3.1.2 种植大户的特点

种植大户具有以下显著特征：第一，经营规模相对较大，粮食生产稳定性高，水稻种植大户的生产商品率日益提高，在商品粮供应市场中所占比例相应增大，从而有力地保障了稻米供应，维护了粮食安全。第二，具有较强的科技意识，有能力推广新品种与新技术，有利于推动农业产业化、机械化与现代化（万忠，2015）。第三，拥有长期从事农业的经验，具有一定的专业化水平和自我发展的经济实力，水稻种植达到一定规模的农业经济组织。

4.3.2 种植大户的发展现状

4.3.2.1 种植规模以中等为主，带动能力较强

水稻种植大户的兴起，解决了"今后谁来种田"的问题，是农业迅猛发展时代的"新生品"，其数量和种植规模都在不断扩大，发展快速，种植规模以中等为主。水稻种植大户通过租赁流转耕地经营权，提高复种指数，加强经营管理，雇佣劳动力务工，既提高了土地经济收益，又促进了农村劳动力转移，还增加了当地劳动力就业收入。

4.3.2.2 粮食生产稳定，市场流通效率较高

水稻种植大户通过土地流转，实现规模化经营，种粮大户逐渐由"卖稻谷"向"卖大米"转变，稻谷生产商品率高，日益承担起商品粮生产供应主力军的重任，对保障稻米供给、维护口粮安全贡献很大。

同时，种植大户通过发展大米加工，提高产业链增值收益，不仅有利于稳定种粮收入和种粮积极性，而且有利于丰富粮食供给的"毛细血管"，提高农村粮食市场流通效率和安全水平。

4.4 家庭农场的定义与发展现状

4.4.1 家庭农场的定义与特点

4.4.1.1 家庭农场的定义

2008年10月12日，党的十七届三中全会通过的《中共中央关于推进农村改革发展

若干重大问题的决定》中首次提出"家庭农场"的概念后,"家庭农场"的具体内涵一直备受争议。2013年中央一号文件进一步把家庭农场明确为新型农业经营主体的重要形式,十八届三中全会和2014年中央农村工作会议明确提出坚持家庭经营在农业中的基础性地位,再次肯定了家庭农场的作用。

笔者认为家庭农场是指从事集约化、规模化、商品化农业生产经营等活动,以家庭常住人口为主要劳动力,并且家庭主要收入来源以农业收入为主的新型农业生产经营主体。

4.4.1.2 家庭农场的特点

2013年中央一号文件重点提出的作为适度规模经营形式之一的"家庭农场",其突出特点在于,"在专业化水平、生产技术水平、市场程度、经营管理能力等方面,家庭农场比普通专业户、一般农户要高。……家庭农场仍然是农户经营,但集约化、专业化、社会化水平等都大为提高。"(《国务院关于支持农业产业化龙头企业发展的意见》,2013)。家庭农场能有效提高土地利用率,实现规模效益,是我国农业未来的发展方向,是构建新型农业经营体系的强大力量,它正在改变中国农业分散的家庭承包经营导致的农民老龄化、兼业化等问题,有效解决"谁来种地"这一现实难题。

在黄宗智等(2012)看来,家庭农场在中国农业中仍占主导地位,相对于种植大户、合作社和龙头企业等其他主体,家庭农场最鲜明的特征是以家庭成员为主要劳动力,以家庭为基本核算单位,具有家庭性、适度规模性、营利性、企业化管理等显著特点,具体如下:一是具有一定规模。二是以家庭劳动力为主。三是具有稳定性。四是要进行工商注册。家庭农场的最大特点就在于既保留了农户经营农业的优势,符合农业生产特点的要求,同时可以克服小农户的弊端,是新型职业农民培育的必要条件和现代农业组织的基础(万忠,2015)。

4.4.1.3 家庭农场发展的指导意见

党的十八大指出,在坚持和完善农村基本经营制度基础上,培育和发展新型农业生产经营主体,同时构建组织化、专业化、集约化、社会化相结合的新型农业生产经营体系,中央一号文件也对培育和发展新型农业生产经营主体做出了具体的部署,随后各地方政府相继出台相应的指导意见,大力培育新型农业经营主体,推动现代化农业发展。表4-1为各地关于促进家庭农场发展的指导意见梳理。

表4-1　各地关于促进家庭农场发展的指导意见梳理

发布时间 (年.月.日)	发布单位	发布政策
2018.03.26	中共云南省委办公厅、云南省人民政府办公厅	《关于加快构建政策体系培育新型农业经营主体的实施意见》(云办发〔2018〕5号)
2017.05.31	中共中央办公厅、国务院办公厅	《关于加快构建政策体系培育新型农业经营主体的意见》(中办发〔2017〕38号)

（续表）

发布时间 （年.月.日）	发布单位	发布政策
2015.12.12	湖南省人民政府办公厅	《关于加快培育发展家庭农场的意见》（湘政办发〔2015〕106号）
2015.10.23	四川省人民政府办公厅	《关于培育和发展家庭农场的意见》（川办发〔2015〕89号）
2015.08.20	河北省农业厅	《关于促进家庭农场发展的意见》（冀农管发〔2015〕25号）
2015.07.31	河南省财政厅	《河南省支持新型农业经营主体发展的若干财政政策措施》（豫财农〔2014〕68号）
2015.06.25	福建省人民政府办公厅	《关于加快发展农户家庭农场的若干意见》（闽政办〔2015〕91号）
2015.04.15	湖北省农业厅办公室	《关于促进家庭农场健康发展的指导意见》（鄂农发〔2015〕12号）
2015.01.05	陕西省人民政府办公厅	《关于扶持发展新型农业经营主体的意见》（陕政办发〔2015〕1号）
2014.12.31	中共云南省委办公厅、云南省人民政府办公厅	《关于加快发展家庭农场的意见》（云办发〔2014〕47号）
2014.09.29	甘肃省人民政府办公厅	《关于培育发展家庭农场的指导意见》（甘政办发〔2014〕170号）
2014.09.28	海南省农业厅	《关于促进家庭农场发展的意见》（琼农字〔2014〕125号）
2014.07.21	辽宁省农村经济委员会	《关于促进家庭农场健康发展的指导意见》（辽农经〔2014〕144号）
2014.04.09	山西省农业厅	《关于促进家庭农场发展的指导意见》（晋农经发〔2014〕2号）
2013.10.09	宁夏回族自治区党委农村工作领导小组办公室	《关于促进家庭农场发展的指导意见》（宁党农发〔2013〕4号）
2013.09.23	天津市农委、市发改委等	《关于支持家庭农场发展的指导意见》（津农委〔2013〕43号）
2013.09.22	上海市人民政府办公厅	《关于本市加快推进家庭农场发展的指导意见》（沪府办发〔2013〕51号）
2013.09.13	安徽省人民政府办公厅	《关于培育发展家庭农场的意见》（皖政办〔2013〕35号）
2013.08.30	中共江西省委办公厅、江西省人民政府办公厅	《关于加快构建新型农业经营体系的意见》（赣办发〔2013〕17号）
2013.08.29	山东省人民政府办公厅	《关于积极培育家庭农场健康发展的意见》（鲁政办发〔2013〕22号）
2013.08.27	重庆市农业委员会	《关于培育发展家庭农场的指导性意见》（渝农发〔2013〕248号）
2013.08.21	广西壮族自治区工商局	《关于支持家庭农场发展的意见》（桂工商办发〔2013〕210号）
2013.06.06	江苏省农业委员会	《关于积极稳妥发展家庭农场的通知》（苏农经〔2013〕6号）

4.4.2 家庭农场的发展现状

4.4.2.1 家庭农场数量呈"井喷式"增长

从2013年开始,家庭农场新注册登记数量呈"井喷式"增长,新增注册家庭农场数量从2013年的7 944家上升至2020年的15 515家,增长了近1倍。截至2020年年底,以水稻为经营范围的家庭农场数量达到102 808家,家庭农场注销数量从2017年开始也超过了1 000家,2017—2020年,四年累计注销数量超过了7 000家。

4.4.2.2 全国各省家庭农场分布差异较明显

如表4-2所示,从全国家庭农场在营数量来看,各省之间差异较大,呈现出两极分化的格局。截至2020年年底,安徽、湖南、黑龙江三省家庭农场在营数量占全国比重超过了50%。然而天津、内蒙古、云南、陕西、甘肃、贵州、新疆、山西、海南、北京、上海、青海、西藏13个省、自治区、直辖市的家庭农场数量之和仅占全国比重的0.36%(图4-2)。

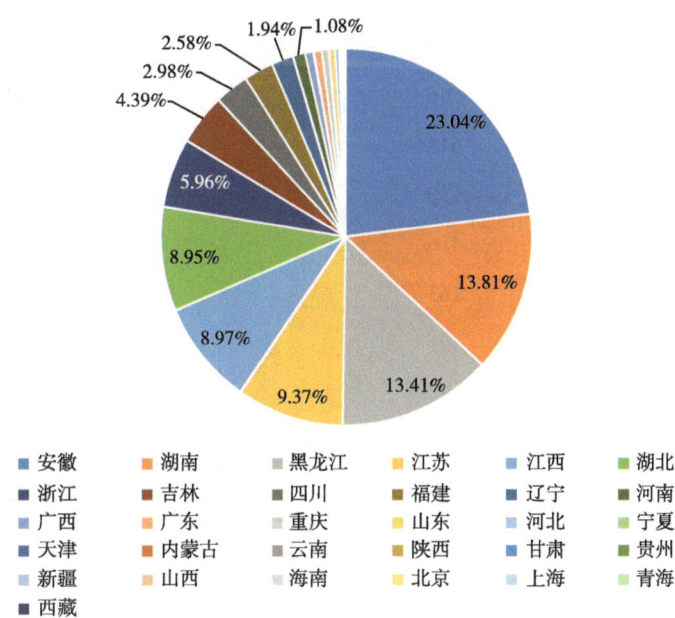

图4-2 家庭农场省份分布情况

数据来源:浙大卡特-企研中国涉农研究数据库

表4-2 家庭农场区域分布情况统计表

省份	在营经营主体数量/家	比例/%
安徽	23 689	23.04
湖南	14 202	13.81

（续表）

省份	在营经营主体数量/家	比例/%
黑龙江	13 788	13.41
江苏	9 632	9.37
江西	9 222	8.97
湖北	9 201	8.95
浙江	6 125	5.96
吉林	4 517	4.39
四川	3 063	2.98
福建	2 652	2.58
辽宁	1 993	1.94
河南	1 107	1.08
广西	760	0.74
广东	706	0.69
重庆	643	0.63
山东	558	0.54
河北	416	0.40
宁夏	163	0.16
天津	91	0.09
内蒙古	80	0.08
云南	64	0.06
陕西	57	0.06
甘肃	50	0.05
贵州	13	0.01
新疆	11	0.01
山西	3	0.00
海南	2	0.00
北京	0	0.00
上海	0	0.00
青海	0	0.00
西藏	0	0.00

数据来源：浙大卡特–企研中国涉农研究数据库

4.5 农民专业合作社的定义与发展现状

4.5.1 农民专业合作社的定义与特点

4.5.1.1 农民专业合作社的定义

2006年10月31日全国人大常委会通过了《农民专业合作社法》，于2007年7月1日起实施，从此，中国农民的合作社第一次有了合法身份，能够作为市场主体之一与其他类型的经济实体在市场上进行交易，开展经济活动。农民专业合作社是指在农村家庭承包经营基础上，农产品的生产经营者或者农业生产经营服务的提供者、利用者，自愿联合、民主管理的互助性经济组织[《中华人民共和国农民专业合作社法》（2007）第一章总则第二条]。

按照合作社经营种类，可将农民专业合作社分为：蔬菜类专业合作社、水果类专业合作社、畜产品类专业合作社、林特类专业合作社及其他产品类专业合作社。其中水稻生产合作社是农民自愿参加，以农户经营为基础，以水稻产业或产品为纽带，以增加成员收入为目的，实行资金、技术、生产、购销、加工等互助合作的经济组织。水稻生产合作社是资源配置的一种有效组织方式，是市场组织的构成之一。

4.5.1.2 农民专业合作社的相关政策法规

如表4-3所示，近年来，农民专业合作社发展迅速，为适应各种类型的农民专业合作社并行发展，规范农民专业合作社的管理，保护农民专业合作社及其成员的权利，各部门加大了对农业合作社的规范管理，出台颁布了相关政策法规，实践中，这些政策为合作社的发展创造了良好的政策环境。

表4-3 农民专业合作社的相关政策法规梳理

发布时间（年.月）	发布单位	发布政策法规
2020.06	农业农村部管理干部学院	《关于印发2020年度农民合作社"兴农"会员名单的通知》
2019.04	财政部、农业农村部	《农民专业合作社解散、破产清算时接受国家财政直接补助形成的财产处置暂行办法》（征求意见稿）
2019.02	中央农办、农业农村部等11部门	《开展农民专业合作社"空壳社"专项清理工作方案》
2018.12	农业农村部	《农民专业合作社示范章程》
2018.08	农业农村部	《农业农村部办公厅关于组织申报农民专业合作社质量提升整县推进试点有关事项的通知》
2017.12	全国人大常委会	《中华人民共和国农民专业合作社法（2017修订）》

（续表）

发布时间（年.月）	发布单位	发布政策法规
2014.12	农业部	《关于引导和促进农民合作社规范发展的意见》
2013.12	工商总局、农业部	《关于进一步做好农民专业合作社登记与相关管理工作的意见》
2013.12	农业部、发展改革委等	《国家农民专业合作社示范社评定及监测暂行办法》
2012.08	农业部	《农业部办公厅关于开展农民专业合作社经营管理等信息系统应用示范的通知》
2012.07	农业部	《农业部关于表彰全国农民专业合作社示范社的决定》
2010.11	农业部	《农业部农民专业合作社人才培养实训基地管理办法（试行）》
2010.06	农业部	《农民专业合作社示范社创建标准（试行）》
2010.05	农业部、发展改革委等7部委	《关于支持有条件的农民专业合作社承担国家有关涉农项目的意见》
2012.02	农业部	《关于发布首批农民专业合作社示范社名录的通知》
2009.08	农业部等11部门	《关于开展农民专业合作社示范社建设行动的意见》
2009.02	中国银监会	《关于做好农民专业合作社金融服务工作的意见》
2008.04	财政部	《农民专业合作社财务会计制度》
2007.06	工商总局	关于启用《农民专业合作社法人营业执照》和《农民专业合作社分支机构营业执照》的通知
2007.06	工商总局	《关于农民专业合作社登记管理的若干意见》
2007.05	国务院	《农民专业合作社登记管理条例》
2006.01	全国人大常委会	《中华人民共和国农民专业合作社法》

数据来源：浙大卡特-企研中国涉农研究数据库

4.5.2 水稻专业合作社的发展现状

4.5.2.1 水稻专业合作社在营数量快速增长

从水稻专业合作社发展的时间来看，自从加入WTO以后，我国农业逐步与世界农业接轨，农民对联合起来增强国际市场竞争力的需求日益迫切（黄祖辉等，2005）。随着2007年《中华人民共和国农民专业合作社法》（以下简称合作社法）、《农民专业合作社登记管理条例》（以下简称管理条例）以及2013年《农业部关于进一步做好农民专业合作社登记与相关管理工作的意见》（以下简称管理意见）的颁布，水稻专业合作社在营的数量快速增长，2006年底全国仅114家合作社，2020年达到了13.4万家，15年增长了1 175倍。

4.5.2.2 水稻专业合作社空间分布的省际差异较大

从空间分布情况来看，水稻专业合作社省际差异较大。截至2020年底，在营水稻专业合作社数量最多的前两个省份是湖南省和黑龙江省，两省在营合作社数量在2020年超过了5.3万家，占全国比重接近40%。除此之外，进入"一万俱乐部"的省份还有江西省、湖北省（表4-4，图4-3）。

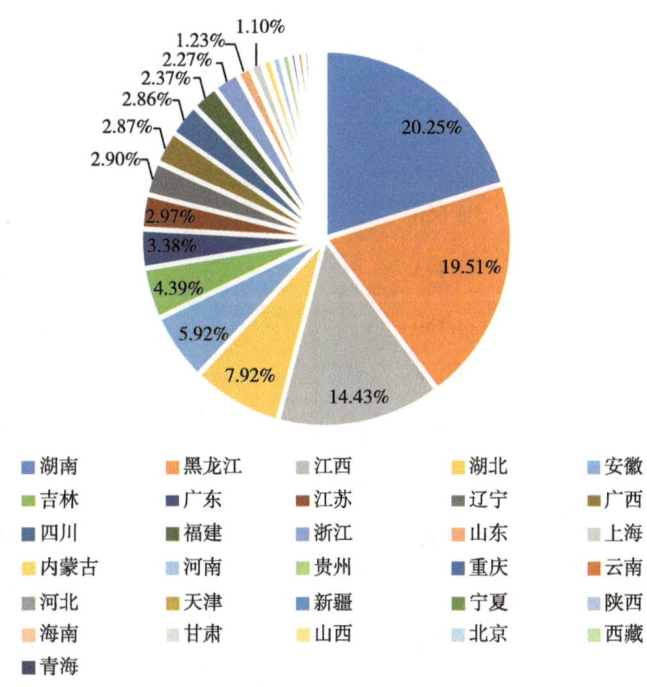

图4-3　水稻专业合作社省份分布情况

数据来源：浙大卡特-企研中国涉农研究数据库

表4-4　水稻专业合作社区域分布情况统计表

省份	在营经营主体数量/家	比例/%
湖南	27 163	20.25
黑龙江	26 163	19.51
江西	19 354	14.43
湖北	10 626	7.92
安徽	7 939	5.92

（续表）

省份	在营经营主体数量/家	比例/%
吉林	5 889	4.39
广东	4 531	3.38
江苏	3 979	2.97
辽宁	3 896	2.90
广西	3 853	2.87
四川	3 836	2.86
福建	3 172	2.37
浙江	3 045	2.27
山东	1 656	1.23
上海	1 473	1.10
内蒙古	1 180	0.88
河南	1 174	0.88
贵州	1 037	0.77
重庆	783	0.58
云南	782	0.58
河北	741	0.55
天津	590	0.44
新疆	470	0.35
宁夏	236	0.18
陕西	181	0.13
海南	129	0.10
甘肃	121	0.09
山西	100	0.07
北京	13	0.01
西藏	2	0.00
青海	0	0.00

数据来源：浙大卡特–企研中国涉农研究数据库

4.6 农业企业的定义与发展现状

4.6.1 农业企业的定义与特点

4.6.1.1 农业企业的定义

农业企业是指以农产品加工或流通为主,通过各种利益联结机制与农户相互联系,带动农户进入市场,使农产品生产、加工、销售有机结合,相互促进,并在规模和经营指标上达到规定标准并经政府有关部门认定的企业。农业企业在适应复杂多变的市场环境中具有较大优势,作为农业产业化经营的重要力量,它能够为农户农产品生产的各个环节提供一条龙服务,能够完善与农户间的利益联结机制,是连接农户和市场之间的桥梁。

4.6.1.2 农业企业相关政策法规

近年来,党中央、国务院高度重视乡村产业发展,为推动农业企业健康有序发展,避免其受自然风险与市场风险的影响,各部门加大了对农业企业的规范管理,出台了一系列支持农业企业发育壮大的政策措施(表4-5)。

表4-5 农业企业的相关政策法规梳理

发布日期 (年.月.日)	发布单位	发布政策
2020.07.03	中央农村工作领导小组办公室、农业农村部、国家发展和改革委员会、财政部、中国人民银行、中国银行保险监督管理委员会、中国证券监督管理委员会	关于扩大农业农村有效投资 加快补上"三农"领域突出短板的意见
2020.06.30	农业农村部办公厅	关于国家农业科技创新联盟建设的指导意见
2020.01.02	中共中央、国务院	关于抓好"三农"领域重点工作 确保如期实现全面小康的意见
2019.12.30	国务院办公厅	关于加强农业种质资源保护与利用的意见
2018.12.19	农业农村部、国家发展改革委、财政部、中国人民银行、国家税务总局、国家市场监督管理总局	关于开展土地经营权入股发展农业产业化经营试点的指导意见
2017.11.25	农业部	关于推进农业农村大数据发展的实施意见
2017.10.25	农业部、国家发展改革委、财政部、国土资源部、人民银行、税务总局	关于促进农业产业化联合体发展的指导意见
2017.05.31	财政部、农业部	关于深入推进农业领域政府和社会资本合作的实施意见

（续表）

发布日期 （年.月.日）	发布单位	发布政策
2017.04.28	财政部、农业部	农业生产发展资金管理办法
2017.03.23	农业部、财政部	2017年重点强农惠农政策
2017.03.08	国家发展改革委	关于深入推进农业供给侧结构性改革的实施意见
2016.12.31	中共中央、国务院	关于深入推进农业供给侧结构性改革加快培育农业农村发展新动能的若干意见
2016.10.30	中共中央办公厅、国务院办公厅	关于完善农村土地所有权承包权经营权分置办法的意见
2016.07.08	农业部乡村产业发展司	关于大力发展休闲农业的指导意见
2016.01.28	中共中央国务院	关于落实发展新理念加快农业现代化实现全面小康目标的若干意见
2016.01.18	农业部	关于扎实做好2016年农业农村经济工作的意见
2015.06.30	国家农业综合开发办公室	关于调整和完善农业综合开发扶持农业产业化发展相关政策的通知
2015.05.20	农业部、国家发展改革委、科技部、财政部、国土资源部、环境保护部、水利部、国家林业局	全国农业可持续发展规划（2015—2030年）
2015.04.30	农业部产业政策与法规司	2015年国家深化农村改革、发展现代农业、促进农民增收政策措施

4.6.2 农业企业的发展现状

4.6.2.1 湖南省在营农业企业数量领跑全国

如表4-6所示，当前，我国农业企业进入数量不断扩张的发展阶段。截至2020年年底，全国以水稻为经营范围的在营农业企业有2.381 8万家，从空间分布情况来看，截至2020年年底，以水稻为经营范围的在营农业企业数量排名前五位的是湖南、江西、安徽、广东、四川，分别有5 888家、2 713家、2 397家、1 704家、1 383家，5个省份农业企业数量之和占全国比重接近60%，其余省份企业分布情况如图4-4所示。

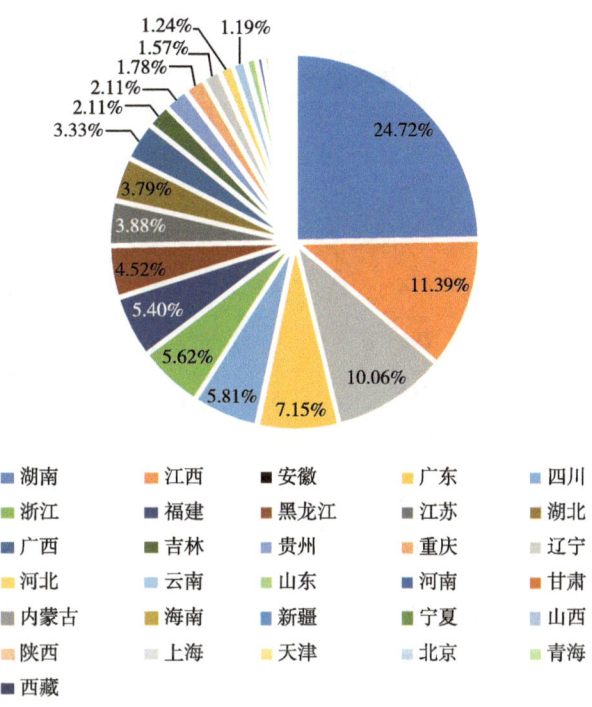

图4-4 农业企业省份分布情况

数据来源：浙大卡特-企研中国涉农研究数据库

表4-6 农业企业区域分布情况统计

省份	在营经营主体数量/家	比例/%
湖南	5 888	24.72
江西	2 713	11.39
安徽	2 397	10.06
广东	1 704	7.15
四川	1 383	5.81
浙江	1 339	5.62
福建	1 286	5.40
黑龙江	1 077	4.52
江苏	925	3.88
湖北	903	3.79
广西	794	3.33

（续表）

省份	在营经营主体数量/家	比例/%
吉林	502	2.11
贵州	502	2.11
重庆	424	1.78
辽宁	374	1.57
河北	295	1.24
云南	284	1.19
山东	220	0.92
河南	155	0.65
甘肃	119	0.50
内蒙古	88	0.37
海南	76	0.32
新疆	72	0.30
宁夏	66	0.28
山西	62	0.26
陕西	59	0.25
上海	46	0.19
天津	39	0.16
北京	16	0.07
青海	7	0.03
西藏	3	0.01

数据来源：浙大卡特-企研中国涉农研究数据库

4.6.2.2 中部地区农业企业数量占比过半

如图4-5所示，从区域分布来看，涉及水稻经营的农业企业主要分布在东部和中部地区[1]，其中5 846家位于东部地区，12 118家位于中部地区，共占全部农业企业的

---

[1] 经济区域参照国家统计局划分方法，东部包括：北京、天津、河北、上海、江苏、浙江、福建、山东、广东和海南。中部包括：山西、安徽、江西、河南、湖北和湖南。西部地区包括：内蒙古、广西、重庆、四川、贵州、云南、西藏、陕西、甘肃、青海、宁夏和新疆。东北包括：辽宁、吉林和黑龙江。

75.84%。中部地区农业企业数量占比过半，主要原因是中部地区各省稻谷播种面积之和占全国稻谷播种面积的比重达34.6%，高于其他地区的稻谷播种面积的比重。

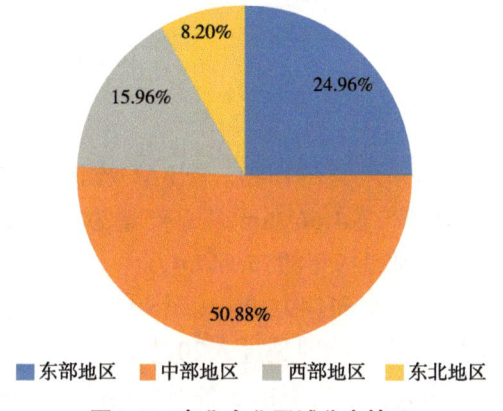

图4-5　农业企业区域分布情况

数据来源：浙大卡特-企研中国涉农研究数据库

第5章　全球水稻生产

5.1　全球水稻生产概况

全球范围内，水稻是种植最广泛的作物。据FAO统计数据，2019年全球水稻收获面积为16 205.6万hm^2，平均单产为4.66t/hm^2，总产量为75 547.4万t。全世界水稻总产量由1961年的21 565.5万t增加到2019年的75 547.4万t，增加了53 982.7万t，总产、面积和单产分别增长250.33%、40.47%和149.39%（图5-1）。在总产增长中，虽然面积也有增长，但单产提高起主导作用。特别是进入20世纪80年代，稻田面积已很难扩张，水稻总产增长主要依靠单产提高。近年来由于各产稻国的工业化进程、社会经济发展以及基本建设加强，使各产稻国的稻田面积有所减少。水稻是保障粮食安全的关键，在国民经济中发挥着举足轻重的作用。随着人口的不断增长，对大米的需求预计将持续增长，各国科学家也随之认识到增加水稻总产的根本出路在于提高单位面积产量。

据FAO统计数据，2019年全球水稻种植面积的82%集中在印度、中国、孟加拉国、印度尼西亚、泰国、越南、缅甸、尼日利亚、菲律宾和巴基斯坦10个国家，这些国家的水稻面积分别占全球水稻面积的27.02%、18.32%、7.11%、6.59%、6.00%、4.61%、4.27%、3.26%、2.87%和1.87%。其中全球2个主要产稻国印度和中国位于亚洲，它们的水稻面积之和约占全球水稻面积的45%。

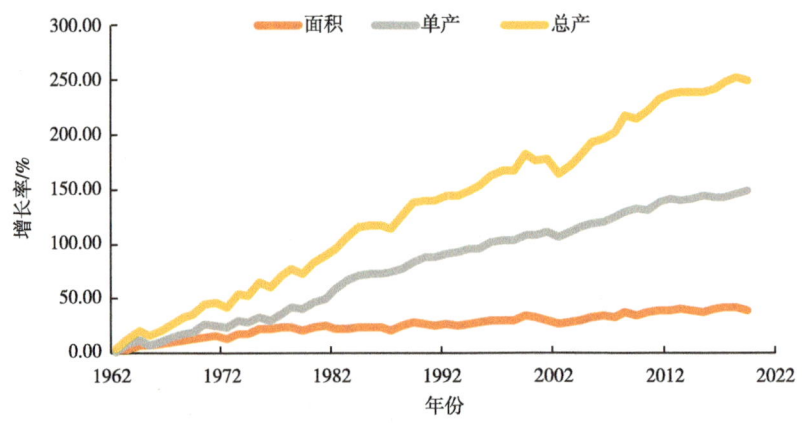

图5-1　全球水稻生产发展趋势（1961—2019）

联合国粮农组织（FAO）1961—2018年全球水稻生产资料表明（表5-1、表5-2），全球水稻面积1961年为1.15亿hm^2，2018年为1.67亿hm^2，增长44.9%，年均增长0.67%；水稻单产1961年为1.87t/hm^2，2018年为4.68t/hm^2，增长150.3%，年均增长1.65%；水稻总产1961年为2.16亿t，2018年为7.82亿t，增长262.6%，年均增长2.33%。

这表明在20世纪80年代前,全球水稻面积、单产和总产年均增长较快,而20世纪90年代和21世纪增长幅度逐步下降。21世纪的前18年,全球水稻面积、单产和总产年均增长率分别为0.35%、1.33%和0.97%。进入21世纪后,主要产稻国的水稻单产已经达到较高水平,水稻可种植面积也已经基本利用,可进一步拓展利用的土地空间有限。受气候变化、水资源亏缺、地力退化及灾害频发等因素制约,单产增幅和面积拓展空间变小,总产年均增长幅度低于2010—2030年预期的总产增长目标。

表5-1 2019年全球水稻主产国(地区)总产量、种植面积和单产

国家(地区)	面积/万hm²	产量/万t	单产/(t/hm²)	国家(地区)	面积/万hm²	产量/万t	单产/(t/hm²)
全球	16 205.59	75 547.38	4.66	苏里南	6.02	27.43	4.56
亚洲	13 860.52	67 727.68	4.89	乌拉圭	14.50	120.00	8.28
阿富汗	12.75	38.25	3.00	委内瑞拉	17.90	76.46	4.27
孟加拉国	1 151.65	5 458.63	4.74	北美洲	100.04	837.67	8.37
柬埔寨	300.13	1 088.60	3.63	哥斯达黎加	3.17	15.38	4.86
中国	2 969.00	20 961.40	7.06	古巴	10.84	37.77	3.48
印度尼西亚	1 067.79	5 460.40	5.11	多米尼加	19.55	108.10	5.53
印度	4 378.00	17 764.50	4.06	墨西哥	3.85	24.52	6.37
伊朗	43.72	199.30	4.56	尼加拉瓜	7.39	46.81	6.34
伊拉克	12.77	57.47	4.50	巴拿马	8.96	30.50	3.41
日本	154.20	1 052.70	6.83	美国	100.04	837.67	8.37
哈萨克斯坦	10.20	56.07	5.50	非洲	1 711.08	3 877.14	2.27
朝鲜	46.58	280.37	6.02	刚果	0.20	0.12	0.60
韩国	72.98	501.61	6.87	科特迪尔	69.79	188.40	2.70
老挝	78.38	343.80	4.39	埃及	79.90	669.00	8.37
马来西亚	68.44	291.22	4.26	几内亚	192.42	259.92	1.35
缅甸	692.09	2 626.98	3.80	利比里亚	24.00	17.00	0.71
尼泊尔	149.17	561.00	3.76	马达加斯加	81.60	423.11	5.19
巴基斯坦	303.40	1 111.54	3.66	马里	92.46	319.63	3.46
菲律宾	465.15	1 881.48	4.04	莫桑比克	72.48	34.10	0.47

（续表）

国家（地区）	面积/万hm²	产量/万t	单产/(t/hm²)	国家（地区）	面积/万hm²	产量/万t	单产/(t/hm²)
斯里兰卡	95.76	459.21	4.80	尼日利亚	528.13	843.50	1.60
泰国	971.54	2 835.69	2.92	塞内加尔	34.56	115.57	3.34
土耳其	12.64	100.00	7.91	塞拉利昂	60.17	94.75	1.57
乌兹别克斯坦	6.49	31.47	4.85	坦桑尼亚	105.25	347.48	3.30
越南	746.99	4 344.85	5.82	欧洲	62.34	402.36	6.45
南美洲	406.25	2 399.18	5.91	法国	1.51	8.26	5.47
阿根廷	18.33	118.99	6.49	希腊	2.99	22.09	7.40
玻利维亚	18.73	60.00	3.20	意大利	22.00	149.26	6.78
巴西	171.00	1 036.86	6.06	葡萄牙	2.85	15.28	5.36
智利	2.62	17.49	6.66	俄罗斯	19.07	109.87	5.76
哥伦比亚	53.12	301.23	5.67	西班牙	10.34	77.88	7.53
厄瓜多尔	25.73	109.97	4.27	大洋洲	1.19	7.64	6.44
圭亚那	20.64	105.00	5.09	澳大利亚	0.76	6.68	8.77
秘鲁	41.45	318.83	7.69				

数据来源：联合国粮农组织

表5-2　2019年主要产稻国的总产、种植面积占全球的比例

国家	面积占比/%	总产占比/%
印度	27.02	23.51
中国	18.32	27.75
孟加拉国	7.11	7.23
印度尼西亚	6.59	7.23
泰国	6.00	3.75
越南	4.61	5.75
缅甸	4.27	3.48
尼日利亚	3.26	1.12

（续表）

国家	面积占比/%	总产占比/%
菲律宾	2.87	2.49
巴基斯坦	1.87	1.47
柬埔寨	1.85	1.44
几内亚	1.19	0.34
刚果民主共和国	1.12	0.18
巴西	1.06	1.37
日本	0.95	1.39
尼泊尔	0.92	0.74
坦桑尼亚	0.65	0.46
美国	0.62	1.11
斯里兰卡	0.59	0.61
马里	0.57	0.42
马达加斯加	0.50	0.56
埃及	0.49	0.89
老挝	0.48	0.46
韩国	0.45	0.66
莫桑比克	0.45	0.05
科特迪瓦	0.43	0.25
马来西亚	0.42	0.39

数据来源：联合国粮农组织

5.2 全球生产布局

全球水稻在亚洲、非洲、美洲、欧洲和大洋洲五大洲均有种植。根据2018年全球水稻生产数据分析，全球水稻种植面积中，亚洲占87.9%、非洲占7.7%、美洲占4.0%、欧洲和大洋洲不到0.5%。全球水稻总产中，亚洲占90.4%、非洲占4.0%、美洲占4.9%、欧洲和大洋洲不到0.7%。

从20世纪60年代至21世纪20年代，全球水稻种植面积和总产区域间分布发生了变化，非洲的水稻面积和总产占比提高5.1个百分点和1.7个百分点，亚洲的水稻面积和总产占比分别下降3.9个百分点和1.3个百分点，美洲的水稻面积和总产占比分别下降1.1个百分点和0.2个百分点，欧洲和大洋洲的水稻面积和总产变化较小（表5-3）。

表5-3　不同时期各洲水稻面积和总产占全球的比例　　　　　　　　　（单位：%）

地区	面积		总产	
	1960s	2010s	1960s	2010s
非洲	2.6	7.7	2.3	4
美洲	5.1	4	5.1	4.9
亚洲	91.8	87.9	91.7	90.4
欧洲	0.4	0.4	0.8	0.6
大洋洲	0	0	0.1	0.1

1961—2018年各洲水稻生产资料分析表明（表5-4），大洋洲的水稻面积、单产和总产年均增长率最高，总产年均增长率达到16.2%；非洲的水稻面积年均增长率较高，但是单产的年均增长率较低，总产年均增长率达到3.8%；美洲的水稻单产年均增长较快，使总产年均增长率达到2.6%；亚洲水稻面积、单产和总产年均增长率与全球水平基本一致，因为亚洲在全球的水稻面积占90%左右。欧洲水稻面积年均增长率稍高于全球平均水平，但单产和总产年均增长率均低于全球平均水平。

表5-4　1961—2018年五大洲水稻面积、单产和总产年均增长率　　　　（单位：%）

地区	面积增长率	单产增长率	总产增长率
非洲	3.0	0.8	3.8
美洲	0.6	2.1	2.6
亚洲	0.6	1.7	2.3
欧洲	0.8	0.9	1.7
大洋洲	9.9	3.3	16.2
全球	0.7	1.6	2.3

5.3　主要国家水稻生产特点

5.3.1　印度

印度作为世界第二大稻米生产国，是重要的水稻种植中心之一，拥有世界上最大的水稻种植面积（4 378万hm^2）。FAO统计数据显示，在世界稻米总产量7.555亿t中，印度贡献了约1.776亿t。水稻是印度2/3以上人口的主食，尤其在印度南部和东部地区，它被认为是日常膳食中非常重要和必不可少的一部分。水稻是保障印度国家粮食安全的关键，同时在国民经济中发挥着举足轻重的作用。随着人口的不断增长，对水稻的需求预计将持续增长。

5.3.1.1 印度水稻生长区域

水稻可以在不同的气候条件下生长，对不同土壤条件的适应性较强。水稻适宜于湿度大、温度高、日照时间长、供水有保障的地区。当土壤的pH值为5~9时，土壤渗透性低，为其生长提供了更好的环境。一般来说，肥沃的土壤最适合种植水稻。水稻的这种广泛的物理适应性，使得水稻可以生长在海平面以下，包括喀拉拉邦的库塔纳德地区、查谟和克什米尔、喜马偕尔邦、北方山丘和海拔高达2 000m的东北丘陵地区。

（1）东北地区。东北地区包括阿萨姆邦和东北部各州。阿萨姆邦的主要水稻种植区是雅鲁藏布江流域。由于该地区降水量很大，因此水稻通常在雨养条件下种植。

（2）东部地区。该地区包括北方邦东部、比哈尔邦、恰蒂斯加尔邦、贾坎德邦、中央邦、奥里萨邦和西孟加拉邦。在印度恒河和马哈纳迪河流域是水稻种植强度最高的主要水稻产区。该地区也有强降雨，因此水稻通常在雨养条件下种植。

（3）北部地区。旁遮普邦、哈里亚纳邦、北阿坎德邦、北方邦西部、喜马偕尔邦和查谟和克什米尔包括在北部地区。在冬季，该地区经历低温，5—10月可种植一季水稻，播种期5—7月，收获期9—10月。

（4）西部地区。该地区包括古吉拉特邦、马哈拉施特拉邦和拉贾斯坦邦。水稻主要在6—12月期间在雨养条件下种植，播种期6—8月，收获期10—12月。

（5）南部地区。安得拉邦、卡纳塔克邦、喀拉拉邦和泰米尔纳德邦覆盖南部地区。该地区的主要水稻种植区是克里希纳河、戈达瓦里河和高韦里河的三角洲地区以及安得拉邦和泰米尔纳德邦的非三角洲雨养区。在三角洲地区，水稻种植是在灌溉条件下进行的。

5.3.1.2 印度水稻种植类型

印度种植水稻的土地主要有两种类型，即高地和低地。水稻播种方法从广义上来说可以分为两种方法：旱地或半旱地耕作，这种方法又分为两类：广播种子和使用犁或钻子播种。湿地或低地栽培，这种方法也进一步分为两种类别：在积水田移栽和在积水田播撒发芽。

在印度，最常见的水稻种植方法是移栽水稻。种子在一个地方播种，幼苗在特定生长后移植到泥泞的土壤中（湿耕）。实践证明此方法可以确保更高的产量和更少的杂草问题。但如今这种生产方法的利润越来越低，因为它是一种水、劳动力和能源密集型方法，而这些资源正变得越来越稀缺。该系统还会对土壤物理特性产生不利影响，从而影响后续旱地作物（如小麦）的性能。所有这些因素都对灌溉水稻生态系统中从水坑插秧转向直接播种水稻的需求增加发挥了重要作用。

直播水稻是指通过在田间播种的种子而不是通过从苗圃移栽幼苗来培育水稻作物的过程。这种方法多用于降水量不确定、地形起伏、田地不开垦的雨养高地、中地和低地。在水稻直播中有3种主要的方法：湿播种（在潮湿的泥泞土壤上播种已发芽的种子）、干播种（将干种子播种到干燥土壤中）和水播种（将种子播种到水中）。由于印度灌溉地区的水资源短缺也在增加，因此直播水稻方法在这些地区变得越来越重要。尽管采用干法直播水稻带来了可观的好处，但在干法直播水稻的种植问题得到解决并且技术经过微调以适应农业条件之前，这项技术仍具有较大难度。而且采用直接播种方法也存在着包括引入难以控制和抗除草剂的杂草植物群；杂草稻的进化；一氧化二氮（一种强效温室气体）排放量增加；营养失调，尤其是氮和微量营养素，如铁和锌；线虫等土壤传播病原体增加等风险。

5.3.1.3 印度水稻种植生态系统

国际水稻研究所（IRRI）已确定并分类了四种水稻农业生态系统。它们是灌溉水稻生态系统、雨养低地水稻生态系统、旱稻生态系统和深水水稻生态系统。印度是世界上唯一一个水稻生态系统多样性的国家。根据印度主要水稻种植州的土壤变化和农业气候条件，在不同的生态环境中采用了不同的水稻种植制度。由于水稻生态系统的多样性，印度发展了4种不同类型的生态系统。

（1）灌溉水稻生态系统。在灌溉生态系统下，雨季（6—10月）是水稻种植的主要季节；然而，在小范围内，水稻也在旱季（11月至翌年5月）种植。在印度，约有2 200万hm^2的面积处于灌溉水稻生态系统之下，约占该国水稻总面积的49.5%。在灌溉条件下种植水稻的主要邦有旁遮普邦、哈里亚纳邦、北方邦、喜马偕尔邦、安得拉邦、查谟和克什米尔、锡金、泰米尔纳德邦、卡纳塔克邦和古吉拉特邦。

（2）雨养旱稻生态系统。在全球范围内，亚洲、非洲和拉丁美洲都存在用于水稻种植的高地生态系统。在印度，阿萨姆邦、比哈尔邦、西孟加拉邦、奥里萨邦、中央邦东部和北方邦以及东北丘陵地区覆盖了85%的旱稻面积。印度约600万hm^2旱稻种植面积，占全国水稻种植面积的13.5%。季风季节是这个生态系统中水稻种植的主要季节。该生态系统的温度范围在7月为25~40℃，1月为6~25℃，降水量在1 000~2 000mm或更多。在这个生态系统中，种植水稻多为直播，稻田一般干旱、无垄。

（3）雨养低地水稻生态系统。在印度，雨养低地水稻种植面积约为1 440万hm^2，占全国水稻总面积的32.4%。由于土壤水分供应时间较长，雨养低地水稻生态系统主要在印度东部。在这些地区，种植的大多是具有140天寿命的光敏品种。这个生态系统中的水深变化很大，可以是浅（高达25cm）、中深（高达50cm）或深（高达2m）。根据田间水深，种植中到长期品种。为了获得更好的性能，这些品种应具有初期耐旱、后期沉水、中高分蘖能力、光敏性、抗病虫害能力，以及在半深水或深水情况下的伸长能力。在这个生态系统中，水稻生产缺乏技术，因此生产差异很大。雨养低地生态系统的主要问题是由于干旱/洪水条件和土壤质量差导致产量不稳定。

（4）洪涝水稻生态系统。易涝稻适用于那些农民必须面临1~10天的临时淹没或1~5个月的长期淹没在50~400cm或以上深度的地区。这也适用于每日潮汐波动也可能导致完全淹没的情况。在全球范围内，在南亚和东南亚存在易受洪水影响的生态系统，如极端洪水，这些地区经常发生干旱。在印度，总耕地面积的26%和水稻总种植面积的4.6%处于易受洪水侵袭的水稻生态系统之下。6—11月是雨季洪水发生的主要季节。水稻品种是根据它们对淹没的耐受程度来选择的。

5.3.1.4　印度水稻种植系统

种植系统研究项目局（PDCSR）根据印度不同农业气候区作物的合理分布确定了大约500个种植系统，其中只有30个种植面积较大的系统很重要。印度最大的地区覆盖了各种以水稻为基础的种植系统，如水稻—小麦、水稻—水稻、水稻—鹰嘴豆/扁豆、水稻—芥末/亚麻籽和水稻—花生。在不同的水稻种植制度中，全国粮食储备的主要份额是稻麦和稻稻种植制度。其他以水稻为基础的种植系统，如水稻芥末、水稻花生、水稻鹰嘴豆、水稻绿豆等，对油籽和豆类作物的国家生产做出了重大贡献。

5.3.1.5　印度水稻品种

印度是属于籼稻品种的生产国。就水稻品种的多样性而言，印度被认为是世界上最富有的国家之一。在过去的50年中，印度在亚洲热带地区发布的品种数量最多（643个），这使印度成为评估栽培品种遗传多样性的案例研究代表。印度大约77%的水稻总面积是高产品种（FAO，2003）。来自公共部门的重要杂交品种有KRH-2、DRRH-2和PusaRH10，来自私营部门的有PHB71、PA6201、PA6444和PA6129。然而，杂交水稻的种植面积仅达到约150万hm^2。杂交水稻技术应用不佳的主要原因：一是缺乏以合理成本获得的杂交种子和用于优质杂交种子生产的基础设施薄弱；二是杂种作用程度低；三是粮食和烹饪质量差；四是种子亲本产量低导致种子成本高；五是杂交种对生物胁迫（枯萎病、稻瘟病、褐飞虱）的敏感性；六是缺乏适合脆弱生态系统（干旱、盐度、淹没、酸度、低温）的杂交种。

5.3.1.6　印度水稻问题与挑战

印度在水稻种植面积和产量上居世界前列，但该国水稻生产仍存在一些问题和制约。影响稻米系统生产力的突出问题是：资源（水、劳动力和肥料）的低效利用及其日益稀缺，气候变化，燃料价格上涨和新出现的能源危机，较低的农场盈利能力，以及新出现的社会经济变化，例如劳动力向城市地区迁移、喜欢非农业工作以及对环境污染的担忧。除此之外，土地的破碎化以及非生物和生物胁迫也是威胁水稻生产力和可持续性的主要问题。

5.3.2　泰国

泰国位于东南亚中南半岛中南部，与老挝、柬埔寨、缅甸、马来西亚接壤。国土面积5 131万hm^2，总人口6 943万人（2018年），其中农村人口占总人口的49.9%。总耕地面积2 131万hm²，多数为靠天田，有灌溉条件的仅占20%左右。稻米作为泰国人民的主食，从事水稻生产的劳动力约占泰国总劳动力的27%，占种植业劳动力的45%左右。泰国是世界重要的大米生产和出口国，年出口大米在1 000万t左右，居世界首位，稻米的稳定出口给泰国经济的增长提供了强有力的支持。2019年泰国水稻总播种面积达971.5万hm²，占耕地总面积的44%，平均水稻种植单产为3.04t/hm²。

5.3.2.1　泰国水稻生长区域

泰国共划分为4个稻作种植区：

（1）北方稻区（包括平原区、北部低地）。人多地少，稻田面积约占全国稻田面积的23%，灌溉条件较好，水稻单产全国最高。

（2）东北稻区（呵叻高原）。稻田面积约占全国稻田面积的44%，土地平整，土壤瘠薄，生产条件较差，水稻单产全国最低，该区域的5个府（黎逸府、乌汶府、武里南府、素林府和益梭通府）是茉莉香米的主产区。

（3）中央稻区（湄南河平原）。土地平整，人少地多，稻田面积约占全国稻田面积的26%，是深水稻的主要产区。

（4）南部稻区（马来半岛、山区）。稻田面积占全国稻田面积的7%左右，单产低，该地区以种植经济作物为主。

5.3.2.2　泰国水稻种植类型及生态系统

泰国水稻主要分为4种生态类型：低洼田雨养水稻（水深小于0.5m）占72%，灌溉稻占20%，深水稻（水深超过0.5m）占5%，旱稻占3%。

泰国水稻生产分成雨季和旱季2个种植季节，雨季为6—11月，一般种植感光型水稻品种；旱季为1—5月，主要种植非感光型水稻品种。播种时间主要取决于灌溉条件，头季稻（雨季）中的低洼雨养稻田5—6月播种，有灌溉条件的稻田7—8月播种。因而收获期很长，有的地方品种延迟到12月才收割。第二季稻（旱季）一般在12月下旬播种，次年3—4月收割。

雨季是水稻主要生产季节，主要种植感光型水稻，平均种植面积1 000万hm²左右，平均产量2.7t/hm²左右。旱季为次要生产季节，主要种植非感光品种，平均种植面积250万hm²左右。旱季种植的水稻田灌溉等田间基础设施较好，平均产量较雨季高，可达4t/hm²以上。在全部水稻田中，只有不到20%的稻田有灌溉条件，80%以上的稻田依赖降雨，只能在雨季种植一季水稻，季风雨是其唯一水源。

5.3.2.3　泰国水稻品种

泰国水稻中常规稻品种占98%以上，杂交水稻不足2%。尽管如此，由于杂交水稻产量水平高和种子的生产经济利益促使杂交水稻推广开始增长，但是由于杂交稻品质相对较差，影响推广的进度。20世纪60年代以前，泰国的水稻育种主要是采用纯系选择法从地方农家品种中选优培育，目标主要是提高稻米品质，尤其是米粒长度。60年代中期，杂交育种和突变育种等方法应用到水稻育种上，主要是选育适合灌溉稻区的非感光品种，并应用国际水稻研究所（IRRI）的品种材料来提高单产和抗病虫能力。自20世纪90年代初开始杂交水稻研究，但进展缓慢。90年代末水稻生物学技术研究起步，科学家试图通过分子技术导入抗病性基因，但由于考虑到安全性的问题，目前还停留在产品试验和观察阶段。当前几个主要的推广品种是RD6（1977育成）、KDML105（1959育成）、SPR60（1987育成）、RD23（1981育成）、RD10（1981育成）。尤其是KDML105是1959年从泰国地方农家品种中系选出来的，籼型、耐旱、耐酸碱土壤、米粒细长透明、食味香，在国际市场上十分畅销，该品种已在生产上应用了40多年，仍然占有相当大的比重，其主要原因是该品种米质特优，但由于长期种植，品种退化严重，抗病能力下降，目前重点研究增强抗病机理。

5.3.2.4 泰国水稻问题与挑战

水稻生产中存在的问题主要有两个方面：一是品种退化严重，由于泰国种植的水稻品种更新速度慢，同时主要是常规稻，因此一般都是农民自己从收获的稻谷中留出种子作为下季种植种子，另外鉴于种子市场小和利润低，仅有很少的农业公司从事种子生产和提纯，大部分种子由农民自己提纯，常年种植退化严重。二是病虫害防治，由于泰国地处高温、高湿的热带气候，病虫害发生严重，因此抗性品种的选育已经引起高度重视，另外还通过改进土地的灌溉系统来提高土壤质量。

除此之外，泰国稻农老龄化严重，平均年龄56岁，其中60岁以上的农民占33%。此外，农民受教育程度较低，80%的农民只有小学文化，40%的老百姓在贫困线下生活。近年来，大量青壮年劳动力选择跳出农门，从农业剥离出去，仍然留在农业领域的老农民有300万人左右。青壮年劳动力的离开，客观上也促进了农业机械化程度的提高。与2008年相比，2012年插秧机使用比例由45.5%上升到66.7%，手工插秧面积急剧减少，稻谷的运输也大量租用卡车进行（90.3%）因而有效地提高了生产效率，降低了产量损失。

5.3.3 越南

越南处于中南半岛东部，北面与中国接壤，西面与老挝、柬埔寨接壤，国土面积达33万km^2。根据越南国家统计局和联合国的数据统计，2019年越南人口总数为9 620万人，排名世界第15位，其中农村人口占65.6%。据越南统计总局2015年鉴，越南农用地约2 679.16万hm^2，为全国土地总面积的80.7%；未利用地约404.91万hm^2，为全国土地总面积的12.22%；荒地约228.8万hm^2，为全国土地总面积的6.91%。越南是以农业为主的国家，65%的人靠农业维持生计，稻米作为越南人的主食，是越南最重要的粮食作物，其产量占粮食总产的85%，水稻生产在农业生产中具有极其重要的作用。2016年，越南农作物耕种面积1 030.54万hm^2，其中水稻种植面积779.32万hm^2，占农作物耕种面积的75.62%，主要分布在红河平原、九龙江平原以及北中部和沿海地区。

5.3.3.1 越南水稻生长区域

越南现有63个省市区,根据地形、土壤和气候条件,将水稻种植区域划分为红河平原地区、北部山区和中游地区、中北部及中部沿海地区、西原地区、东南部地区和九龙江平原地区。北部的红河三角洲和南部的湄公河三角洲是越南最重要的两个水稻生产区,其余的水稻主要分布在北部、中部的沿海地区以及部分山区(种植雨育稻或旱稻),但面积都不大,分布比较零散。2016年,越南水稻播种面积为779.32万hm^2,其中九龙江平原占全国水稻总播种面积的54.11%,中北部及中部沿海地区占15.91%,红河平原地区占14.25%,北部山区和中游地区占9.00%,西原地区和东南部地区播种面积都不大,且分布比较零散,总共约有53.16万hm^2,占全国水稻种植面积的6.82%。

5.3.3.2 越南水稻种植类型及生态系统

越南的自然条件非常适合水稻生长,每年可播种2~3季水稻,不同季节播种面积的结构性变化对水稻的产量具有重大影响。越南北方因土壤和气候条件的限制,一年只能进行两季水稻种植,即冬—春季和晚季,冬—春季于上年12月至3月播种,5—7月收获;晚季于5—7月播种,9—11月收获。而南方,特别是九龙江平原地区水稻种植分为春季(早季,一般1月播种5月收获)、秋季(中季,一般5月播种8月中旬收获)和冬季(晚季,一般8月播种11月收获)。冬—春季水稻播种面积最大,最高达312.43万hm^2,其次为夏—秋季,面积最高达281.08万hm^2,晚季最少,面积最高只有203.78万hm^2。冬—春季单产和总产最高,分别达6.69t/hm^2和2 085.05万t,夏—秋季单产和总产分别为5.67t/hm^2和1 499.17万t,而晚季只有4.92t/hm^2和964.49万t。

5.3.3.3 越南水稻品种

(1)越南水稻生产品种类型。特殊的历史原因和气候环境导致越南南北方种植的水稻品种类型以及水稻生产方式有明显差异,地方水稻品种资源丰富。越南2000—2001年全国播种的水稻品种资源调查显示,越南当时有676个水稻品种,这些品种可分为国内选育品种、国外引进品种、地方品种3类,其中,国内选育的水稻品种有370个,年播种面积255.54万hm^2,其中已审定注册的品种为74个,年种植面积188.75万hm^2;国外引进水稻品种有119个,年播种面积287.67万hm^2,其中已审定注册的19个,年播种面积192.35万hm^2;地方品种187个,年播种面积40.52万hm^2。

(2)从国外引进的水稻品种。1982年前,地方品种占越南种植的水稻品种90%左右,水稻单产仅2t/hm^2左右,总产较低。从1991年开始,现代高产水稻品种的种植面积超过了地方品种,新品种的推广速度明显加快,2000年后,包括中国的杂交水稻品种和国际水稻所的IR系列品种等高产现代品种种植面积占总面积的90%以上。1992年起,中国杂交水稻品种的引进和发展速度很快。20世纪90年代越南杂交水稻生产用种每年的进口量为0.5万t,其中从中国进口的水稻种子量为0.3万t;2000—2013年,越南从中国进口的杂交水稻种子量稳定在1.1万~1.3万t,有些年份甚至高达1.66万t。1998—2013年越南杂交水稻自产用种量为5.464 1万t,占杂交水稻用种的21.78%。

近10年来，越南杂交水稻生产用种每年从中国进口量稳定在1.2万~1.6万t，占越南引进的水稻品种总量的75%以上。中国杂交稻品种在越南推广速度几乎与中国国内同步，有的品种推广速度甚至超过中国。例如，从中国引进的杂交水稻组合中有7个年播种面积之和达42.41万hm²。其中，汕优63（1992）年播种面积15.65万hm²，Ⅱ优63（2000）、Ⅱ优838（2000）、博优64（AMS24A/IR9761，1994）、培杂山青（2002）、博优903（1996）和汕优桂99（1993）分别为7.13万hm²、6.36万hm²、5.54万hm²、4.70万hm²、2.25万hm²和0.78万hm²。

5.3.3.4 越南水稻生产面临的问题与挑战

越南水稻生产虽然取得了令人瞩目的成绩，但仍然面临多方面的问题。第一，越南雨季、旱季分明，农田基础设施落后，雨季容易发生洪涝灾害，旱季容易发生旱灾。第二，种植规模小。1981年，越南结束了集体农业生产体系，进入到以小组为导向的农业生产体系，1986年又开始改变为个体制，水稻种植规模更小，限制了水稻的可持续发展。第三，稻米价格偏低，即使产量增加，仍然不能为农村家庭带来足够的收入，农民种稻的积极性不高。第四，越南国内的水稻育种能力不强，推广的品种大都是国际水稻所的品种或中国的杂交稻品种。

针对越南水稻生产中面临的问题，如果不采取有效的应对措施，在不远的将来，越南这个国际上稻米出口大国将可能无米可供出口。目前越南经济迅猛发展，城市化进程加快，工业用地、城市建设用地将明显增加，水稻种植面积难以进一步扩大，而越南人口在稳定增长，其自身的口粮、饲料用粮与工业用粮的稻米消费都在明显增加，如果产量不能实现相应增长，稻米出口必然减少，甚至可能出现净进口。

第6章 水稻生产效益国际比较

中国水稻种植面积、产量和单产在全球都处于领先水平，是名副其实的水稻生产大国，但水稻产业面临国内外价格倒挂、种植成本高企、机械化程度难以提高等"卡脖子"问题，导致水稻生产效益难以提高，水稻种植迫切需要寻找进一步的产业升级方向。中国水稻面积在经历了2003—2013年的快速增长期后，2014—2016年处于平稳阶段，2017—2019年呈现出了下降态势，跟稻谷生产价格指数呈现比较一致的变化态势。虽然由于单产水平的持续提高，总产量比较稳定，但面积减少反映出水稻种植意愿在下降。粮食安全重要性更加突出的国际复杂情势下，国家提出了恢复双季稻，并提高了稻谷最低收购价，以恢复农民种植信心，扭转水稻面积下降趋势。2020年在政府大力鼓励和一系列补贴政策支持下，早稻面积恢复明显。但要实现水稻产业持续健康发展，还需要解决制约产业发展的核心问题。

6.1 中美日水稻生产概况

美国水稻面积和产量占全球比重较小，但出口份额大，对世界稻米市场影响较大。根据FAO 2019年数据，美国稻谷收获面积全球排名第18位（100万hm^2），产量排名第14位（838万t），单产排名第3位（8 374kg/hm^2），大米出口量排名第5位（305万t），进口量排名第11位（96万t）。日本水稻以品质优出名，"越光"品牌大米在全球影响力较大。日本稻谷收获面积排名第15位（154万hm^2），产量排名第11位（1 053万t），单产排名第14位（6 827kg/hm^2），大米出口量排名第37位（5万t），进口量排名第19位（68万t）。中国水稻面积和产量占全球比重较大，进出口量绝对数量也较大，但在国际市场上并不活跃，对外依存度也较低。中国稻谷收获面积居世界第2位（297万hm^2），产量居世界第1位（20 961万t），单产居世界第11位（7 060kg/hm^2），大米出口量居世界第6位（272万t），进口量居世界第2位（250万t）[①]。

6.1.1 稻米供需平衡

美国水稻产业是出口导向型的，日本和中国以国内消费为主。根据美国农业部2020年12月发布的世界稻米平衡表数据（表6-1），美国2019/2020年度稻谷出口量290t，占产量的49.15%。中国和日本的大米进出口数量之和占产量的比重都在10%以下。日本大米处于紧平衡状态，产量略小于国内消费量，进口量占产量的9%。根据日本农林水产省2017财年供需平衡表数据，国内消费中，口粮消费占88.13%，其次为饲

---

① 本章中的中国数据均不包括中国台湾、香港和澳门的数据。

料用消费占5.7%，加工用消费量占3.71%，种子用消费量占0.50%，损耗量占1.79%。口粮消费人均每年60kg。中国2019/2020年度水稻产量14 673t，占全球产量的29.30%，国内产需基本平衡，而且消费量中口粮消费是主要方向。这决定了中国的水稻需求基本不可能依靠进口来满足，提高水稻生产能力是保障口粮安全的关键环节。

表6-1 全球及中美日稻米供需平衡表（糙米当量） （单位：t）

		2019/2020年度	2020/2021年度	增长率
全球	产量	50 070	50 840	1.54%
	消费量	50 270	51 030	1.51%
	期末库存	18 180	18 100	-0.44%
	贸易量	4 450	4 760	6.97%
	贸易量占产量比重	8.89%	9.36%	5.35%
	期末库存占消费量比重	36.16%	35.47%	-1.92%
中国	产量	14 673	14 700	0.18%
	消费量	14 503	14 650	1.01%
	期末库存	11 650	11 650	0.00%
	进口量	230	220	-4.35%
	出口量	270	270	0.00%
	贸易量占产量比重	3.41%	3.33%	-2.18%
	期末库存占消费量比重	80.33%	79.52%	-1.00%
美国	产量	590	720	22.03%
	消费量	460	460	0.00%
	期末库存	90	160	77.78%
	进口量	120	120	0.00%
	出口量	290	310	6.90%
	贸易量占产量比重	69.49%	59.72%	-14.06%
	期末库存占消费量比重	19.57%	34.78%	77.78%
日本	产量	761.1	762	0.12%
	消费量	835	825	-1.20%
	期末库存	192.2	189.7	-1.30%
	进口量	68.5	68.5	0.00%
	出口量	—	—	—
	贸易量占产量比重	9.00%	8.99%	-0.12%
	期末库存占消费量比重	23.02%	22.99%	-0.10%

数据来源：美国农业部网站。中美日的产量数据统计口径为当地市场年，贸易数据为贸易年（1—12月）。消费量指本国消费量，包含损耗量。

6.1.2 水稻种植经营模式

6.1.2.1 美国

美国水稻分布集中,平均经营规模较大,以直播方式为主。根据美国农业部经济研究中心数据,美国水稻种植的平均经营规模呈扩大趋势,2000年的基础调查显示水稻农场平均经营规模为158.23hm²,2013年的基础调查中为230.27hm²,比2000年增长了45.52%(年均2.93%)。美国水稻种植区域分布集中,主要在加利福尼亚州萨克拉曼多河谷、阿肯色三角洲、密西西比三角洲、墨西哥湾沿岸4个区域,其中加利福尼亚种植区由于大量使用节水灌溉设施,水稻生产成本较其他地区更高。加利福尼亚主要产中粒和短粒米(medium-and short-grain rice,一般为粳米),其他3个地区主要产长粒米(long-grain rice,一般为籼米)。美国水稻种植区广泛使用机械直播技术,节约劳动力,但种子消耗量较大。

6.1.2.2 日本

日本稻田细碎化比较普遍,大部分经营规模较小,以移栽方式为主。根据日本农林水产省调查数据,2018年共调查了765个水稻种植户,其中水稻种植面积30hm²以上的种植户占3.27%,10~30hm²的占14.38%,3~10hm²的占16.34%,0.5~3hm²的占48.5%,0.5hm²以下的占17.52%。平均每户水稻种植面积1.74hm²,其中1.71hm²(97.99%)为移栽方式、0.03hm²(2.01%)为直播方式;平均每户有10个稻田地块,小于0.5hm²的地块面积占86.54%,小于0.1hm²的地块面积占15.07%。平均每户饲用稻谷的种植面积为0.1hm²(占水稻种植面积的5.81%)。日本水稻种植平均经营规模也呈扩大趋势,1990年平均每户水稻种植面积0.94hm²,2018年平均每户水稻种植面积比1990年增长了84.22%(年均2.21%)。

6.1.2.3 中国

中国水稻分布广泛,大部分省份都有水稻种植,区域差别较大。北方地区一般种植粳稻,以一季稻种植模式为主;南方地区以种植籼稻为主,一季稻和双季稻种植模式都有,其中,江苏、四川、安徽主要为一季稻,湖南、江西、广东、广西主要为双季稻。中国水稻平均经营规模缺少统计数据,据作者调研情况,南方地区仍以家庭经营为主,平均种植规模在0.33hm²以下;通过流转土地经营的大户种植规模一般为20~150hm²,个别可达500hm²。黑龙江水稻种植地区由于土地集中连片、地势平坦,便于机械化,一户家庭经营面积可达50hm²以上,水稻平均种植规模较大。

6.1.3 主要支持政策

6.1.3.1 中国稻谷最低收购价政策

直接影响中国稻谷生产的最重要的政策就是最低收购价政策。2004年开始实施稻谷最低收购价政策,稻谷价格变动受最低收购价变化的影响。分品种来看,早、中、晚籼稻出售价格的变动方向和幅度基本一致，跟粳稻略有差异。各品种最低收购价变动方向基本一致，粳稻比籼稻的变动幅度更大（图6-1、图6-2）。

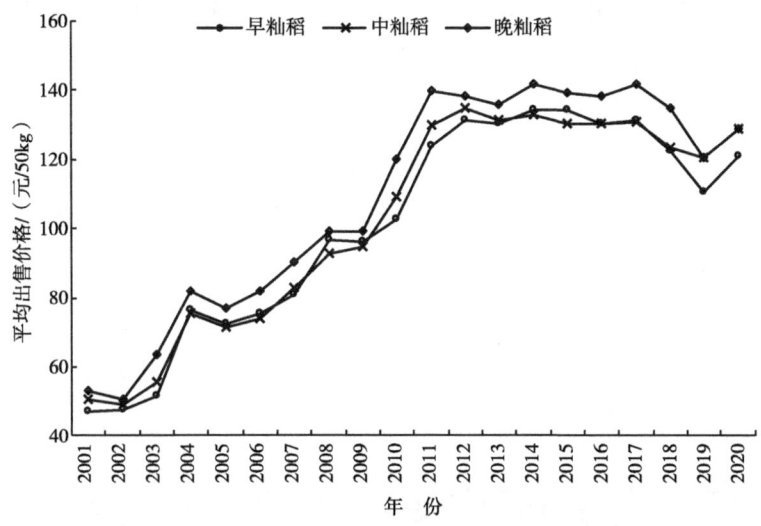

图6-1　2001—2020年稻谷平均出售价格

数据来源：历年《全国农产品成本收益资料摘要》（来自中国农业农村部网站）

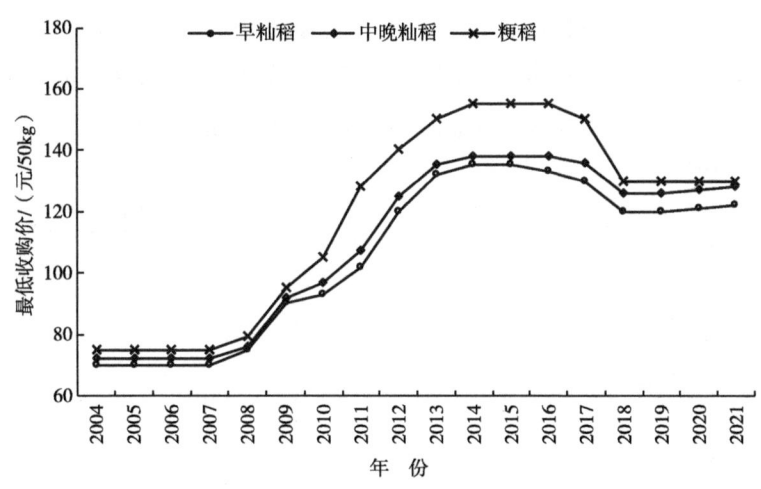

图6-2　2004—2021年我国稻谷最低收购价

从晚籼稻平均出售价格和最低收购价的变化来看，大致趋势是接近的，但并不完全同频（图6-3）。2004年开始实施最低收购价，市场信心大幅提升，稻谷出售价格猛涨，2004年出售价格比2003年增长了28.66%。中晚籼稻最低收购价在2004—2008年五年间只有2008年每50kg增长了4元（增幅5.56%），出售价格虽然在2004年猛涨后2005年有所回落，但之后三年又连续上涨，2008年达到了每50kg 99.06元（增幅20.92%）。2009年中晚籼稻最低收购价大幅提升（比2008年增长21.05%），但晚籼稻出售价格与上年基本持平。2010—2011年，出售价格和最低收购价都上涨，且出售价格增长幅度更大。2012—2013年，最低收购价仍保持增长，但出售价格下降。2013—2018年，出售价格和最低收购价非常接近，在2013—2017年保持平稳，2018年后开始下降。大部分年份出售价格略高于最低收购价，只有2019年出售价格低于最低收购价。

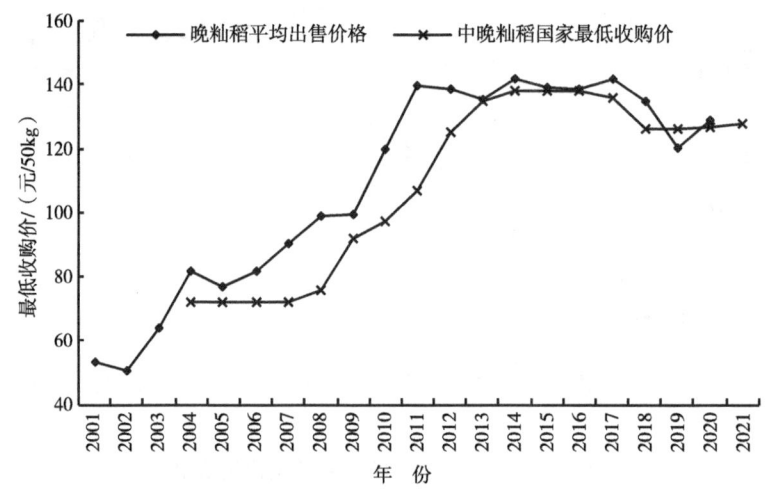

图6-3 晚籼稻平均出售价格与国家最低收购价

粳稻的平均出售价格和最低收购价变动方向和幅度总体上比较一致（图6-4）。但2013—2017年，是最低收购价最高峰的5年，平均出售价格都略低于最低收购价。

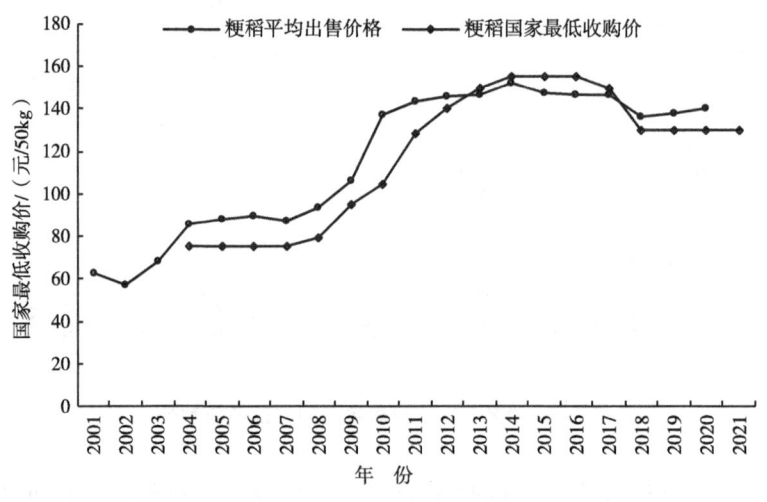

图6-4 粳稻平均出售价格与国家最低收购价

后期政策变化从短期来看，粮食安全问题异常突出，最低收购价作为非常强的政策信号，近两年将保持平稳。但长远来看，随着WTO"黄箱"政策面临削减的趋势，最低收购价政策的持续性难以确定。近几年的中央一号文件都提出了实施稻谷完全成本保险和收入保险及"保险+期货"试点,将是未来取代最低收购价政策的重要方向。届时,稻谷价格受市场供需变化的影响将加大,波动幅度将扩大。

6.1.3.2 日本收入补贴

日本对稻谷生产补贴力度较大,直接补贴包括战略性作物补贴、双季作物和生产区补助金等,但年际间变化较大。2012年最高达到每亩9 353日元(按2018年平均汇率1日元=0.059 890 2人民币,约为560元),2018年最低为1 137日元(约68元),降低的原因主要是为应对加入WTO带来的挑战,日本对包括大米在内的农业支持政策进行了一系列改革,并于2018年取消稻谷限产政策及价差和收入差补贴,在国内价格和流通已经市场化的基础上,最终实现生产的市场化(图6-5)。

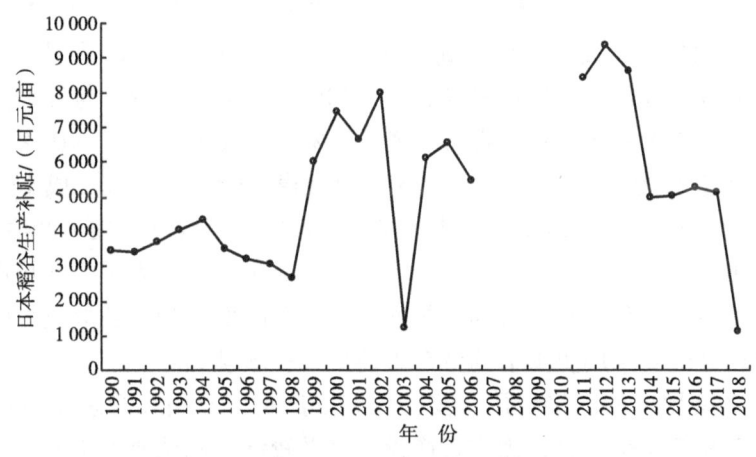

图6-5 1990—2018年日本稻谷生产补贴

数据来源:日本农林水产省(2007—2010年统计数据缺失)

6.1.3.3 美国农产品价格风险管理

美国的农产品价格支持政策与包括保险及衍生品市场在内的各类风险管理市场为农户提供了政策性与市场性价格风险规避机制,对稳定农户收入及促进农业生产发挥了重要作用。美国是最早开始实施目标价格补贴的国家,建立了比较完善的农产品目标价格补贴政策。美国拥有完善的农业保险制度,对稳定农业生产、保障农户收入以及奠定美国农业强国地位发挥了重要作用。美国农业保险政策的主要特点包括:政府执行探索实践、不断扩大农业保险覆盖范围、升级农业保险产品和完善政策制度措施;而在发展趋势上,政府扶持力度将进一步加大,覆盖范围和层次持续扩大,险种将更加多样化。美国农产品期货市场发育成熟、合作组织发展完善、信息传导途径发达,美国期货市场功能的发挥为农场主收益提供了保障。

6.2 中美日稻谷生产成本结构比较分析

6.2.1 总成本收益比较

由于受自然因素和市场因素的影响,年际间价格等数据波动较大,使用平均数据更具有可比性。采用2013—2018年平均值进行横向比较,简单对比2013—2018年平均成本效益可以发现制约中国水稻的重要问题。从效益上看,美国虽然单位土地的净利润不高,但由于经营规模大(2018年平均规模230.27hm²),平均每个农场的净利润可达30万元以上。日本种植规模在10hm²以上的经营主体,加上补贴后平均净利润可以达到19.7万元,在日本农林水产省的调查样本中占总经营主体数的13%左右。可见,适度规模经营主体的水稻种植效益可观。

如表6-2和图6-6所示,总成本构成中,相比美、日,中国人工成本占比高、机械成本占比低。中国的人工成本占比达到41%,明显高于美国的10%和日本的27%;机械相关费用占比18%,远低于美国的38%和日本43%。农资费用占比与日本比较接近,都为20%左右;土地成本占比18%,略高于美、日两国。美国人工成本比中、日明显低了很多,只占到产值的10%以下。日本10hm²以上规模经营主体的人工成本与产值比率也从平均水平的31.94%降到了20.65%。中国平均每亩的人工成本占到了产值的36.7%。随着城镇化进程推进,农村劳动力进一步减少且机会成本更高,人工成本将进一步上涨。相对地,机械的成本变化较小,且随着技术进步可能降低。为了获取更大的利润空间,中国的水稻种植必然要采用更加节约劳动力的生产技术模式。

物质与服务费用中的间接费用主要为固定资产折旧费用和管理费等摊销费用。中国的折旧费用明显低于美、日,固定资产投入水平较低。机械成本主要体现在租赁作业服务费里,可见主要依靠租赁服务,拥有农业机械的种植户较少。

表6-2 中美日水稻成本收益比较(2013—2018年平均)　　　　(单位:元/hm²)

序号	项目	美国	日本 平均	日本 规模	中国
(1)	产品产值	17 272.95	64 851.3	67 099.35	20 102.1
(2)	总成本	15 535.95	79 039.65	59 821.5	17 913.6
(3)	物质与服务费用	11 527.05	49 517.4	37 044.3	7 285.35
(4)	人工成本	1 587.15	20 715.9	13 855.95	7 376.7
(5)	土地成本	2 421.75	8 806.35	8 921.25	3 251.4
(6)	净利润	1 737	-14 188.4	7 277.85	2 188.5
(7)	现金成本	9 232.35	40 576.8	35 129.4	9 059.1
(8)	现金收益	8 040.6	24 274.5	31 969.95	11 043
(9)	直接补贴	—	4 484.1	5 452.05	—
(10)	单产/(kg/hm²)	9 116.25	7 433.36	7 592.79	7 267.5

（续表）

序号	项目	美国	日本 平均	日本 规模	中国
（11）	价格/（元/kg）	1.89	8.72	8.84	2.73
（12）	平均种植规模/（hm²）	230.27	1.63	17.43	2.80
（3）/（1）	物质与服务费用占产值比/%	66.73	76.36	55.21	36.24
（4）/（1）	人工成本占产值比/%	9.19	31.94	20.65	36.70
（5）/（1）	土地成本占产值比/%	14.02	13.58	13.30	16.17
（6）/（2）	成本利润率/%	11.18	-12.28	21.28	12.22

注：中国数据来自《全国农产品成本收益资料汇编2019》，美国数据来自美国农业部经济研究中心（ERS），日本数据来自日本农林水产省。采用当年平均汇率换算成人民币。中国平均种植规模数据来自刘强（2017）。日本（规模）表示水稻种植规模10hm²以上的个体数据，在调查样本中占比约为13%。

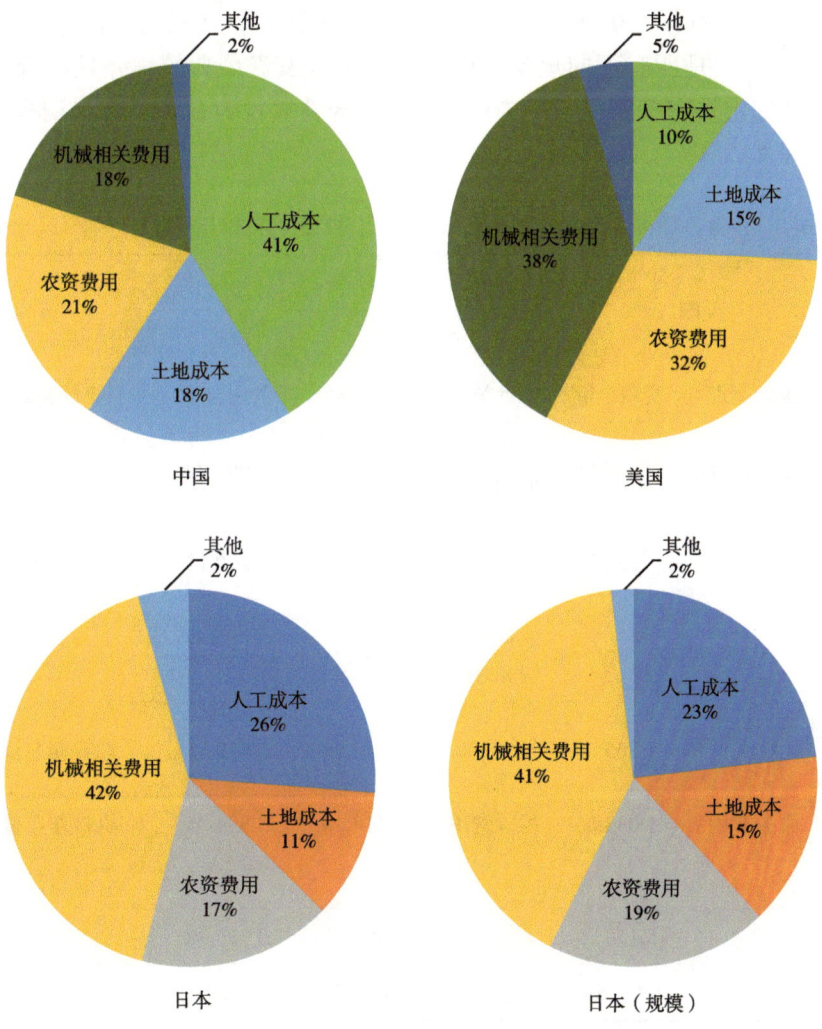

图6-6 中美日稻谷生产成本构成比例对比

6.2.2 机械相关费用构成比较

由于各国的统计类别不一，将机械化相关成本按照折旧和维修、燃料动力、租赁和服务三类进行归类整理。中国机械化相关成本只占到总成本的16.64%，远低于美国的33.15%和日本的36.57%。美国和日本都以折旧费用为主，而中国以租赁服务费用为主，折旧费用占比几乎可以忽略，反映出中国水稻种植主体自有的农业机械拥有率比较低，固定资产投资较少，机械使用主要依靠农机合作社等组织提供的社会化服务（表6-3）。

美国由于平均经营规模大，以使用大型机械为主。日本虽然平均经营规模较小，且稻田细碎化严重，但其机械使用普及程度仍很高，以小型机械为主。根据日本2018年统计数据，平均每个水稻种植主体的水稻种植面积1.74hm²、稻田地块数量10块，其中，小于0.5hm²的稻田地块面积占了水稻总面积的85%以上；平均每亩稻田固定资产投资5 413.5元，包括建筑物1 484.9元、土壤改良设备61.5元、车辆257.7元、农机具3 609.3元。经营规模在0.5hm²以下小户每亩稻田固定资产投资额高达9 256.5元（农机具4 563.5元），是所有不同规模主体中单位土地投资最高的，并且随着经营规模扩大，单位土地固定资产投资呈下降趋势。小规模经营并没有成为日本水稻机械化和提高投资的制约因素。

表6-3 中美日稻谷生产机械化相关成本构成（2013—2018年平均） （单位：元/hm²）

分类		美国		日本				中国	
				平均		规模			
		统计类别	费用金额	统计类别	费用金额	费用金额		统计类别	费用金额
折旧和维修		机械设备折旧	2 056.65	建筑物折旧和维修	2 551.35	1 997.70		固定资产折旧	116.25
		修理费	754.95	车辆折旧和维修	2 292.30	1 290.15		修理维护费	31.95
				农机具折旧和维修	14 285.25	11 731.20			
燃料动力		燃料、润滑油和电费	1 305.00	动力费	2 657.85	2 639.55		燃料动力费	57.60
租赁和服务		服务费用	1 033.65	租赁费用	7 118.40	3 304.80		机械作业费	2 655.90
								畜力费	118.35
合计			5 150.25		28 905.15	20 963.40			2 980.05
占总成本			33.15%		36.57%	35.04%			16.64%

6.2.3 农资费用构成比较

如表6-4所示，美国的种子费用占总成本的比重较高，达到了10%以上，而日本和中国分别只有2%和5%左右。反映出美国大型机械化种植模式对种子的消耗量更大、浪费更多。美国的农药费用占总成本的比重也比日本和中国略高。三个国家肥料费用占总成本的比重比较接近，日本相对较低。

表6-4 农资费用构成（2013—2018年平均）

| 分类 | 美国 | | 日本 | | | | 中国 | | |
| | | | 平均 | | 规模 | | | | |
	统计类别	费用/（元/hm²）	占比*/%	统计类别	费用/（元/hm²）	占比/%	费用/（元/hm²）	占比/%	统计类别	费用/（元/hm²）	占比/%
种/苗	种子费	1 576.65	10.15	种苗费	2 188.65	2.77%	1 278.61	2.14	种子费	858.15	4.79
肥料	肥料费	1 815.30	11.68	肥料费	5 458.35	6.91%	5 168.10	8.64	化肥费	1 869.15	10.43
									农家肥费	129.00	0.72
农药	农药费	1 571.10	10.11	农药费	4 476.45	5.66%	4 019.28	6.72	农药费	771.75	4.31
其他材料				其他材料	1 116.45	1.41%	1 135.59	1.90	农膜费	67.35	0.38
合计		4 963.20	31.95		13 239.75	16.75%	11 601.58	19.39		3 695.25	20.63

注：*表中占比表示该项费用占总成本比重

6.2.4 人工成本和土地成本构成比较

如表6-5所示，从雇工和家庭用工的比例来看，美国约为1:3，日本1:14，中国1:7，可以推测，日本稻谷生产绝大部分是家庭经营模式。从流转地租金和自营地折租比例来看，中国0.3:1，日本0.5:1，可以推测，日本稻谷生产的土地流转率或转租率比中国高。

表6-5 人工和土地成本构成

分类		美国		日本					中国		
				平均			规模				
	统计类别	费用/（元/hm²）	占比*/%	统计类别	费用/（元/hm²）	占比/%	费用/（元/hm²）	占比/%	统计类别	费用/（元/hm²）	占比/%
人工		1 587.18	10.22		20 715.87	26.21	13 855.89	23.16		7 376.73	41.18
	非雇工	1 131.84	7.29	家庭用工	19 285.21	24.40	12 185.98	20.37	家庭用工	6 429.35	35.89
	雇工	455.34	2.93	雇工	1 430.66	1.81	1 669.91	2.79	雇工	947.38	5.29
土地		2 421.72	15.59		8 806.34	11.14	8 921.31	14.91		3 251.43	18.15
	土地成本折价	2 421.72	15.59	地租支出	2 900.35	3.67	4 911.74	8.21	流转地租金	826.25	4.61
				自用地租	5 905.99	7.47	4 009.56	6.70	自营地	2 425.18	13.54

*占比表示占总成本比重。

6.2.5 其他成本构成

如表6-6所示，三个国家的利息、保险和管理费用等支出都较低，总共占总成本比重都在6%以下，说明农业融资比重较低。中国的利息支出几乎为零，说明稻谷生产中的农业信贷极少，主要靠自有资金经营。

表6-6 其他成本构成

分类		美国		日本					中国		
				平均			规模				
	统计类别	费用/（元/667m²）	占比/%	统计类别	费用/（元/667m²）	占比/%	费用/（元/667m²）	占比/%	统计类别	费用/（元/667m²）	占比/%
利息支出	经营资金利息	26.88	0.17	利息支出	167.49	0.21	236.24	0.39	财务费	0.28	0.00
				资本利息	3 029.67	3.83	2 011.29	3.36			
税、保险	税和保险	281.75	1.81	财产税和公共收费	1 364.27	1.73	941.87	1.57	保险费	144.05	0.80
管理费用	一般农场开销	411.57	2.65	生产管理	246.93	0.31	289.86	0.48	管理费	37.03	0.21
									销售费	22.58	0.13
合计		720.19	4.64		4 808.35	6.08	3 479.26	5.82		203.93	1.14

6.3 中美日水稻产出率变化趋势比较分析

6.3.1 成本收益率

1990—2018年，中、美、日投入产出比率平均值分别为1.35、0.90、0.85，从历史来看，中国稻谷生产是具备一定优势的（图6-7）。但2013—2018年，中、美、日投入产出比率平均值分别为1.12、1.11、0.84，中、美已基本接近。从趋势来看，日本比较平稳，数值基本接近1，处于微亏状态。美国总体呈上升趋势，成本比较稳定，产品产值波动较大，在2008年以前基本处于大幅亏损状态，1990—2007年平均值只有0.73，但2008年国际大米价格暴涨以后，美国开始扭亏为盈，2008—2018年平均值达到了1.17。中国总体呈下降趋势，1994年峰值时超过了2，此后一直下降，到2002年降到了1.09；直到2004年开始实行稻谷最低收购价政策，稻谷价格提振，投入产出比率回升，2004—2011年平均值为1.42；但2012年以后随着稻谷最低收购价逐渐稳定后下降，投入产出比率也大致处于下降趋势，2012—2018年平均值为1.14，盈利空间非常窄。

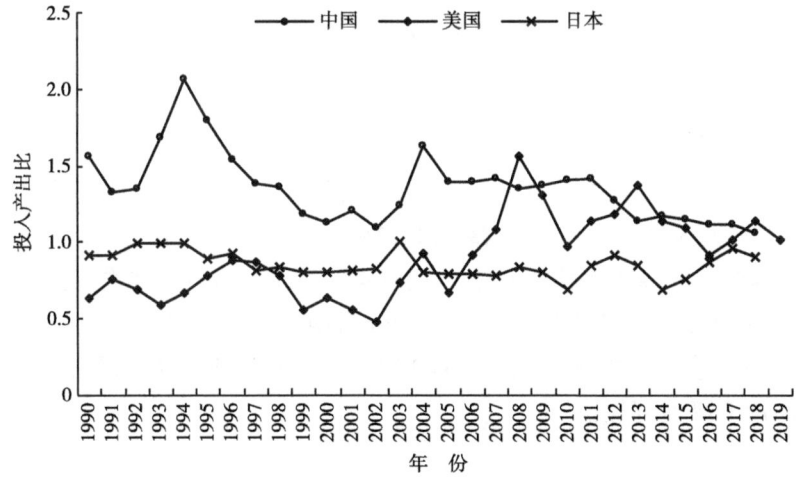

图6-7　1990—2019年中、美、日水稻生产投入产出比率

6.3.2 土地产出率

1990—2018年，日本单产水平比较平稳，美国和中国保持增长趋势，且美国增长速度大大快于中国（图6-8）。2013—2018年，中国平均单产比美国同期单产低123.25kg，与日本接近。日本单产近30年来基本没有增长，2013—2018年平均单产495.56kg，与1990—1995年平均单产489.05kg基本持平。美国单产保持了较高的增长速度，2013—2018年平均单产607.75kg，比1990—1995年平均单产420.90kg增长了44.39%。中国在20世纪90年代单产水平与美国基本接近，但2000年后拉开了差距，中国2013—2018年平均单产484.50kg，比1990—1995年平均单产408.02kg增长了

18.75%。美国规模化、机械化、标准化管理形成了大面积高产的优势。我国主要是小农户分散经营，品种使用不统一、管理栽培的技术标准等不规范，导致不同区域、不同品种的产量不均衡，拉低了平均单产。

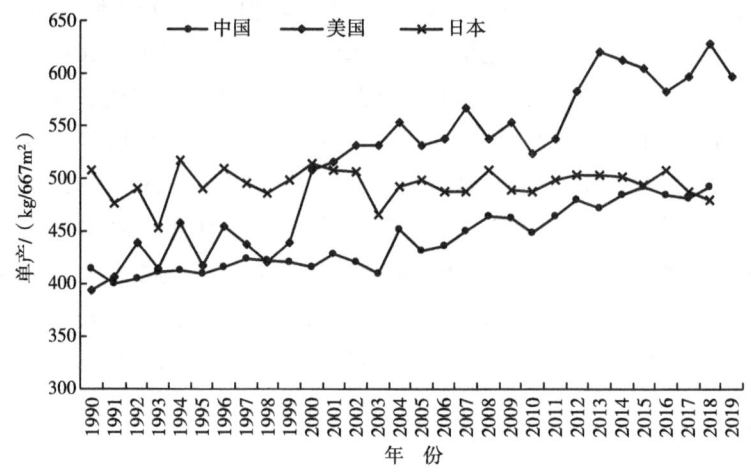

图6-8　1990—2019年中、美、日水稻单产

6.3.3　劳动生产率

1990—2018年，日本和中国的每亩用工数量呈现比较相似的下降趋势，日本从1990年的29.2下降到2018年15.7，降幅46.3%，中国从1990的20.6下降到2018年的5.27，降幅74.4%，下降速度快于日本（图6-9）。日本和中国都在1995年经历了每亩用工数量增加的异常点，以1995年为节点划分为两个阶段，1990—1994年，日本降幅达13.49%，下降速度快于中国（同期降幅9.71%），1995年经历比较异常的增长后，继续下降，但中国下降速度加快。

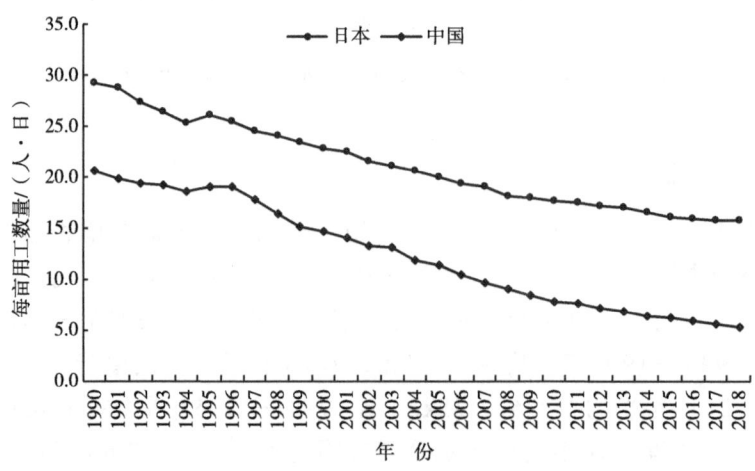

图6-9　1990—2018年日本和中国水稻生产每亩用工数量

劳动生产率以每亩产值除以用工数量计算。中国从增长速率来看经历了四个阶段，1990—1994年，从12.84增长到33.05，年均增速26.67%；1994—2003年进入停滞阶段，年均增速只有1.92%；2004年后又进入新一轮快速增长阶段，2003—2012年呈加速增长，年均增速达18.89%，2013年后增长速度有所下滑，2012—2018年均增速4.66%。日本处于波动中，总体水平没有明显的增长（图6-10）。

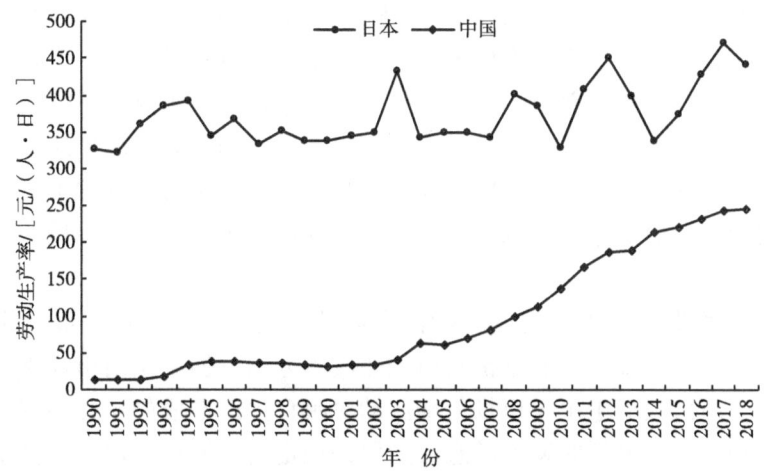

图6-10　1990—2018年日本和中国水稻生产劳动生产率（每亩产值/用工数量）

注：为避免汇率波动干扰，本图中日本历年产值数据统一按2018年汇率
（2018年平均汇率1日元=0.059 890 2人民币）换算。

6.4　中国水稻产业发展前景

通过中国与美国和日本水稻生产成本构成和生产率变化趋势的对比研究，中国水稻产业在提高技术贡献率、劳动生产率及扩大农业投资和信贷支持方面还有较大发展潜力。美国水稻种植经营平均规模大、机械化率高，对我国东北地区水稻的规模经营具有一定借鉴意义；日本集约化程度高、品质优，对我国南方地区小农户水稻种植具有较强借鉴意义。中国水稻产业在体量上远大于美国和日本，基础条件更加复杂多样，要注重分地区的自然和社会背景条件，借鉴适用模式，找到关键突破点。

基于规模经营和小户经营长期并存态势，分类推广适用发展模式。美国水稻单产高、规模大，日本水稻品质好、价格高，代表着两种截然不同的先进模式，对中国水稻生产的发展方向具有启发意义。我国水稻产业发展一方面面临着城市化进程加快、种粮农民越来越少的趋势，提高机械化程度有现实需求；另一方面，也面临着耕地资源有限、细碎化严重，特别是南方水稻主产区有很大部分位于丘陵地区，机械化普及难度大。农业机械化对农户主粮种植面积存在显著的正向影响。由于中国水稻种植区域的广泛性特征，必须要制定分类支持措施，不能出台一刀切的政策措施。如在地势平坦、土地集中连片的平原区域，可以借鉴美国模式，通过推进规模化经营、加大土地宜机化建设,降低单位生产成本,实现规模效应。在大型机械难以高效使用的丘陵山区,可以借鉴日本模式,加大优质品种推广应用、采用绿色生产技术,加大小型机械研发应用进度,提高单位生产收益。

加快地方适用品种和绿色高产技术推广应用。我国水稻育种、绿色高产技术等不断取得新突破,高产试验田产量已经突破1 000kg。但是,全国平均水稻单产在近几年并没有明显提高,而且在近30年中单产提高幅度比美国低25.64个百分点。反映出我国在水稻先进适用技术的推广应用方面还存在较多不足,特别是水稻生产相关试验站在筛选适用当地的品种和大范围普及方面的工作还有待加强。应重点培育广适性高产品种,并形成统一的管理规范和标准,促进平均单产提高。我国的高产品种还只是停在试验田上,还没有真正体现在大规模生产中,应进一步加大高产优质品种的推广力度。我国的基础地力相对较差,应通过高标准农田建设,精准水肥施用等进一步提高耕地质量,提升增产潜力。

持续实施水稻支持政策,但要不断探索适用方式和机制。稻谷最低收购价政策本质上是一项价格干预措施,不利于价格市场化改革方向。但完全由市场决定,将导致价格的波动过大,历次改革中由于市场价格波动对粮食生产造成的不良影响,不得不采用了强制性的干预手段。最低收购价的意义主要是稳定生产面积、保障粮食安全。但由于最低收购价的制定可能缺乏科学有效的依据,其合理性容易遭受质疑,设置过高容易造成财政压力过大、库存积压;设置过低又不能发挥"托底"作用。因此,一方面,应通过水稻生产补贴让种植户获得一定固定收益,减少价格波动对种植意愿的影响。另一方面,应促进适用水稻保险品种的普及,提高种植户的抗风险能力,实现丰年有收益、灾年不亏本;充分发挥期货市场价格发现和"套期保值"的作用,实现大型种植户旱涝保收。

第二篇　流通篇

第7章　中国稻谷收储

7.1　稻谷储备体系

粮食储备是保障国家粮食安全的重要物质基础。粮食储备广义上包括了政府储备和社会储备，本章讨论的主要是政府储备。中国在21世纪初全面放开粮食市场以后，形成了以战略储备和托市收储为主要构成的政策性粮食储备体系，战略储备成型于1999年粮食市场化改革，以中央储备粮总公司的成立为标志，托市储备体系发端于2004年《稻谷最低收购价执行预案》的颁布（郑风田等，2022）。

从1999年国家决定建立中央储备粮垂直管理体系到2000年10月中央储备粮的经营管理业务全部移交给中国储备粮管理总公司，中央储备粮开始实行垂直管理。2003年国务院颁布《中央储备粮管理条例》，我国现代粮食储备制度正式建立。根据《中央储备粮管理条例》（2003年施行、2016年修订），中央储备粮是指中央政府储备的用于调节全国粮食供求总量，稳定粮食市场，以及应对重大自然灾害或者其他突发事件等情况的粮食和食用油。中央储备粮实行均衡轮换制度，每年轮换的数量一般为中央储备粮储存总量的20%~30%。国家实行中央储备粮垂直管理体制，中国储备粮管理总公司具体负责中央储备粮的经营管理。

地方储备粮的管理办法，由省、自治区、直辖市参照中央条例制定。根据《四川省地方粮食储备管理办法》（2021年10月施行），地方政府粮食储备以小麦（含面粉）、稻谷（含大米）、青稞等口粮品种为主；地方政府粮食储备承储企业应当自粮食轮出次月起4个月内完成轮入；地方政府粮食储备轮换周期按照不同品种储存年限确定，主要品种储存年限为稻谷3年、小麦4年、玉米2年、散装食用植物油2年。根据《吉林省省级储备粮管理办法》（2021年9月施行），省级储备粮品种以小麦、稻谷等口粮及其成品粮为主，原则上不低于储备规模的70%。根据《湖北省地方储备粮管理办法》（2013年10月施行、2021年1月修正），地方储备粮轮换架空期为5个月，确需延长的，报同级粮食行政管理部门批准，最长不得超过6个月。

政府粮食储备中的小麦、稻谷口粮品种占比超过70%（刘慧，2021）。我国南方地区中央及省、市、县四级储备总量中，稻谷储备约占总量的1/3（丁常依，2022）。

7.2　稻谷收购

粮农生产的粮食除部分自留外，剩余部分多作出售处理。随着《粮食流通管理条例》贯彻实施，我国稻谷收购的主体发生了巨大变化，由国家主体收购变成了多种经济主体收购。当规定区域和时间内市场价格低于最低收购价，启动最低收购价执行预案时，主要由中储粮及委托主体以最低收购价进行收购。其余情况下，均以市场价格进行收购，主要收购主体包括粮食加工企业和粮食储备库，当然许多地方需要粮食经纪人作为中介。

根据《关于印发小麦和稻谷最低收购价执行预案的通知》（国粮发〔2018〕99号），执行区域和时间如下：早籼稻预案执行区域为安徽、江西、湖北、湖南、广西5省（区），执行时间为当年8月1日至9月30日；中晚稻（包括中晚籼稻和粳稻）预案执行区域和时间为：江苏、安徽、江西、河南、湖北、湖南、广西、四川8省（区）当年10月10日至次年1月31日，辽宁、吉林、黑龙江3省当年11月1日至次年2月末。启动条件：当粮食市场收购价格持续3天低于国家公布的最低收购价格时，由中储粮分公司会同省级粮食、价格、农业、农业发展银行等部门和单位提出启动预案的建议，经中储粮集团公司报国家粮食和物资储备局批准，在省（区）内符合条件的相关地区启动预案。收购标准：执行本预案收购的粮食，应为当年生产且符合三等及以上国家标准，四等及以下的粮食由地方政府组织引导实行市场化收购。稻谷具体质量标准按国家标准（GB 1350）执行。执行主体：中储粮集团公司受国家有关部门委托，作为最低收购价政策执行主体。中粮、中国供销、中化、农垦集团受中储粮集团公司委托，有关省份地方储备粮管理公司（或单位）和地方骨干企业，以及其他符合条件的企业，受中储粮直属企业委托，按规定依最低收购价政策进行粮食收购。

2022年国家继续在稻谷主产区实行最低收购价政策。综合考虑粮食生产成本、市场供求、国内外市场价格和产业发展等因素，经国务院批准，2022年生产的早籼稻（三等，下同）、中晚籼稻和粳稻最低收购价分别为124元/50kg、129元/50kg和131元/50kg，均比2021年高1元/50kg。2022年最低收购价稻谷收购总量限定为5 000万t（籼稻2 000万t、粳稻3 000万t）。

根据国家粮食和物资储备局监测数据，2021年我国主产区各类粮食企业累计收购早籼稻586.9万t、中晚籼稻2 334万t、粳稻2 695万t。

粮食储备库和稻谷加工企业在稻谷收购过程中，在收购标准上存在着一定差异。粮食储备库收购稻谷目的是为了储存，《中央储备粮油轮换管理办法》中对中央储备稻谷储存年限规定2~3年。在收购稻谷的标准控制中，粮食储备库主要考虑粮食收购入仓后，在使用粮食储备库现有储粮技术的条件下要确保能够安全储藏，而米厂收购稻谷多为当年生产使用，所以米厂在水分、杂质等指标上相对于粮食储备库要宽松很多。但是，在影响稻谷加工工艺的部分指标的控制上，米厂要比粮食储备库在收购过程中更加严格。米厂在控制出米率的同时也对大米的垩白度、垩白粒率以及直链淀粉含量等指标进行控制，对不同品质的稻谷进行分类存放，分别加工，以达到更好的市场效益（刘琪等，2021）。

7.3 稻谷仓储

一般来说，用于食用的大米以稻谷形式储存，因为稻壳可以提供一些防虫保护，有助于防止质量下降。稻谷储存设施有多种形式，取决于需要储存的粮食数量、储存的目的和储存的地点，可以通过袋装、散装或密封式容器进行储存。

袋装。在亚洲大部分地区，谷物被储存在容量为40~80kg的麻袋或塑料编织袋中。一些农民在木材或泥土/水泥或大的竹子建成的粮仓中使用袋子储存。

农户散装储存。在农户家里，粮食通常被散装储存在小粮仓里，或储存在木头、金属或混凝土制成的编织篮或容器里，这些容器位于房子下面或里面。这些仓库的容量从200~1 000kg不等。在传统的散装储存系统中，昆虫、啮齿动物、鸟类和吸湿造成的损失通常很高。

商业散装储存。大型出口工厂和收集站有时使用金属或混凝土筒仓。这些筒仓的大小从20~2 000t容量不等。筒仓的优点是可以更容易地密封熏蒸，减少谷物的撒落或浪费。筒仓在亚洲不是很常见，因为筒仓内的水分迁移问题会导致热点和霉变。

密封储存。对于储存在热带地区的谷物来说，密封或密闭的储存系统是控制谷物含水量和昆虫活动非常有效的手段。通过在谷物和外部大气之间放置一个密闭的屏障，储存谷物的水分含量将保持与密封储存时相同。密封容器内的生物活动会持续消耗氧气，因此，大多数昆虫将死亡，而无需使用杀虫剂。

中国储备粮管理总公司是国内最大的粮食仓储企业，直属企业仓（罐）容总量达9 000万t，应用的主要仓型包括高大平房仓、浅圆仓和立筒仓。其中，高大平房仓的装粮高度高、跨度大、造价适中，防潮性能好。浅圆仓单仓容量大，占地面积适中，机械化程度比平房仓高，工程造价低于高大平房仓，粮堆与外界热交换慢。立筒仓机械化、自动化程度高，占地面积小，容量大，密闭性能好，作业效率高，粮食损耗小，流通费用低。但由于自动分级严重、隔热性能差，一般作为周转仓使用。

2018年全国共有标准粮食仓房仓容6.7亿t，简易仓容2.4亿t，有效仓容总量比1996年增长31.9%（中华人民共和国国务院新闻办公室，2019）。

第8章 大米加工

大米加工广义上包括了烘干、碾磨、副产品加工利用等。烘干和碾磨阶段的设施设备及技术工艺都是决定大米质量的重要环节，直接影响后端消费。大米加工副产品中，粗米糠作为饲料以及米糠油作为食用植物油具有较大发展潜力，其在我国饲料粮和植物油缺口扩大的背景下具有重要意义。

8.1 稻谷烘干系统

烘干是收割稻谷后最关键的步骤，将稻谷水分含量降低到安全水平以便储存。水稻收割时，一般含有高达25%的水分。如果储存期间的水分含量太高，会导致谷物变色，促进霉菌发展，并增加虫害侵袭的可能性，还会降低水稻种子的发芽率。在收获后要尽快烘干稻谷，一般应在24h内，即使短期储存高水分稻谷也会导致质量下降，延迟烘干、不完全烘干或无效烘干都会降低稻谷质量。

8.1.1 稻谷含水量要求

稻谷具有吸湿性的特点，当干谷暴露在相对湿度高的空气中时，谷粒会从空气中吸收水分。当湿谷暴露在相对湿度低的空气中时，会向空气中释放水分。平衡含水量是指谷物或种子在周围有一定温度和相对湿度的空气中储存一段时间后的最终含水量。在储存期间，谷物的最终含水量将由环绕谷物的空气的温度和相对湿度决定。如果不保护稻谷，稻谷很容易受空气湿度的影响，特别是在雨季湿度非常高的时候，稻谷的含水量会上升，这将导致稻谷和种子质量的恶化。

稻谷应根据储存期烘干到一定的含水量，以避免潜在问题出现。一般储存几周或少数几个月内要求含水量14%以下，储存8~12个月要求含水量13%以下，储存超过1年要求含水量9%以下，种子储存要求含水量12%以下。最终的含水量要求还取决于谷物所处环境中空气的相对湿度。

8.1.2 稻谷烘干工艺

稻谷烘干方式主要分为传统烘干方式和机械烘干方式，其技术复杂程度和能力各不相同。

传统烘干方式。传统的烘干方式因为其成本低且易于管理，仍然在许多地区应用。主要可分为太阳下晒干和田间堆放两种方式。一是太阳下晒干。稻谷收获后，在太阳下摊开稻谷进行晾晒，将稻谷放在垫子、网子或帆布上，或铺在专门用于干燥的铺面上。太阳辐射会加热谷物和周围的空气，从而提高谷物的水分蒸发速度。这是亚洲最常见的烘干方法，成本低而且环保。但这种方法往往是劳动密集型的且烘干能力有限，也很难控制温度，谷物很容易过热，造成谷物开裂，导致大米质量下降。二是田间堆放。这是在脱粒前对手工收获的作物进行预烘干的方法，农民在田间割下稻穗，并将其堆放在作物茬口上的小堆中。这种方法导致堆栈内大量的热量积聚，霉菌迅速生长并侵袭谷物，通常第一天就会出现变色，且已经干燥的谷粒也常从较湿的稻草中吸收水分，导致谷物裂开。用田间堆放进行烘干不能生产出高质量的谷物，目前已经比较少见。

机械烘干系统。机械烘干主要包括四种方式。一是加热空气烘干。采用高温进行快速烘干，当达到所需的最终水分含量时，烘干过程终止，使用的烘干机类型主要包括批式烘干机、再循环间歇式烘干机、连续流动烘干机。二是低温烘干。又叫仓内烘干，是通过控制空气相对湿度而不是提高温度使所有谷物层达到平衡含水量。使用该种烘干机可以生产非常高质量的谷物，但需要较长的烘干时间，通常可长达4天甚至2周。三是太阳能烘干。这是较新的烘干技术，即使在雨天也能模拟太阳。通过太阳能气泡烘干器进行，可以在当地建造，并供小农户使用。四是谷物冷却。将谷物冷却到安全的储存条件，而不是烘干，使谷物可以保存更长的时间。其中，加热空气烘干和低温烘干是两种较常用的烘干方式，采用两种不同的烘干原理。两者有各自的优点和缺点，有时在两阶段烘干系统中结合使用。

8.1.3　烘干组织形式

分散式烘干。稻谷在收获后需要立即烘干，如果天气好的话，农民主要是通过太阳晒干来完成。这种方式成本低廉，但不利于生产质量更好的大米并存在天气风险。

集中式烘干。集中式烘干更有利于实现规模经济，收集到足够多的稻谷，用一台有足够能力的机器进行烘干。集中烘干可以由农民合作社、村一级的小型经营者、当地碾米厂进行。集中式烘干可以获得更好的干谷质量。

两段式烘干。两阶段烘干也被称为组合烘干。典型的第一级烘干器通过在短时间内使用非常高的温度，可以从非常湿的稻谷中快速去除表面水分，而不会对谷物造成损害。第一级烘干机的干燥空气温度可以达到100℃以上，谷物暴露在干燥空气中只有几分钟的时间。在这种快速预烘干至18%的含水量后，谷物可以安全地储存两周。然后，谷物被转移到有通气设施的储存仓中，缓慢烘干到所需的14%或更低的水分含量，如果气候条件可行，只需稍加预热的空气甚至是环境空气即可。这种方式主要在泰国的商业部门使用。

两阶段烘干的优势是烘干到安全的含水量水平可以在靠近生产的地方用相对较小的移动式预烘干器分散完成，延长了处理的时间。最后的烘干可以集中在储存库中，利用节能的通气。由于两种不同的烘干技术在各自的烘干阶段最大限度地发挥了干燥空气的烘干潜力，所以能源需求较低。该系统可以产生优良的品质，因为在低水分含量的最后一个关键烘干阶段是在低温下进行的，可以防止内核因热应力或水分吸附而开裂。

两阶段烘干方式的限制因素：一是更适用于烘干后需要在库内储存的情况，如果需要在烘干后尽快出售稻谷，那么烘干时间较短的烘干机更加适合。二是规模经济要求烘干机待烘的稻谷有一定的规模。在种植不同品种的小规模农业环境中，往往无法收集到烘干机和烘干系统所需的同一品种的数量。三是在经常断电的地区，延长烘干时间意味着增加风险。

8.2 大米碾磨系统

碾磨是大米后期生产的一个关键步骤。碾磨系统的基本目标是去除谷壳和谷糠层，并生产出可食用的白色米粒。碾磨系统可以是简单的一步或两步工艺，也可以是多阶段工艺。在单步碾磨工艺中，去壳和去糠一次完成，直接从稻谷中生产出碾米或白米。在两步法中，去壳和去糠是分开进行的，糙米作为中间产品被生产出来。在多级碾磨中，大米将经过若干不同的加工步骤。根据稻谷是在村里碾磨供当地消费还是用于销售，碾磨系统可分为两类：村级碾米厂和商业碾米厂。

8.2.1 村级碾米厂

村级碾米厂主要是单阶段或两阶段工艺的碾米机，主要用于为农民的家庭消费提供碾米服务。

单阶段碾米机。在早期，这种类型的碾米机在大多数水稻种植国非常流行，在孟加拉国和许多非洲国家偏远地区仍然是碾磨稻谷的主要技术。由于破损率高，碾米的总出米率为53%~55%，整精米的比例约为大米的30%。细碎的米粒与米糠和磨碎的米壳混合，可用于动物饲料。许多亚洲国家已不再许可其作为服务或商业使用。

两阶段式碾米机。两阶段碾磨是在紧凑的两级碾米机中进行的，或者用两台单独的机器进行脱壳和碾压。一般来说，它们每小时有0.5~1t的稻谷碾磨能力，碾磨出米率通常在60%以上。

8.2.2 商业碾磨系统

商业碾磨主要使用多阶段碾米系统。商业碾米的目的是减少机械应力和谷物中的热量积聚，从而最大限度地减少谷物破损，并生产出均匀抛光的谷物。与村级系统相比，商业碾米系统是一个更复杂的系统。商业碾米的目标是生产出吸引客户的可食用大米，最大限度地提高稻米的总回收率，并最大限度地减少谷物的破损。

碾米设施有各种配置，碾米组件的设计和性能也各不相同。有三个基本阶段：脱壳阶段，增白—抛光阶段，以及分级、混合和包装阶段。具体步骤包括：

① 预清理：去除稻谷中的所有杂质和干瘪的谷粒；
② 脱壳：从稻谷中去除稻壳；
③ 谷壳抽吸：将谷壳与糙米/未脱壳的稻谷分离；
④ 稻谷分离：将未脱壳的稻谷与糙米分离出来；

⑤ 去石：从糙米中分离出小石子；
⑥ 碾白：从糙米中去除全部或部分糠层和胚芽；
⑦ 抛光：通过去除剩余的糠粉颗粒和抛光碾磨过的米粒来改善外观；
⑧ 筛分：从碾米/白米中分离出小的杂质或碎片；
⑨ 长度分级：从整精米中分离出小的和大的碎米；
⑩ 混合：根据客户的要求，将整精米与一定比率的碎米混合在一起；
⑪ 称重和装袋：运送准备。

8.2.3 不同碾米系统的典型出米率

碾磨出米率由品种、稻谷状况和使用的碾磨设备类型决定。使用实验室研磨设备将最佳质量的稻谷烘干到13%的含水量，可以确定潜在出米率。生产中的碾磨产量通常要低得多。表8-1列出了各种碾磨系统的回收率和头米回收率的一些典型数据。

表8-1 不同加工系统的典型出米率

加工类型	出米率/%	整精米率/%
潜在水平/实验室条件下加工	68~72	50~58
单阶段村级加工	50~55	15~30
两阶段村级加工/紧凑型碾米机	>60	40~50
多阶段现代化碾米机	65~70	45~55

注：出米率以稻谷重量为基础，品种差别较大。参考国际水稻研究所（IRRI）网站。

8.3 大米加工副产品及利用

碾米过程的副产品主要包括稻壳、米糠以及细小的碎米等。

8.3.1 米糠和米糠油

在理想的碾磨过程中，将产生20%的谷壳，8%~12%的谷糠（取决于研磨程度），68%~72%的白米（取决于品种，含碎米）（IRRI，2022）。米糠含有10%~23%的米糠油（Bodie et al.，2019）。在现代碾米系统中，会产生几种不同的米糠：粗糠（来自第一道碾白工序）、细糠（来自第二道碾白工序）和抛光层（来自抛光工序）。抛光层由部分胚乳组成。

米糠的传统用途是作为动物饲料的成分，特别是反刍动物和家禽。米糠是一种含有高脂肪和纤维的全天然成分，为动物提供了一种高度可消化和安全的热量形式。将米糠添加到动物的饮食中，可以减少谷物的喂养量，减少因谷物过量而引起的多种风险。需要注意的潜在制约因素是，全脂米糠中的油在储存期间容易酸败，因为当米糠与大米分离时，其中的脂肪分解酶会变得活跃。除了提取油脂外，可以在碾磨后立即通过加热或干燥来延缓酸败过程。

米糠油被称为"健康油"或"神奇油",其潜在的价值主要包括:米糠油是不饱和脂肪、维生素E和其他重要营养物质的良好来源;米糠油可能有助于降低血糖水平和改善胰岛素抵抗;米糠油可能通过改善胆固醇水平来降低心脏病风险;米糠油中的几种活性化合物,包括谷维素和生育三烯酚,可提供抗氧化和抗炎作用;米糠油的高烟点与温和味道使其成为炒菜、汤、调味品的理想选择。

随着消费者对低脂肪和高营养含量食品的需求不断增加,对米糠油所提供的多种健康益处的认识不断提高。米糠油不是世界上流行的油,但在亚洲国家,特别是在日本、韩国、印度、中国和印度尼西亚受到欢迎,其需求正在增加。世界卫生组织(WHO)和美国心脏协会已经批准使用米糠油,称其单不饱和、多不饱和脂肪质量较伏,与大多数其他植物油的成分相比要健康得多。此外,由于米糠油含有可刺激毛发生长、保护皮肤免受紫外线伤害和防止老化的成分,它已成为化妆品和制药业制造肥皂、保湿剂、乳液和护发产品的基本成分。

许多研究认为,目前米糠油可能是世界上最大的未被充分利用的农业商品。2019年全球米糠油产量122万t(FAO,2022),其中印度占72%,中国占10%。2019年全球稻谷产量7.49亿t,按米糠平均含量8%、其中米糠油平均含量12%计算,米糠油潜在产量为719万t(FAO,2022)。实际产量仅占潜在产量的17%,发展潜力较大。

8.3.2 稻壳

松散形式的稻壳主要用于能源生产,如燃烧和气化。燃烧是指稻壳中的碳燃烧过程,排放二氧化碳并产生热能供进一步使用。这种副产品最有效的用途之一是直接燃烧,为稻米烘干机提供动力。气化是在气化反应器中用受控的空气量将稻壳转化为合成气体的过程。合成气可作为燃料用于烘干和烹饪,或在热电联产系统中用于发电。

稻壳的常见产品有固体燃料(即散装形式、稻壳压块和颗粒),燃烧后产生碳化稻壳或稻壳灰。稻壳压块和颗粒是利用增密法生产的,以提高材料的密度和燃烧性能,主要用于工业锅炉,作为化石燃料的替代品。稻壳灰是燃烧完成后的剩余副产品,硅含量使其成为钢铁和混凝土行业的良好添加剂,还可以作为土壤改良剂。碳化稻壳是在有限的氧气供应和相对较低的温度(低于700℃)下,通过稻壳的热分解产生。碳化产生的生物炭可以作为土壤改良剂,用于加工肥料,并作为活性炭等。

8.4 中国大米加工产业发展形势

8.4.1 产业发展概况

(1)产能、产量步调不一致,大米加工产能过剩问题明显。据国家粮食与物资储备局统计资料,我国2012年大米加工产能为30 716万t,至2019年,大米产能升至37 401万t,增长了21.7%(图8-1)。与大米产能稳步递增不同,我国2012—2019年大米产量无明显增长迹象，年际大米产量具有较强稳定性，在产能日渐高升的背景下，大米产量提升与产能提升的步调不一致，进一步表现出了我国大米加工行业产能过剩的现实窘境，并且这种窘境在近几年呈现出越演越烈的趋势。

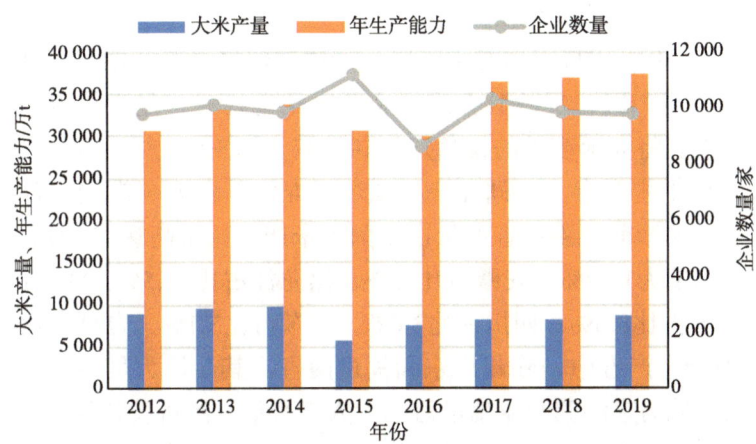

图8-1　大米产量、产能、企业数量变化（2012—2019）

如图8-2所示，我国2015—2019年稻谷加工产能利用率一直在30%基准点附近徘徊，相较于发达国家普遍80%的产能利用率，我国仍具有较大的差距。同时，我国稻谷加工的出米率围绕基准点65%轻微波动徘徊，维持在中等水平。在中央一号文件与"十四五"规划多次提及调产能、去库存的大背景下，透析我国稻谷加工行业产能利用率低下的原因，寻找到提高产能利用效率、优化产出结构的实现路径，是实现我国粮食产业供给侧结构性调整，实现优质粮食工程的必行之路。

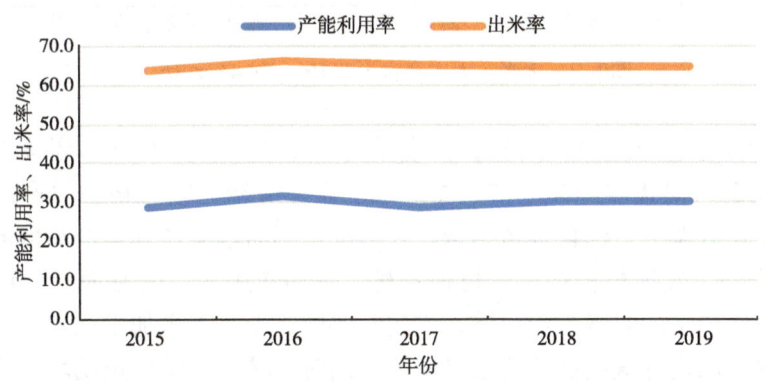

图8-2　稻谷加工产能利用率、出米率变化（2015—2019）

纵观我国粮食行业的发展历程，可从其中窥探稻谷加工行业产能严重过剩的原因。一方面，由来已久的粮食种植、收储补贴，在提高种粮、收粮积极性的同时，进一步削弱了市场在原粮市场的作用，也奠定了"稻强米弱"的基础。生产成本的高企逼迫大米加工企业更加依赖于政府的补贴,从生产到加工严重的政府依赖症,催生了一个畸形的加工产业结构。如何更好地发挥市场的作用,减少政府的直接干预,让要素合理定价,推动大米加工行业形成倒逼机制,通过行业利润实现市场化的优胜劣汰,是化解大米加工行业产能过剩的关键所在。

(2)大米加工集中分布于稻谷主产区,产销错位格局存续明显。我国大米加工企业大多分布在稻谷主产区,反映其在进行企业区位选择时,是否接近原料产地是一个决定性的衡量因素。将大米产量的视角定位到省域,如图8-3所示,基于2012—2014年均值,国内大米前十主产省为:湖北、安徽、黑龙江、江西、湖南、江苏、四川、广东、吉林和福建,大米前十主产省产量占全国大米产量比重高达85.7%,其中湖北占全国大米加工产量比重为19.7%,安徽占比15%,黑龙江占比11.5%,江西占比10.7%,湖南占比8.9%,江苏占比8.6%,四川占比3.6%,广东占比3.1%,吉林占比2.9%,福建占比2.8%。大米前十主产省中,除却广东和福建两省,其余均为稻谷主产省份。我国大米主消费的两大区域为京津冀与东南沿海两大人口密集、经济发达地区,而这些地区几乎没有一个省份进入大米主产榜单,进入的广东与福建两大省份产量占比也是相对较低的,我国大米产销的错位格局极为明显。产销错位带来了与需求不匹配、成品运输成本高昂等问题。

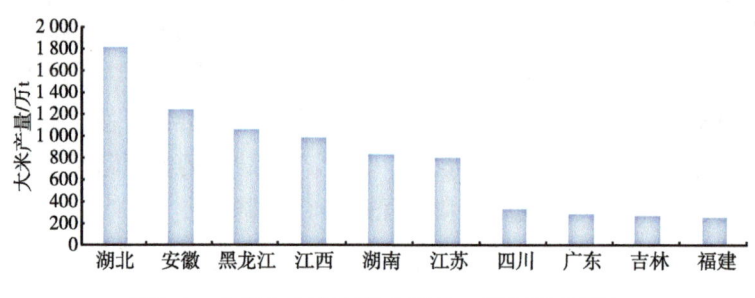

图8-3 大米十大主产省(2012—2014年均值)

我国大米加工企业应该利用粮食供求结构性矛盾突出的问题,调整市场靶向,将剩余产能调动起来向优质产品生产进军。加工企业应结合临近稻谷原产地的优势,以加工引导粮食产区调整,优化种植结构,在适配市场需求生产优质产品的同时,适配乡村振兴政策需要,发挥粮食加工业植根乡村,带动作用大、受益面广、可持续性强的特点,推进大米加工产业链、价值链、供应链协同,提高大米加工业核心竞争力,带动农民增收致富,满足群众粮油消费升级需要。同时,转化产销错位困境,充分利用主销区仓储空仓严重的实际痛点,结合其临近消费者的区位优点,在发展订单生产的同时,以市场机制推动订单加工的发展,在大米主销区推动深加工企业建设,发挥区域联动发展效用,打通跨区域产业链条,实现生产—收储—加工—收储—深加工—消费的五优联动,加快构建现代化粮食产业体系。

8.4.2 加工主体发展概况

（1）民营企业数量波动上升，国有、外资企业数量波动下行，大米加工行业市场化程度进一步优化。将研究的视角定位到微观经营主体——大米加工企业，分析我国大米加工企业在性质、规模等特点上的演变，透析其背后的社会经济意义。如图8-4所示，依据大米加工企业性质进行分析可知，我国大米加工企业以民营企业为主，通过2012—2014年的平均数据来看，民营企业占比高达91.50%，国有企业占比为8.13%，外资企业则微乎其微。

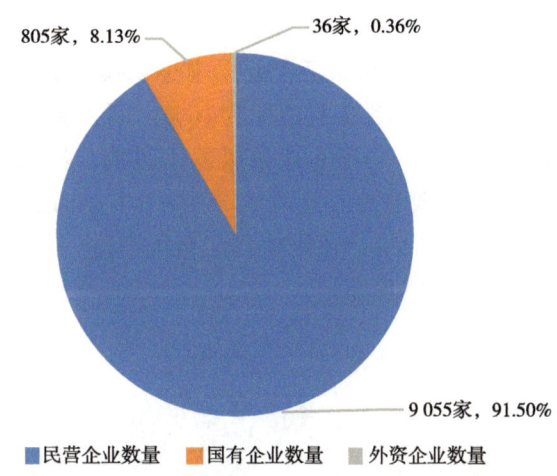

图8-4　不同性质企业数量占比（2012—2014年均值）

如图8-5所示，近年来，我国大米加工民营企业数量呈现出波动上升的趋势，从2012年的8 917家发展到2014年的9 045家；国有、外资企业则呈现出波动下降的趋势，分别从2012年的833家、38家变为2014年的749家、36家，大米加工行业市场化得到进一步发展。

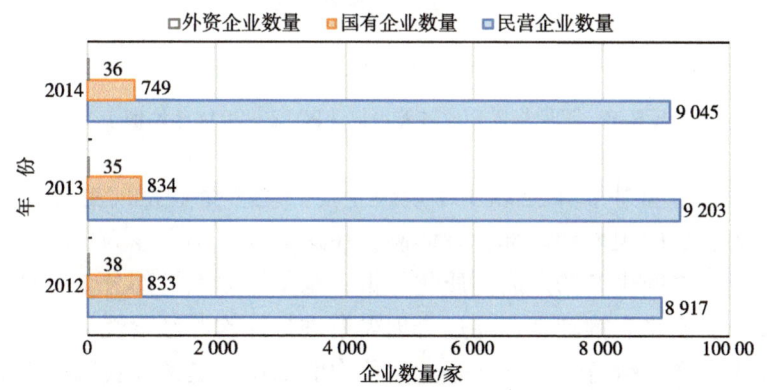

图8-5　不同性质大米加工企业数量变化（2012—2014年）

在加工主体市场化程度不断加深的前提下,推动大米加工产业要素(原粮、厂房地价等)实现市场化定价,是能否激发行业主体市场活力,发挥其主观能动性的关键。同时,市场化趋势也要求政府需要有更针对性的高效性的监管、引导机制,监管市场主体的生产生活行为,确保大米加工产业安全高效、健康优质的发展,引导市场主体向规模化、数字化、科技创新化方向发展。

(2)小型企业数量逐年递减,大中企业数量逐年递增,规模化经营进一步加强。基于大米加工企业每日产能,将我国大米加工企业规模分为三种类型:小型企业(0<日加工产能≤100t)、中型企业(100t<日加工产能≤400t)、大型企业(日加工产能>400t)。

如图8-6和图8-7所示,我国大米加工企业以中小规模企业为主,2012—2014年均值显示,小型企业占比为50%,中型企业占比为46%,而大型企业占比仅为4%。考虑到年际变迁,从2012年到2014年,小型企业数量逐年递减,从2012年的5 156家减少到2014年的4 555家;大中型企业数量逐年递增,分别从2012年的4 246家、386家增长到2014年的4 799家、476家,大米加工企业规模化经营得到进一步增强,但是结合到现实的占比,规模化经营仍有很远的路程要走。

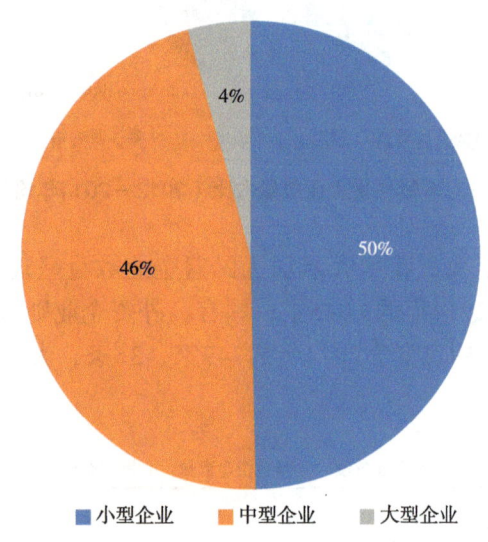

图8-6 不同规模企业数量占比(2012—2014年均值)

我国大米加工企业中仍旧是以中小规模企业为主,企业靶向更多的是针对短期利益,未具有较为长远的规划和内部管理体制,在这种以中小企业为主的产业集合中,产业门槛低下,企业之间生产的产品同质化严重,竞争压力大,部分企业只能停产,产能过剩就进一步凸显出来。推动企业通过合理渠道进行并购等经营性活动,促进企业规模化经营,实现纵向产业链打通与横向企业竞争力的维持,是推动我国大米加工企业发展的另一途径。

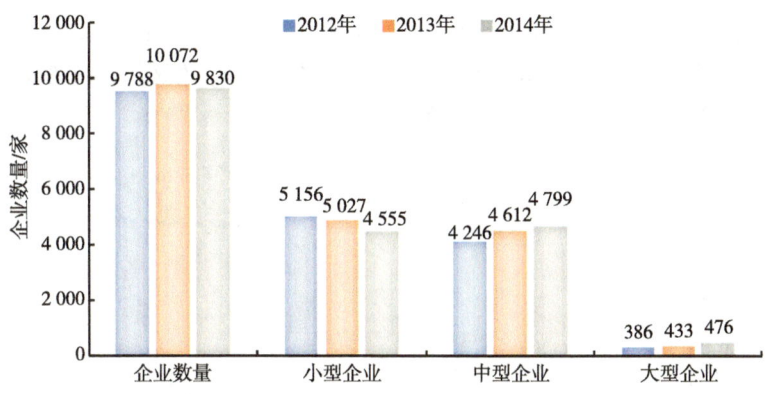

图8-7　不同规模大米加工企业数量变化（2012—2014年）

（3）民营、国有企业中，中小型规模企业仍为主力军，外资企业以大中规模企业为主。将研究的视角细分到不同性质不同规模企业的数量占比，发现民营、国有企业两者仍旧是以中小型企业为主。其中，民营企业中，小型企业占比50%、中型企业占比46%、大型企业占比仅有4%；国有企业中，小型企业占比44%、中型企业占比51%、大型企业占比5%。外资企业则是以大中型企业为主，其中小型企业占比14%、中型企业占比47%、大型企业占比39%。相较于民营与国有企业，外资企业在规模化经营层面具有一定领先优势，学习外资企业在管理、科技上的优点，亦是推动我国大米加工行业走向规模化经营的途径之一。

（4）主产区企业数量逐年提高，生产主力军地位得到加强，产销平衡区企业数量逐年降低，产销错位加剧。如图8-8和图8-9所示，我国大米加工企业分布具有以下特点：2012—2014年均值，稻谷主产区的大米加工企业数量占比高达80%，产销平衡区大米加工企业占比11%，而主销区大米加工企业仅占9%。同时，通过年际变化可以看

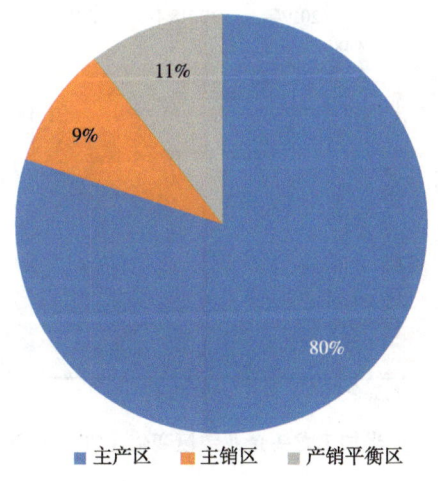

图8-8　不同地区企业数量占比（2012—2014年均值）

到，主产区大米加工企业占比还呈现出日渐提高的趋势，而产销平衡区企业数量占比则呈现出下降的迹象，如何更好地去优化加工企业的布局，使得其更好地与消费市场适配，是高质量供给改革道路上必须解决的问题。

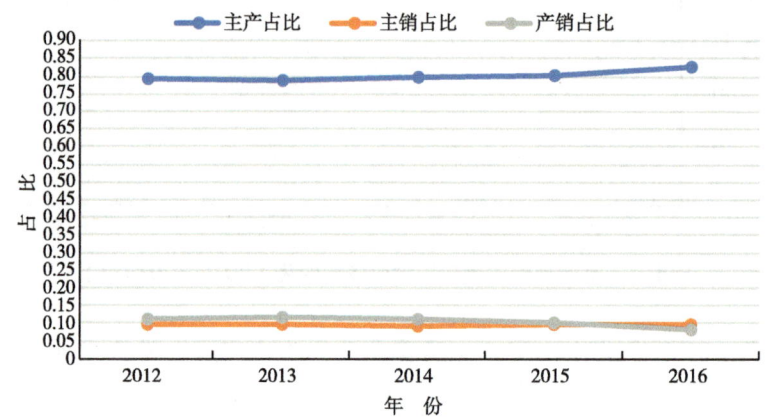

图8-9 不同地区企业数量占比变化（2012—2016年）

（5）龙头企业数量稳步提高，带头引领作用进一步加强。如图8-10所示，2017年我国龙头企业数量为906家，到2019年增加到948家，两年间增加了42家龙头企业，其中国家级增加了8家，省级增加了34家。随着我国大米加工龙头企业数量的进一步增加，企业规模化经营效用展示与带头引领作用将会得到加强。龙头企业数量的不断增加，有助于我国完善大型加工企业与中小企业的发展体系，根据地域特色进行整合重组，以大规模的发展方式带动不同规模的企业共同发展；同时，龙头企业的发展，有助于建立全产业链经营模式，推动大米加工业的产业化发展，推进大米加工产业聚集，打造大米加工产业工业园区，发挥龙头企业带头作用。

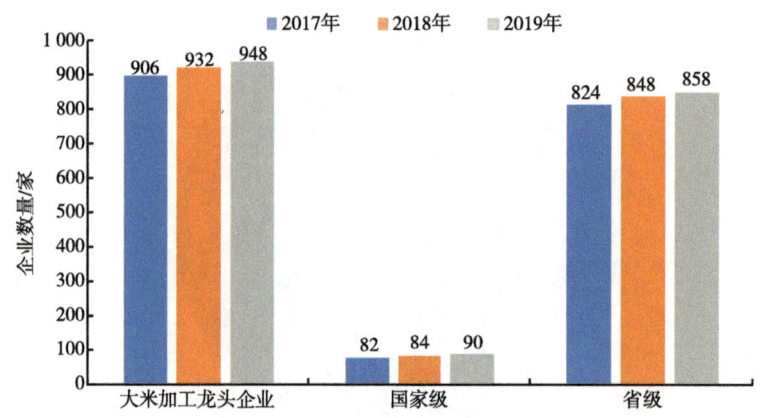

图8-10 大米加工龙头企业数量变化（2017—2019年）

如图8-11所示，大米年销售收入波动前进，处于稳定区间，利润率略有提升，盈利水平仍有极大提升空间。2017年我国大米加工企业产品年销售收入为4 819.1亿元，同期利润总额为110.9亿元，利润率为2.30%；2018年，大米加工企业产品年销售收入为4 898.4亿元，同期利润总额为112.8亿元，利润率为2.30%；2019年大米加工企业产品年销售收入为4 683亿元，利润总额为120.9亿元，利润率为2.58%。

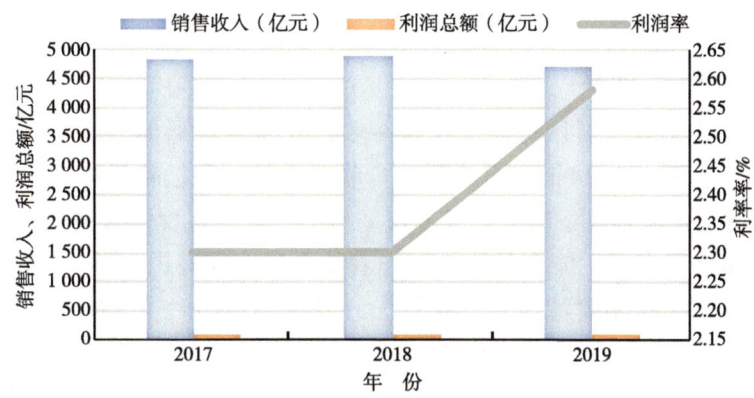

图8-11　大米加工企业主要经济指标变化（2017—2019年）

如图8-12所示，研发费用投入较低，离达标相距甚远。2017年大米加工企业获得专利数为500个，其中发明专利数为108个，研发费用投入为8.1亿元，研发费用投入占产品年销售收入比率为0.168%；2018年大米加工企业获得专利数为575个，发明专利数为98个，研发费用投入为4.4亿元，研发费用投入占产品年销售收入比率为0.089%；2019年大米加工企业获得专利数为284个，发明专利数为119个，研发费用投入为6.2亿元，研发费用投入占产品年销售收入比率为0.132%。纵观这几年研发费用投入比率变化，从2018年0.089%提高到2019年0.132%，虽有轻微回暖的迹象，但是离《粮油加工业"十三五"发展规划》提出的2020年研发费用投入占主营业务收入比例达到0.6%的差距仍旧很大。

图8-12　大米加工企业各研发类指标变化（2017—2019年）

第9章 中国稻米流通

9.1 粮食流通政策概述

2004年国务院下发了《国务院关于进一步深化粮食流通体制改革的意见》（国发〔2004〕17号），明确2004年全面放开粮食收购市场，积极稳妥推进粮食流通体制改革，提出：在国家宏观调控下，充分发挥市场机制在配置粮食资源中的基础性作用，实现粮食购销市场化和市场主体多元化。标志着粮食经济彻底进入市场经济时代。同年5月26日国务院颁布了《粮食流通管理条例》，各省相继出台了《实施〈粮食流通管理条例〉办法》。

《关于2005年粮食现代物流试点项目建设的实施意见》提出，重点建设东北稻谷流出通道、黄淮海小麦流出通道及东南沿海稻谷、小麦流入通道，中央财政给予相关粮食物流项目投资补助和贷款贴息，投资补助和贷款贴息一般不超过散粮相关设施投资的30%，且补助和贴息资金总额不超过3 000万元，地方财政安排配套资金，并在土地、税费、贷款等方面给予支持。

为解决部分粮食主产区在进行政策性收储过程中所发生的仓容不足的问题，国家于2006年启动了政策性粮食由主产区转向主销区的跨省移库工作。政策性粮食跨省移库过程中发生的铁路、水路运输费用由中国农业发展银行贷款解决，其间所发生的短途运输费、铁水路费用等由中央财政按标准拨付中国储备粮管理总公司包干使用，最低收购价粮食包干0.105元/斤（注：1斤=0.5kg，下同）；中央储备粮和国家临储粮包干津贴标准则由运输方式以及跨省移库的双方所拥有的铁路专线情况而定，补贴费用为0.05~0.15元/斤。对跨省移库的财政扶持，既缓解了粮食主产区的仓容压力，又充实了主销区的粮食库存，实现了储备粮的优化布局，稳定了全国的粮食市场。

2021年新修订的《粮食流通管理条例》，取消了粮食收购资格许可制度，是粮食流通管理制度的重大调整。更加强调了储存、加工、运输等流通环节的因素对保障粮食质量安全的重要性，明确提出"强化运输过程质量管理。不得使用被污染的运输工具或者包装材料运输粮食，不得与有毒有害物质混装运输"。

9.2 稻米流通格局

9.2.1 稻谷流通发展特征

由于我国稻谷主产区较为集中，而消费区域相对分散，所以各省市稻谷的生产和消费并不平衡。从产销差率来看，湖南、广西、湖北、吉林和安徽五省份的产销差率为-10%~10%，可以认为供求平衡，江西、江苏、新疆、河南、宁夏、黑龙江和山东有能力向外调出稻谷，其余省市则需要调入稻谷。

从国内稻谷贸易格局来看，东部沿海地区由稻谷主产区开始转变为主销区；随着全国各地稻谷消费区域的增加，东中部地区向西北、华北等地流通的稻谷也不断增加；大中城市由于人口流动向西北、华北等地流通的稻谷也不断增加；大中城市由于流动人口增多，稻谷的输入数量逐步扩大。

稻谷的种植结构调整与居民消费习惯的改变，使得中国稻谷的产销流通格局非常复杂，总体呈"北粳南运、中籼东输、中籼南下、南籼北运"的交错格局。从消费习惯的变化看，随着人们生活水平的提高，北方居民人均消费大米数量在逐渐增加，长江中下游地区从以籼米为主食逐步向以粳米为主食转变。从贸易形态上看，80%以上的稻谷加工成大米向外流通，以稻谷形式跨省流通的比例在逐年减少。

9.2.2 籼稻（米）流通格局

晚籼稻主要从长江中下游的湖南、江西、湖北、安徽四省经铁路、公路干线以及长江航线运往广东、福建、浙江、广西、云贵川等东南沿海及西南地区，流向呈发散状，既向东流动，也向南部和西部流动。相比较，江西省晚籼稻米一般更侧重于向广东、浙江、江苏、福建等东南沿海地区流动，而湖南省中晚籼稻米则主要流向广东、广西、云南、福建、四川、湖北等地区。

早籼稻商品率高，流通规模较大。虽然早籼稻产量在稻谷中所占比例较小，但除农民自留口粮、饲料和作为国家储备之外的早籼稻，几乎全部作为商品流通。早籼稻主产区为长江中下游地区（湖北、湖南、安徽、江西、广西、广东等省），主销区为北京、天津、上海、浙江、福建、广东、广西、海南等省份。长江中下游的湖北、湖南、安徽、江西四省输出的早籼稻主要经铁路、公路干线以及长江航线运往东南沿海及西南地区。由于稻壳几乎占早籼稻重量的1/3，所以早籼稻的收购、运输和加工区域半径较小，外销、外运一般为加工后的大米。

广东作为中国籼米的主要消费地，居民对籼米有着特殊的偏好，其籼米供给来自许多地区，江西省是华东地区向广东输出籼米的最主要省份，华中地区的湖南省是广东籼米的另一个主要供给省份。上海籼米消费量远高于其产量，调入上海的籼米主要来自安徽和湖北。安徽是向福建输出籼米的主要省份。

9.2.3 粳稻（米）流通格局

全国粳米每年流通量3 800万~3 900万t，占全国大米流通量的25%~35%。粳稻产销区位明确，贸易流向多年来也比较稳定，基本呈现"由北到南、由东北到全国"的流通特点。国内的粳稻生产区主要在东北和江苏。

东北粳稻特别是黑龙江粳稻产大于需，属于调出区，主要流向京津唐、东南沿海和西北地区。东部地区粳稻年外运量达到1 400万~1 500万t，通过铁路、公路以及水运流向北京、天津、江苏、浙江、上海及广东、云南及西北地区。

江苏和安徽是南方粳米的主要调出区，粳稻年外运量900万~1 000万t，运距较短，主要通过公路及水运流向江苏、浙江、上海、广东等省份。

9.3 稻米运输

粮食运输是我国粮食物流体系的重要环节，也是我国粮食流通市场化的重要保证。近年来，随着我国跨省区粮食流通运量的增加，国内粮食流通和进口粮食分流的道路运输已成为影响我国粮食物流体系的主要因素。

粮食运输方式主要有袋装运输、散装运输和集装箱运输三种运输方式。一是袋装运输。袋装运输是指将粮食装到麻袋或塑料编织袋中变成包粮然后运输的一种方式，是最为传统的运输方式。在水路方面，粮食的袋装运输属于件杂货运输。件杂货通常是指有包装和无包装的散件装运的货物。在实行袋粮装卸的时候，为了充分利用起重机的起重量，需要工人在码头和船舱中实行袋粮的堆码作业，由此耗费了大量的人力。这也是制约袋粮装卸效率不能提高的瓶颈，并且易发生散落、遗失、污染等问题。二是散装运输。从20世纪50年代开始，国际粮食的运输开始采用散装方式。与袋装方式比较，散装运输的优点是节约了袋装粮食的包装费用，易于实现粮食装卸的专业化、机械化。三是集装箱运输。粮食集装箱运输，是指集装箱作为粮食的包装物和运输工具的一个组成部分。在农村或基层粮库中，将农民生产的粮食直接装入集装箱封好，集装箱可以选择通用集装箱或者是专用粮食集装箱，如果是通用的集装箱，则应当进行适当的处理，保证密封，然后将集装箱运到火车站或集装箱码头，运往全国各地的用户手中或国外的买主手中。与袋装运输和散装运输相比较，粮食集装箱运输具备以下优点：使用机械化作业，减轻了工人的劳动强度；节约人力，装箱效率大大提高；手续简化，减少了运输环节上的理货交接程序；利用集装箱多式联运，缩短在途时间，保证市场供应；适应粮食多品种、小批量以及多种质量等级运输的要求；可以采用公路、铁路和水路区别的运输工具，满足区别的时间要求。不必另建专用的粮食流通设施，充分利用现有的通用集装箱装卸设备，大大减少基本建设投入；不受恶劣气候条件的限制，可以全天候作业，保证车船正常运输；节约包装材料和包装费用、减少粮食损耗和经济损失、保证运输安全。

我国稻谷现货市场中，国家储备、米厂加工库存、贸易库存等都是以散装方式储藏。运输方式有铁路、公路、水路以及水铁联运。中国稻米的运输分为短途运输和跨省的长途运输，短途运输以公路包装运输为主，部分100km以内的运输采用散装运输，东北部分地区采用铁路运输，南方地区有一定数量内河运输。跨省长途运输主要是铁路运输、水铁联运、公路及水路方式运输，其中铁路运输为最主要的运输方式，占总运输量的一半以上。水铁联运为东北稻米运往华东、华南、西南等地区的主要运输方式，长江中下游地区到东南沿海的稻米发运以公路、水运方式为主。据估计，我国稻谷通过铁路、水铁联运、公路、水路运输量占比分别为58%、17%、16%、9%。

第10章 中国稻米消费

我国稻谷消费结构总体是以口粮消费为主,饲料、工业、出口、其他消费为辅的格局。近几年来,口粮需求占比小幅下降,工业、饲料、出口、其他需求小幅增长,但总体格局仍未变化,稻谷仍是我国第一大口粮品种,口粮消费属性不变。

我国稻谷的生产和消费占世界30%以上,是世界第一大稻谷生产国和消费国。近十年来我国稻谷消费总量波动较小,基本在1.8亿t左右。

10.1 中国稻米消费结构

随着经济发展水平的提高,人们收入水平与消费水平也在不断提高,我国粮食消费结构发生了较大变化。居民口粮消费需求占比下降,陈稻去库存节奏加快以及粮食精深加工技术的不断提升,饲料用粮消费也逐步上升,工业用粮快速增长,粮食需求呈现新的变化特征。我国稻谷的消费结构从单一口粮消费逐步转变为以口粮消费为主、饲料用粮和工业用粮为辅的多样化用途。

10.1.1 口粮

我国稻谷用于口粮消费的比例一直保持在80%以上,稻谷口粮消费量在1.6亿t左右,总体波动较低(图10-1)。随着收入与消费水平的提高,居民对于饮食需求从简单满足温饱转变为注重其营养质量。健康饮食观念的加强以及居民膳食水平和消费结构不断提高和优化,人们会选择更多种类食物来均衡饮食。这种转变导致我国稻谷消费中口粮消费占比小幅下降。

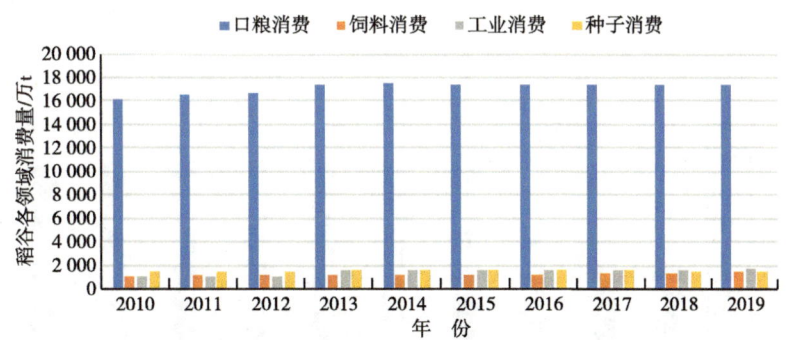

图10-1 2010—2019年中国稻谷各领域消费结构

20世纪90年代以来,城乡居民的恩格尔系数和人均粮食直接消费量不断下降,城镇下降速度快于农村,1985—2003年,城市居民人均直接消费粮食由134.8kg迅速下降到79.5kg，年均下降3.07kg，农村居民人均直接消费量由257kg下降到222.4kg，年均下降1.92kg。

10.1.2 饲料

稻谷中稻壳的粗纤维含量较高，其营养价值为玉米的80%~85%，低价陈稻更多被粉碎后用作饲料，形成对玉米的替代，使得稻谷综合利用效率提升。饲料用粮是指畜禽养殖饲料中消费稻谷的数量，其中以早籼稻为主。稻谷用作饲料主要集中在南方生猪、家禽产区。随着人们收入与消费水平提高，居民对动物性食品的消费需求持续增长，从而拉动饲料用粮消费（图10-2）。

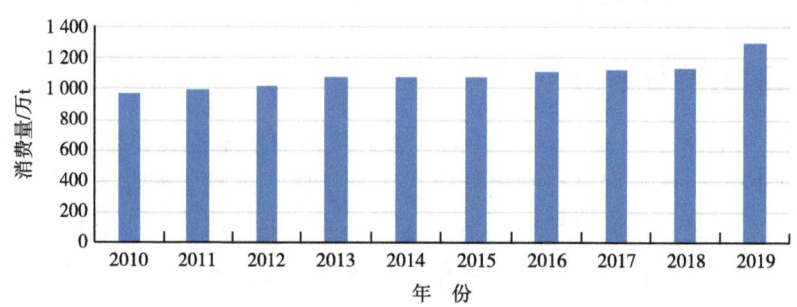

图10-2 中国稻谷饲料用粮消费量

10.1.3 工业

稻谷的工业消费主要用于酿酒、制造调味品。稻谷用于工业消费范围较广，其中主要为早籼稻，食用品质较差，主要表现为整精米率低、垩白度高、胶稠度短及口感差。但是，早籼稻作为加工原料不可缺少，是广东、福建、江西、广西等地制作米粉的重要加工原料。此外，在我国南方各种稻米均是酿制米酒和黄酒的重要原料（图10-3）。

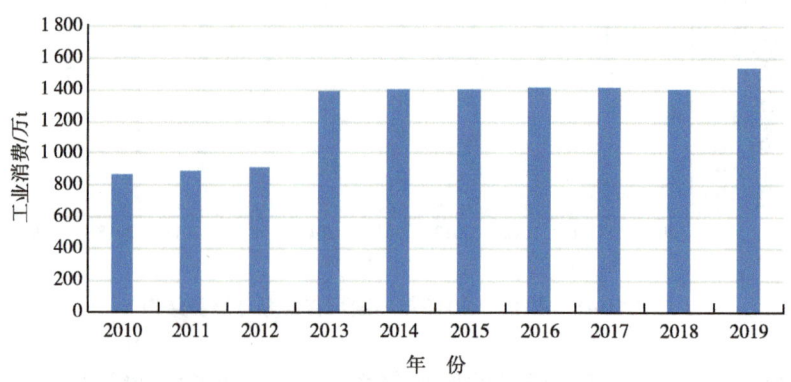

图10-3 中国稻谷工业消费

10.1.4 种子

种子用粮主要取决于播种面积，我国稻谷种子消费需求弹性十分有限，总体来看近年来变化不大（图10-4）。

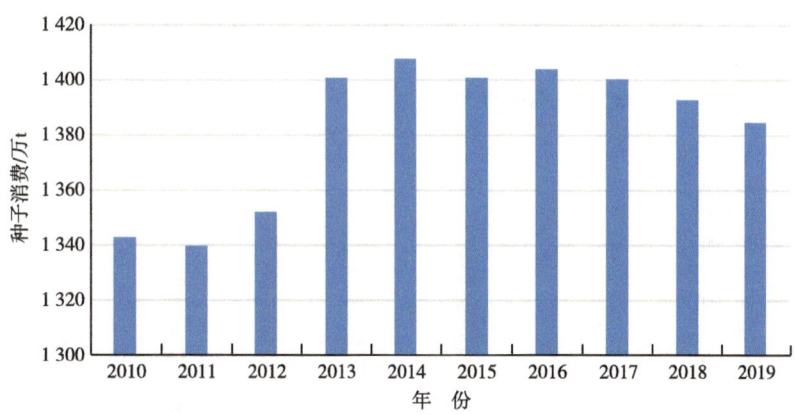

图10-4 中国稻谷种子消费

10.2 中国大米消费社会环境分析

我国稻谷种植区域分布广阔，品种差异较大，市场需求格局遍布全国，因此，稻米的产销流通格局非常复杂，总体呈现"北粳南运、中籼东输、中籼南下、南籼北运"格局。北京、上海等大中城市成为稻米的重要销区；由于人口流动性增大，稻米流通数量和范围逐步扩大（曾小溪等，2015；普喆等，2020）。

10.2.1 中国人口环境分析

我国人口已经超过14亿人，目前人口基数大，人口年龄结构逐渐老龄化。我国人口地理分布极不平衡，省域人口集聚度高的地区主要集中在人口基数很大的河南及地理面积小且经济发达的上海、天津及北京。总体上看，人口主要集聚在东部沿海省份，这主要由于东部地区发展较好，对人口吸引力大，较多中西部人口迁移到东部省域并定居下来。我国经济发展由于自然环境差异及历史原因总体上划分为东部、中部、西部三个区域，东部地区因开发早，交通等条件优越，经济发展总体上优于中部、西部地区（徐伟平等，2018）。另外，我国人口年龄结构老龄化严重，老年人食量一般较小，也会导致大米消费量减少。

10.2.2 城乡居民收入分析

随着我国经济迅速发展和城市化进程推进，大量农村人口进入城市生活。农村人口劳动力流动在促进经济发展的同时，也带来了城乡居民工资收入水平差距拉大的问题

（图10-5）。首先，城市居民收入与人力资本逐渐成正比，劳动者收入已经基本由劳动力市场供求决定。随着经济不断发展，对新型技术人才的渴求增加，部分行业从业人员也都是一些高学历年轻人员，市场化下其收入相当可观。其次，由于市场化改革，城市居民收入来源增加，部分人更是通过投资获得利息或红利等多种形式增加收入。再次，虽然收入来源增加，收入也与人力资本成正比，但失业也成为目前经济社会中一个重要现象。

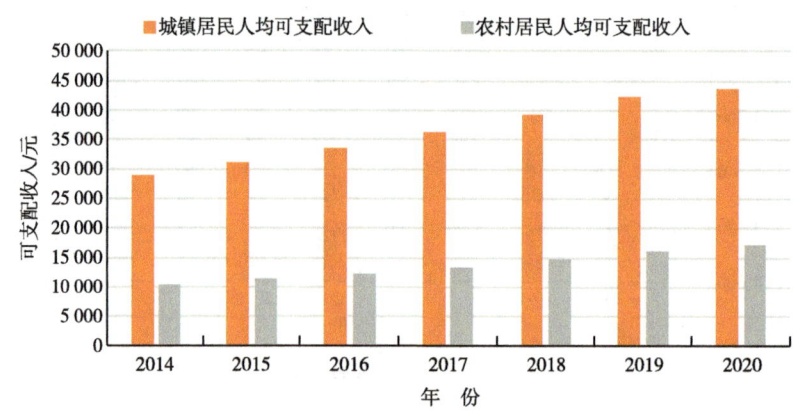

图10-5　中国居民人均可支配收入

近年来，由于科技不断发展与更新，大量机械生产取代部分劳动力，部分人员下岗失业的可能性不断提高，而部分地区目前已有大量失业人员存在，这一批人需要通过政府救济而存活，城市贫困问题日益突出，城市居民家庭收入差距拉大，形成了高收入阶层和低收入阶层。对高收入阶层来说，其收入水平远远超过其可消费最大水平，他们对生活必需消费品的消费不可能超过生理极限，致使生活必需品在总消费中所占比例较低。高收入阶层的边际消费倾向是随着收入增加而递减的。对低收入阶层来说，其收入大部分用来满足基本生活必需品的购买，小部分用来购买家庭耐用消费品。低收入阶层的耐用消费品远未普及，如果他们的收入增加，则收入增量的大部分会用于增加消费品的购买。低收入阶层的边际消费倾向要比高收入阶层高，高收入阶层的低消费倾向直接拉低了社会平均消费倾向，影响着总的消费支出。收入差距扩大是导致城镇居民消费倾向下降，消费需求增长缓慢的重要原因。

10.2.3　居民人均消费支出

随着经济发展，居民消费水平不断提升（图10-6），人们的饮食结构更加多样化，人们对于食物的需求从饱腹转变为营养均衡。居民消费支出不断提升，但是人均大米消费量却不断下降。原因有以下几点：第一，饮食观念的转变。人们对含有更高营养物质的食物需求不断提升，大米消费量受到了肉蛋奶的冲击。第二，居民饭量减少。这一现状在农村地区更为突出（李圣军，2013），由于农村人口大多从事体力劳动，消耗较大，主食需求量一般大于其他职业人员，农村人均消费大米量是城市人均消费量的两倍左右，但近几年由于劳动力下降，从事体力劳动人数也在下降，加上随着乡村振兴，农村发展越来越好，农村人民生活水平不断提高，超负荷的劳动力也逐渐被现代化机器所替代，因而导致农村人民主食需求量减少。第三，由于目前交通以及人民生活的便利，外出吃饭的人越来越多，餐饮行业的蓬勃发展，人们的选择越来越多，导致大米消费减少。

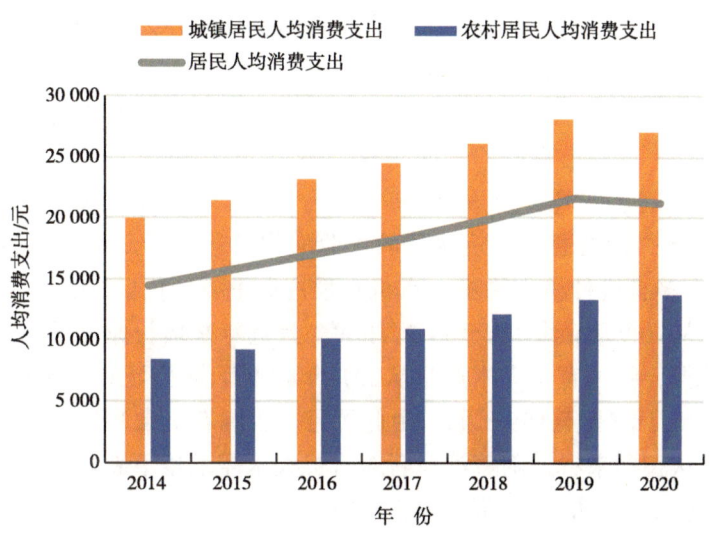

图10-6　中国居民人均消费支出

10.3　中国大米消费市场分析

10.3.1　大米行业发展现状

2020年我国稻谷产量21 186万t，主产区主要分布在东北地区、长江中下游地区和华南地区。大米生产布局与稻谷种植分布高度相关，大米行业产量区域集中度比较高，我国大米产量主要集中在华中、华东、东北三大地区，产量分别占全国总产量的33.9%、27.7%、27.6%（图10-7）。

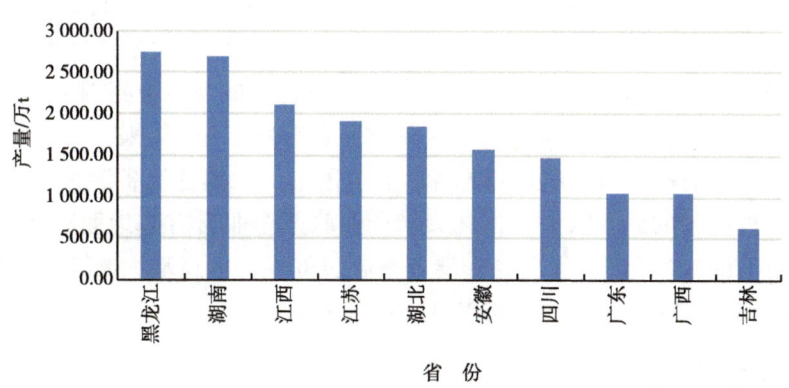

图10-7　中国大米行业产量分布图

10.3.1.1 有机大米消费量增长

2018年我国稻谷产量为21 213万t,较上年下降0.26%,而有机稻谷产量提高21.12%;我国有机稻谷产量占国内稻谷总产量的比重从2011年的0.3%增长至2018年的1.09%。从大米产量来看,2018年我国大米产量为9 784.4万t,较上年下降了22.2%,而有机大米产量提高了21.1%;有机大米占大米产量的比重从2011年的0.49%增长至2018年的1.65%。从这些数据可以看到,在稻谷和大米产量持续走低的情况下,有机稻谷和有机大米的产量不降反升,且所占比重不断增加。由此说明,我国有机大米在大米产业中的地位日益提高,呈现出良好的发展前景。

我国有机食品起步较晚,但发展势头强劲。当前,我国已成为全球主要的有机农业生产国。2018年,我国通过有机认证的农业面积已达325万hm^2,较2011年相比增加了3倍之余。在众多有机种植作物中,有机水稻占据重要地位。2011—2018年,我国有机水稻种植面积从10.9万hm^2增长至39.2万hm^2,且近年来增长速度不断加快。根据国家统计局公布的数据,我国有机大米产量从2011年42.9万t增长至2018年161.3万t,有机大米消费总量从41.5万t增长至159.8万t。由此可见,我国有机大米产量略高于需求量且几乎接近平衡。但从长期来看,随着消费者对有机大米需求量不断增加,我国有机大米市场可能出现供不应求的局面(范萌萌等,2021)。

10.3.1.2 高端大米产销量保持较快增速

近几年,传统大米加工产业因产能过剩,大米行业发展整体疲软,正在由依靠数量扩张和价格竞争,逐步转向质量型、差异化为主的竞争,推动产业结构化升级。同时,随着人们生活水平提升,消费升级不断加快,城乡居民对食物的需求也从"吃得饱"向"吃得美味""吃得健康""吃得放心"跨越,对"美味、安全、新鲜、好吃、营养"的高品质大米的需求快速增长,促进了我国高端大米产业的内生性发展。

2021年我国高端大米产量和销量分别为103万t和99万t,同比增长8%左右,增幅是普通大米市场的数倍。高端大米由于品质好,受到消费者青睐,通常价格较高,每千克价格一般高于20元,利润是普通大米的数倍。在消费者和企业的共同合力下,市场发展势头良好,潜力很大。很多大型企业开始加快布局高端大米,通过提高大米品质,打响大米品牌,不断提升市场竞争力。五常大米作为全国高端大米市场绝对的"米中明星",至2020年已连续5年位居中国大米品牌价值首位,成为中国高端大米的品类代表。

高端大米产业的良好发展也促进了高端水稻的种植。近5年来,我国稻米优质率为36%。2020年广东全省水稻优质率超74%,居全国第一。黑龙江省绿色、有机水稻种植面积占全部水稻面积的50%以上。吉林大米产业联盟企业自有基地面积从2013年的130万亩增加到目前的300万亩,优良品种覆盖率超过80%;中高端大米年销量由2013年的15万t快速增长到目前的100万t,发展势头十分迅猛。

10.3.2 大米品牌格局分析

虽然我国是全球最大的大米生产国和消费国,但由于产业集中度低,大米行业内竞争企业多，大米加工企业以中小型企业为主，同质化竞争较为激烈，企业利润空间也越来越小。因此，规模化、集团化生产经营逐渐成为国家政策的调控目标，力图形成大企业竞争格局，以发挥规模化优势实现更高的附加值和更低的碳排放。在政府的全力支持下，越来越多的大米加工企业开始加大力度运营大米品牌，各地方政府也在大力推进大米地理标志产品（吴建寨等，2015）。消费者对于食品安全和品质的要求不断提升，对品牌小包装米的购买力不断增强，也促进了品牌大米的发展，进而促进了大米产业持续转型升级。

在政府、企业和消费者的合力下，通过近几年发展，我国大米产业集中度有所提升，特别是小包装大米集中度更高。目前小包装大米市场基本被中粮、北大荒、益海嘉里、华润五丰等全国性品牌所主导，市场份额已经接近80%。其中，中粮和益海嘉里两大粮商市场份额相近，合计占据36%左右，余下的则被北大荒、华润五丰等以及全国各地大大小小的区域品牌所占据。

中国大米品牌力指数排行榜显示，2021年排行前五名的大米品牌为福临门、金龙鱼、香满园、北大荒和五丰，中国大米品牌力指数（C-BPI）得分分别为543.5、543、410.8、363.5、244.6。另据2021年《中国500最具价值品牌》发布的分析报告，中粮集团旗下的福临门大米2020年度在同类产品市场销售领先，连续12年（2009—2020年）获此殊荣，其品牌价值达519.75亿元，位列榜单第153位。益海嘉里金龙鱼作为国内最大的农产品和食品加工企业之一，2020年在包装米现代渠道市场份额排名第一，连续多年独占鳌头（尼尔森数据）。2021年金龙鱼品牌价值达539.81亿元，排名榜单第141位。北大荒以1 439.85亿元品牌价值，排名榜单第49位，继续居于中国农业第一品牌位置，17年间"北大荒"品牌价值增长了80倍。"北大荒"品牌大米已经成为国内外民众厨房餐桌上的"健康主食"。连续5年位居中国大米品牌价值首位的五常大米，品牌价值已突破700亿元。

10.3.3 大米消费市场特征

大米消费大多数情况下处于平稳状态，不受太多外界因素干扰，需求弹性小，交易数量大，交易次数少，交易范围广，交易人数多。从消费结构来看，2019年我国居民消费进口大米仅占3%，而国产大米在市场中处于主流地位，消费占比高达97%。

10.4 中国大米空间消费分析

从消费区域上来看，我国南、北方居民饮食消费结构之间存在很大的差异，传统上形成了南方地区以稻米为主，北方地区以面食为主，东北、西北及山区主食粗细搭配多样性强的地区消费格局。稻谷消费也呈现显著的区域性特征。长江流域以北地区大米消费以粳米为主，长江流域以南的地区大米消费以籼米为主。由于水稻种植结构的调整以及居民消费习惯的改变，近年来，南方地区优质籼米流向北方销区，北方粳米在南方销区呈销售扩张的趋势（陈永红，2005；罗其友等，2014）。

10.4.1 粳米的地区消费

粳米较适合于高纬度或低纬度的高海拔种植，在世界稻谷生产中所占比例并不大，但是在我国具有举足轻重的地位，尤其在北方地区。我国粳稻生产主要分布于东北粳稻生产区、华北粳稻生产区、西北粳稻生产区、长江中下游粳稻生产区，其中，以东三省和以江苏、安徽、浙江为主的长江中下游地区为主要产区，产量占全国粳稻产量的85%。粳稻消费与其生产区较为吻合，主要集中在北方。

10.4.2 籼米的地区消费

长江流域以南是籼米主销区，其中湖南、江西、湖北是籼稻主产区，广东、福建东南沿海地区与西部部分地区是籼稻的主要输入区域，但同时也是主要生产地区，广西、四川、重庆为籼稻产需平衡区。

10.4.3 大米加工及空间分布

从中国粮食行业协会2021年10月公布的我国大米加工企业"50强"分布情况看，大米加工与稻谷种植区域高度吻合。"50强"中，湖北省11家，黑龙江省8家，广东省7家，安徽省6家，湖南省4家，江西和江苏各3家，这七个省份的"50强"企业占全国84%。由于"50强"加工企业大米产能高、加工量大、开工率高，实际大米产量占比要高于84%（郑红明，2021）。

第三篇 市场篇

第11章 粮食（稻米）交易市场

从交易方式来看，粮食市场主要可以分为粮食现货市场和粮食期货市场。其中，粮食现货市场又可分为粮食零售市场和粮食批发市场。本章主要论述了我国粮食现货和期货市场现状和历史演变，以及期货市场运行情况和国内外稻谷（大米）期货合约特点。

11.1 粮食市场体系

11.1.1 粮食市场体系概况

粮食市场指进行粮食交换、买卖的场所。广义的粮食市场是指粮食作为商品的交换关系的总和。它反映了粮食生产和粮食需求之间，粮食的可供量与有支付能力的需求之间，粮食的生产者和消费者、买方与卖方之间，粮食所涉及的各国民经济部门之间广泛的经济联系。粮食市场是社会分工和商品生产的产物。

粮食零售市场、粮食批发市场和粮食期货市场是我国粮食市场体系的重要组成部分。粮食零售市场是主要进行农副产品零售交易的场所，批发市场相对零售市场规模较大，主要从事粮食的批发交易；期货市场则是新兴的农产品市场类型，以期货方式交割，有利于大批量的粮食交易规避风险。其中零售市场（包括超市）是面向消费者的市场，是农民余粮出售和城镇居民口粮采购的主要渠道，在满足当地群众生活需要方面发挥着重要作用。它的主要缺陷是交易层次低、数量小、批次多、透明度差、辐射力和影响范围有限，不能形成反映粮食供求关系的权威价格。批发市场是粮食的集散中心，主要在大宗粮食交易、调节粮食供求、发现价格方面发挥作用，并承担国家和地方储备粮食轮换和陈化粮处理等任务，是国家对粮食进行宏观调控的主要载体。现货市场只能反映即期需求，缺少分散风险机制。期货市场是粮食远期价格形成中心，具有发现远期价格、回避交易风险等作用，可以弥补现货市场的缺陷。在市场体系中，这三个层次市场的关系是：零售市场是基础，是低层次的初级市场；批发市场是市场体系的骨干，是中层次的市场；期货市场是补充，是高层次的市场。三级市场相辅相成，相互联系，互为补充，构成了完整的粮食市场体系，使各类粮食交易得以顺利进行。

11.1.2 粮食市场体系演变过程

改革开放前国家对粮食实行统购统销政策，由国有粮食企业统一收购农民余粮，采取政府计划调节地区间粮食余缺，价格也由政府确定，对粮食资源采取完全计划配置方式。改革开放后，国家逐步放开粮食市场，采取计划配置与市场配置相结合的资源配置方式，部分地区粮食市场有了初步发展，但规模小、交易方式低级。1990年10月12

日，中国郑州粮食批发市场正式开业，成为我国第一个引进期货机制、规范化的国家级粮食批发市场，从而拉开了我国现代粮食批发市场发展的序幕，同时也标志着我国粮食市场体系建设新的发展阶段。

11.1.2.1　1990—2003年粮食市场体系发展起步阶段

1990年中国郑州粮食批发市场成立，从事大宗粮食的规范性交易。1993年郑州粮食交易所成立，期货交易出现，中国粮食市场体系的基本框架形成。1998年国家粮改政策提出对粮食价格调控由政府直接定价转变为以间接调控为主，正常情况下粮食价格由市场供求决定。2001年国家从部分地区开始逐步放开粮食市场，特别是加入WTO以后，粮食价格逐步由市场主导形成。

11.1.2.2　2004—2007年粮食市场体系初步形成阶段

2004年《国务院关于进一步深化粮食流通体制改革的意见》中提出，2004年全面放开粮食收购市场，积极稳妥推进粮食流通体制改革。同时明确了"建立统一、开放、竞争、有序的粮食市场体系。继续办好农村集市贸易。加强粮食批发市场建设，提升市场服务功能，引导企业入市交易。稳步发展粮食期货市场，规范粮食期货交易行为。取消粮食运输凭证制度和粮食准运证制度，严禁各种形式的粮食区域性封锁，形成公平竞争、规范有序、全国统一的粮食市场。"

2005年《国家粮食局关于进一步促进粮食批发市场发展的意见》提出："粮食批发市场是粮食市场体系的重要组成部分。经过十几年的发展，我国粮食批发市场已具有一定规模，在组织粮食流通、满足消费需求、调控粮食市场、合理配置粮食资源等方面发挥了重要作用。"

2006年《国务院关于完善粮食流通体制改革政策措施的意见》中提出："做好粮食市场体系建设布局规划，规范市场交易规则，完善市场服务功能，引导企业入市交易。重点扶持大宗粮食品种的区域性、专业性和成品粮油批发市场，加快大中城市成品粮油交易市场建设。中央和地方储备粮的购销和轮换，原则上通过规范的粮食批发市场采取竞价交易方式进行，也可以通过国家规定的其他方式进行。大力推广电子商务等先进的交易方式和手段，增加交易的透明度，发挥引导粮食市场购销价格的作用。进一步完善和规范粮食期货交易，为企业和农民提供发现价格、规避风险的服务。"

2007年《全国粮食市场体系建设"十一五"规划》中指出，到2007年，全国已有取得粮食收购资格的粮食经营者8万多家；经营粮食零售业务的集贸市场遍布城乡各地，大部分城乡超市都经营粮油产品；粮食批发市场600余家，批发市场经营主体有国有、股份制、民营等，市场类型有大型的商流市场、区域性市场、大中城市成品粮市场、城镇摊位市场等，交易方式有协商交易、竞价交易、网上交易等；从事粮食交易的期货市场有两家，粮食期货品种主要有小麦、玉米、大豆等。

这些重要文件标志着粮食批发市场开始进入规范化发展的新阶段，粮食市场体系初步形成。

11.1.2.3 2008—2012年粮食市场体系基本形成阶段

2008年《国家粮食安全中长期规划纲要（2008—2020年）》提出，要健全粮食市场体系，重点建设和发展大宗粮食品种的区域性、专业性批发市场和大中城市成品粮油批发市场。要发展粮食统一配送和电子商务，积极发展城镇粮油供应网络和农村粮食集贸市场。稳步发展粮食期货交易，引导粮食企业和农民专业合作组织利用期货市场规避风险。建立全国粮食物流公共信息平台，促进粮食网上交易。

2012年《全国粮食市场体系建设与发展"十二五"规划》指出，到"十一五"末，全国具有粮食收购资格的经营者8.75万家，受企业委托或与企业合作的农村粮食经纪人36.2万人。各地放心粮油生产企业已建立各类销售网点17万多个，其中城镇网点11万多个、农村网点6万多个。全国各类粮食批发市场400余家，国家粮食交易中心22家，建立了全国统一的粮食竞价交易系统。有两家从事粮食交易的期货市场，品种涵盖小麦、早籼稻、玉米、大豆、豆粕、豆油、菜籽油等。至此涵盖粮食购销多个环节、多元市场主体、多种交易方式、多层次市场结构的粮食市场体系已基本形成，在配置粮食资源、服务宏观调控中发挥重要作用。

11.1.2.4 2012年至今粮食市场体系完善阶段

这一阶段中国粮食市场体系向着更加完善、更加规范的方向继续发展壮大。2012年，25家国家粮食交易中心的代表共同签署了《粮食批发市场场际交易公约》。2014年，商务部等十三部门《关于进一步加强农产品市场体系建设的指导意见》中提出，利用5~10年时间，健全统一大市场基础机制，优化农产品市场体系架构，提升农产品市场功能，规范农产品市场秩序，初步建立起以功能集聚的农产品批发市场为中心，以绿色便捷的农产品零售市场为基础，以高效规范的电子商务等新型市场为重要补充，有形和无形市场相结合、产地和销地市场相匹配，统一开放、竞争有序、制度完备、业态多元、互动高效的中国特色农产品市场体系。2015年中央一号文件《关于加大改革创新力度加快农业现代化建设的若干意见》提出"加快全国农产品市场体系转型升级，着力加强设施建设和配套服务，健全交易制度"。2016年国家粮食局发布实施了《粮食行业"十三五"发展规划纲要》，对未来五年粮食批发市场体系建设做出了明确具体的部署。同年，全国粮食统一竞价交易平台正式运行。2017年出台《粮食批发市场统一竞价交易管理规范》。2019年中央一号文件《关于坚持农业农村优先发展做好"三农"工作的若干意见》提出，"统筹农产品产地、集散地、销地批发市场建设，加强农产品物流骨干网络和冷链物流体系建设"。2020年《国家粮食交易平台体系管理暂行办法》实行。

11.2 粮食现货交易市场

11.2.1 粮食现货交易市场总体情况

粮食现货市场主要包括粮食零售市场和粮食批发市场。1993年我国放开粮食销售市场以来，经过近三十年的市场自然选择和优胜劣汰，我国已经形成了城市以超市、社区便利店为主，城乡接合部和农村以集贸市场为主的零售市场格局。随着人们消费水平的提高和消费方式的变化，城市和农村粮食零售市场都出现了一些新变化。在城市，超市、大卖场、便利店已经成为市民购买粮食的主渠道，社区专业粮油店和标准化菜市场方便居民就近购买，形成了多层次、多渠道、多元化的粮油零售体系。随着各种"互联网+"的零售模型兴起，越来越多的人选择从网上购买粮食，与此同时粮食批发市场也开始开展"网上下单、配送到家"的粮食零售模式。

我国粮食流通目前主要依靠批发市场，除了少数产品通过产地农贸市场销售外，大量粮食产品通过批发市场集散。由于我国农业小农生产的特点，农户分散，农业合作组织少，组织结构也普遍松散，"小农户"与"大市场"矛盾较为突出。大多数情况下，收购商成为联系农户和市场的纽带，这些商贩直接向农户收购农产品，进行简单的集中，或转手给其他更大的收购商，或直接出售给批发商，或直接运送到批发市场进行出售。在粮食主产地，一般都有较大的批发市场，各地的批发商汇聚在此，将粮食运送到中转地或者销地的批发市场，而在非主产地，粮食一般直接被收购商或者批发商运至附近的销地批发市场，再转卖给零售商。

2000—2012年，随着粮油市场化进程不断推进，中国成交额亿元以上粮油市场总数不断上升。2012年以后，亿元以上粮油市场数量开始下降，但总成交额却一直波动上升。表明大型粮油市场的发展经历了一个由自由竞争、全面发展向要素逐渐集中发展的过程，这一过程使规模经济的优势逐渐显现，要素边际成本逐渐下降，即使数量下降，但成交额也能上升（图11-1）。

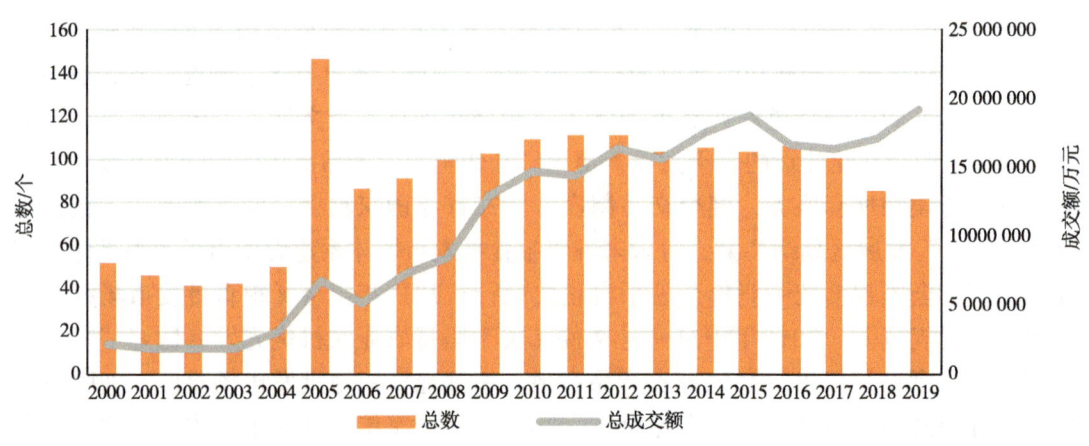

图11-1　亿元以上粮油市场发展情况

资料来源：2001—2020中国商品交易市场统计年鉴

粮油批发市场中粮油现货交易一直是主要方式，成交额占比一直在90%以上并且逐年上升，由2002年的94.75%上升到2019年的98.34%，占比上升3.59%，同时，以零售为主的粮油市场成交额趋于下降，越来越多的粮食通过批发市场流通集散（表11-1）。

表11-1 亿元以上粮油市场发展情况

年份	总数/个	成交额/万元	以批发为主的粮油市场数量/个	成交额/万元	成交额占比/%	以零售为主的粮油市场数量/个	成交额/万元	成交额占比/%
2019	81	19 172 947	71	18 854 271	98.34	10	318 676	1.66
2018	85	17 070 700	76	16 846 623	98.69	9	224 077	1.31
2017	100	16 279 748	89	15 784 946	96.96	11	494 802	3.04
2016	106	16 692 071	92	16 023 635	96.00	14	668 436	4.00
2015	103	18 699 248	92	18 043 482	96.49	11	655 766	3.51
2014	105	17 537 303	94	16 900 571	96.37	11	636 732	3.63
2013	103	15 651 110	96	15 070 347	96.29	7	580 763	3.71
2012	111	16 412 602	103	15 858 165	96.62	8	554 437	3.38
2011	111	14 369 982	100	13 716 106	95.45	11	653 876	4.55
2010	109	14 677 318	102	14 176 994	96.59	7	500 324	3.41
2009	102	12 907 058	97	12 442 826	96.40	5	464 232	3.60
2008	99	8 490 445	88	8 125 402	95.70	11	365 043	4.30
2007	91	7 206 756	84	7 017 823	97.38	7	188 933	2.62
2006	86	5 203 031	75	4 734 374	90.99	11	468 657	9.01
2005	146	6 876 279	103	6 034 513	87.76	43	841 766	12.24
2004	50	3 060 917	46	2 956 843	96.60	4	104 074	3.40
2003	42	1 888 515	39	1 787 828	94.67	3	100 687	5.33
2002	41	1 877 042	38	1 778 517	94.75	3	98 525	5.25

资料来源：2001—2020中国商品交易市场统计年鉴

表11-2显示了亿元以上粮油市场主要分布情况，表11-3显示了成交额排名前20的大型粮油批发市场。从两表可以看出，拥有亿元以上粮油市场最多的5个省份是浙江、江苏、上海、山东、广东，这5个省份拥有的大型粮油市场数量占全国一半以上，其中浙江省拥有20个亿元以上规模的粮油市场，拥有数量最多。另外，从排名中也可以看出，江苏省拥有的排名前20名的粮油市场最多，有6个，浙江省虽然拥有亿元以上的粮油市场数目最多，但只有三家排名进入前20。从分布看，2019年，我国东部地区拥有亿元以上粮油市场58个，西部地区12个，中部地区6个，东北地区5个，大规模粮油市场主要集中于东部地区。

表11-2 2019年分地区亿元以上粮油市场分布情况

地区	市场数量/个	总摊位数/个	成交额/万元
全国	81	25 505	17 172 947
浙江	20	4 560	3 270 793
江苏	11	8 050	9 052 030
上海	9	1 025	253 868
山东	7	2 360	1 333 515
广东	5	1 006	519 533
天津	3	1 003	546 960
辽宁	3	498	350 186
湖南	3	746	560 772
四川	3	1 682	299 577
河北	2	270	50 319
内蒙古	2	144	134 120
江西	2	1 380	351 392
贵州	2	413	1 400 565
吉林	1	56	70 000
黑龙江	1	83	178 500
福建	1	268	71 500
湖北	1	403	25 612
云南	1	912	286 958
陕西	1	270	320 650

（续表）

地区	市场数量/个	总摊位数/个	成交额/万元
甘肃	1	130	52 389
宁夏	1	38	13 708
新疆	1	208	30 000

资料来源：2020年中国商品交易市场统计年鉴

表11-3　2019年前20名粮油市场

序号	所属省份	名称
1	江苏	张家港保税区粮油交易市场（苏州市）
2	江苏	南通农副产品物流有限公司
3	浙江	杭州农副产品物流中心浙江食品市场
4	贵州	贵阳市谷丰粮油食品批发市场
5	山东	临沂鲁南国际粮油市场
6	江苏	连云港农副产品批发市场
7	江苏	兴化市粮食交易市场（泰州市）
8	浙江	杭州农副产品物流中心粮油批发交易市场
9	广东	东莞市常平粮油饲料批发市场
10	陕西	西安粮油批发交易市场
11	江苏	扬州东方国际食品城
12	辽宁	沈阳粮食批发市场
13	天津	天津市兴耀粮油食品批发市场
14	湖南	郴州市七星大市场
15	云南	昆明骏骐干菜副食粮油批发市场
16	贵州	遵义兴邦粮油物流有限责任公司
17	江苏	南京粮油交易市场经营有限公司
18	江西	萍乡市安源春蕾农副产品发展有限公司
19	天津	天津市粮油批发交易市场
20	浙江	义乌粮食市场（金华市）

资料来源：2020年中国商品交易市场统计年鉴

11.2.2 国家粮食交易中心

国家粮食交易中心是一种会员制粮食批发市场。会员制粮食批发市场是组织会员进行大宗粮油现货交易，采取会员制、保证金制等相关制度，为粮油交易、结算和履约提供保障措施，并协调解决商务纠纷的粮食批发市场。会员制粮食批发市场主要采取电子竞价、网络远程挂牌、展会营销、招标采购等交易方式。

国家粮食和物资储备局粮食交易协调中心（以下简称"国家粮食交易中心"）是2014年经中编办批准设立的事业单位，负责搭建国家粮食交易平台，承担交易系统的平台维护、运行管理、创新与推广；负责组织协调国家政策性粮食（含油）交易和出库，开展国家政策性粮食交易资金结算。国家粮食交易中心和分布在各省（区、市）的30家省级粮食交易统一平台、统一交易、统一结算、联网交易，共同组成国家粮食交易平台体系。目前平台体系共有会员3.5万户，国内主流用粮企业基本都是交易中心会员，交易平台已实现交易、签约、出库、资金结算、商务纠纷处理全程电子化。自2016年1月8日国家粮食交易平台上线以来，平台已成功举办各类粮油交易会近15 000余场，累计成交金额7 580多亿元，成交粮源存储地覆盖全国31个省（区、市）。

11.2.3 以大米为主的典型批发市场

近年来，成品粮专业市场数目下降，专门销售大米的市场几乎没有，多数成品粮市场在向农产品综合市场转型。

11.2.3.1 苏州市粮食批发交易市场

苏州市粮食批发交易市场地处苏州市吴中区郭巷，为国有股份制企业，总投资1亿多元，迁建于2006年12月，市场占地面积53亩，有250家经营门店，配套成品仓库14 500m^2，内河码头700多米，可停靠300吨位的船50多条。市场配备一流的中心化验室、银行、通信、超市和餐饮等配套设施。2014年交易粮油78万t，交易额达36亿元左右，基本保障了苏州市民和新苏州人日常生活的需要。市场是苏州市政府的"米袋子"工程，同时也是国家粮食局确定的全国大中城市重点粮油市场。2006年搬迁后市场从扩充功能、提升硬件设施入手，尤其在2015年，市场投入700多万元的智慧园网络综合管理平台投入使用，智慧园包括门户网站系统、交易管理系统、电子结算管理系统、诚信评价系统等12大系统，打造集经营米、面、油、杂粮于一体，集仓储、加工、中转、销售于一体，集产品经营、交易信息、资金流动、电子商务、物流配送为一体的现代化粮食批发交易市场。通过地方财政逐年投资的形式，率先建立了目前全国成品粮批发市场中检验化验设备（施）最先进、最完善的粮油产品质量化验室，配备专业检测人员，全面实施了粮油卫生指标、重金属指标等检测技术，把好粮油食品安全准入关，实现了食品安全规范化经营、程序化管理、信息化追溯。市场围绕做大做强以口粮（粳米）为代表的优势交易品种，专门开设了全国优质粮油产品展示馆，利用产销结合优势，成立了"苏州国粮物流有限公司"，形成了市场商户大宗批发和市内便利店稳定配送相结合的市场现代物流体系,市场占有率不断提高,辐射面不断扩大。

11.2.3.2 广东东莞常平粮油批发市场

东莞常平粮油批发市场位于京九铁路与京广铁路交汇处、东莞东部商贸重镇——常平镇,为民营资本控股的股份制企业,总投资6 500万元,建于1998年5月,市场占地330余亩,经营商铺及仓库面积共计65 000m^2。市场紧邻东莞东火车站,建有总长1.9km的三条铁路专用线,主要从事粮食及农副产品批发市场的经营管理和货物运输、仓储、中转等业务。2014年交易粮油85万t,交易额达45亿元左右,市场是东莞市"米袋子"工程项目,是广东珠江粮食走廊的重要组成部分,同时也是国家粮食局确定的全国大中城市重点粮油市场,辐射周边近千万人口,已成为华南地区重要的粮油产品大型中转、集散地,在珠江三角洲地区及全国主要粮产区享有较高的知名度。市场围绕做专、做精、做深、做好特色"米袋子工程",积极引进湖北、湖南、江苏、安徽等全国粮食主产区品牌企业入场经营,使市场110家商户中品牌经营覆盖率达89%,并推进全过程粮食食品安全追溯。同时,有效整合商流、物流、信息流,着力培育拳头交易品种,突出特色"米袋子工程",有效满足了华南及周边地区多元化的需求。

11.3 粮食期货市场

期货,一般指期货合约,指由期货交易所统一制定的、规定在某一特定的时间和地点交割一定数量标的物的标准化合约。期货合约的标准化条款包括:合约名称(交易品种)、交易单位、最小变动单位、每日价格最大波动限制(涨跌停板制度)、合约交割月份、交易时间、最后交易日、交割日期、交割等级与地点、交易手续费、交易保证金(表11-4)。

表11-4 早籼稻期货合约

交易品种	早籼稻
交易单位	20t/手
报价单位	元/t
最小变动价位	1元/t
每日价格波动限制	上一交易日结算价±4%及《郑州商品交易所期货交易风险控制管理办法》相关规定
最低交易保证金	合约价值的5%
合约交割月份	1、3、5、7、9、11月
交易时间	每周一至周五(北京时间法定节假日除外) 上午9:00—11:30 下午13:30—15:00

（续表）

交易品种	早籼稻
最后交易日	合约交割月份的第10个交易日
最后交割日	合约交割月份的第13个交易日
交割品级	基准交割品：符合《中华人民共和国国家标准稻谷》（GB 1350—2009）三等及以上等级质量指标及《郑州商品交易所期货交割细则》规定的早籼稻谷。替代品及升贴水见《郑州商品交易所期货交割细则》
交割地点	交易所指定交割仓库
交割方式	实物交割
交易代码	RI
上市交易所	郑州商品交易所

11.3.1 中国粮食期货市场概况

中国的期货市场在新中国成立前就已存在，当时交易方式十分落后。新中国成立后的计划经济时期，由于长期实行单纯用行政手段配置粮食资源的经济体制，期货市场失去存在的基础。改革开放后，1990年10月郑州粮食批发市场开业，以现货交易为基础，引入期货交易机制，作为新中国第一个期货市场进行试点，期货市场发展迈出了重要一步。1994年开始国家对期货市场进行了清理整顿。1998年8月，国务院对全国14家期货交易所进行整顿和撤并，只在上海、郑州、大连保留三家期货交易所。其中大连商品交易所（简称大商所）、郑州商品交易所（简称郑商所）是以粮食品种为主的期货交易所。

一般来说，可在农产品期货市场上市成交的农产品要具备以下几个条件：第一，标准化产品，产品品质必须是可以明显地进行评价和划分的商品；第二，可以贮藏足够长的时间，不会很快变质；第三，产品批量大，只有大量生产、大量流通的商品才能上市；第四，价格波动相对频繁，如果价格没有波动，生产者和经营者就不会有规避风险的要求，投资者也就不会进行投资套利。表11-5为我国现有各品种期货商品。

表11-5 我国所有上市农产品期货品种统计

品种	交易所	最早数据（年.月.日）
天然橡胶	上期所	1999.1.1
黄豆1号	大商所	1999.1.4
豆粕	大商所	2000.7.17
优质强筋小麦	郑商所	2003.3.28

（续表）

品种	交易所	最早数据（年.月.日）
棉花	郑商所	2004.6.1
黄玉米	大商所	2004.9.22
黄豆2号	大商所	2004.12.22
白砂糖	郑商所	2006.1.6
菜籽油	郑商所	2007.6.8
棕榈油	大商所	2007.10.29
早籼稻	郑商所	2009.4.20
普通小麦	郑商所	2012.1.17
油菜籽	郑商所	2012.12.28
菜籽粕	郑商所	2012.12.28
粳稻	郑商所	2013.11.18
鸡蛋	大商所	2013.11.8
晚籼稻	郑商所	2014.7.8
玉米淀粉	大商所	2014.12.19
棉纱	郑商所	2017.8.18
苹果	郑商所	2017.12.22

自1994年开始经过为期7年的期货市场治理整顿和规范，特别是经过近年来的快速发展，中国粮食期货市场在管理体制、规范化程度、功能发挥以及行业文化建设等方面有了长足进步，为其长期可持续健康发展创造了条件。粮食期货市场的功能作用得到显现：一是规范了粮食市场秩序。期货市场的交易机制尤其是履约担保机制，在期货市场多年实践中已为现货企业所认可，严格透明的交易制度使合同履约率达到100%，期货市场可以消除现货市场交易中商业信用缺失问题。二是套期保值功能初步发挥，一定程度上降低了企业经营风险。已经有相当一部分企业，包括一些大型国有企业通过自身实践认识到期货市场作为回避价格风险的工具是企业不可或缺的。山东、河南等小麦主产区的一大批粮食企业利用郑州市场开展了套期保值业务，有的间接利用郑州小麦期货价格指导生产和流通；黑龙江省农垦总局下属40多个农场参与了大连商品交易所的大豆期货交易，并在每年安排大豆种植面积时重点考虑大连商品交易所大豆期货价格。三是以大

豆、小麦为代表的一些品种的期货价格已经成为行业指导价格，对该品种乃至相关品种粮食的产、供、销的引导作用日益增强，在一定程度上实现了期货市场价格发现功能。

11.3.2 中国稻谷期货市场

郑州商品交易所主要从事农产品期货。我国目前的稻谷期货商品主要有早籼稻、晚籼稻和粳稻。就目前来看，我国的稻谷期货市场呈现规模小、市场参与度低、政策性强的特点（表11-6）。

表11-6　2020年郑商所主要农产品期货总成交量、总持仓量、总成交额

商品	总成交量/手	总持仓量/手	总成交额/万元
粳稻JR	11 806	54 770	67 714.74
早籼稻RI	1 952	3 767	10 319.48
晚籼稻LR	4 464	48 344	25 989.38
棉花CF	108 338 363	133 956 822	697 301 294.50
菜籽油OI	105 447 334	45 534 357	899 701 639.40
红枣CJ	6 526 230	5 862 767	32 799 115.58
菜籽粕RM	159 893 801	104 948 225	386 160 291.80

数据来源：作者整理

首先，市场规模小。2020年，中国期货市场成交61.53亿手共计437.53万亿元，同比分别增长55.29%和50.56%。其中，郑州商品交易所成交17.01亿手共计60.09万亿元，同比分别增长55.74%和51.97%，市场占比分别为27.65%和13.73%。从郑商所几种主要农产品期货交易数据来看，稻谷期货不管是从成交量看还是从成交额看规模都非常小，粳稻总成交额为67 714.74万元，早籼稻总成交额为10 319.48万元，晚籼稻总成交额为25 989.38万元，同期棉花总成交额为6 973亿元，菜籽油为8 997亿元，相差数额巨大（表11-6）。

其次，市场参与度低。活跃的交易既加深了我国农产品市场的流动性，又有助于期货市场价格发现功能的发挥。现货存在市场价格，期货市场才有交易运作的基础。在现货价格频繁波动的时候才需要期货市场，这也是期货合约上市的一般准则。如表11-7所示为郑商所6种农产品期货价格，从数据中可以看出，从上市到2021年9月30日的6种农产品期货表现来看，稻谷期货价格标准差、波动率和价格变异系数都是最低的。没有价差，市场不活跃，一方面投资者无法获利，另一方面生产者无法规避风险。

表11-7 郑商所6种农产品期货价格描述统计

商品	样本周期	样本天数/天	平均结算价/(元/t)	最高价/(元/t)	最高价日期(年.月.日)	最低价/(元/t)	最低价日期(年.月.日)	结算价标准差/(元/t)	波动率/%	变异系数/%
早籼稻	2009.4.20至2021.9.30	3 011	2 513.35	2 944	2016.8.2	1 965	2009.8.7	217.411 4	150	8.65
晚籼稻	2014.7.8至2021.9.30	1 731	2 807.38	3 455	2018.5.3	2 294	2015.7.3	195.533 5	151	6.96
粳稻	2013.11.18至2021.9.30	1 893	3 023.43	3 543	2016.11.23	2 353	2021.9.3	194.754	151	6.44
棉花	2004.6.1至2021.9.30	4 220	15 739.25	34 870	2011.2.17	9 890	2016.3.1	3 683.274	353	23.40
红枣	2019.4.30至2021.9.30	589	10 327.85	16 065	2021.9.30	8 225	2021.6.21	1 192.542	195	11.55
菜籽	2012.12.28至2021.9.30	2 113	4 857.64	6 540	2021.8.5	3 204	2019.10.28	613.966	204	12.64

数据来源：东方财富choice数据库与作者整理

最后，政策性强。政策化的定价机制基本上奠定了这两类期货市场低流动性与低流动性风险的基调。在"最低收购价"等价格支持政策的长期效应下，水稻价格走势带有强烈的政策色彩，稳定的市场预期在很大程度上压缩了投资空间，减少了期货交易者的对冲需求与投机行为，从而相关期货品种（即早籼稻、普通小麦、粳稻与晚籼稻）的市场参与度低、交易量小。

早籼稻期货是我国较早上市交易的农产品期货。早籼稻期货的投资价值在于：产业链条长，关联产业多，涉及农业生产、粮食经营、粮食加工、饲料加工、医药等行业；价格波动频繁，具有较明显的季节性特征；早籼稻期货增加了农产品期货品种之间的套利投资机会，作为饲料原料的主要来源，早籼稻、小麦和玉米有着相互的替代和竞争关系，以及比较稳定的比价关系。早籼稻期货的功能和作用在于：有利于早籼稻生产者、贸易商和加工企业套期保值，锁定成本和利润，转移和分散经营风险；有利于农民增收，为农民产前、产中和产后提高权威性和预期性的价格信息，提高订单履约率，推动早籼稻产业化经营，切实增加农民收入；服务于国家粮食宏观调控。

11.3.3 国外稻米期货市场

世界大米主要贸易国美国、泰国和印度均上市了稻谷（大米）类期货合约。从交易合约上看，有美国芝加哥期货交易所（CBOT）的籼稻谷期货合约，印度国家商品及衍生品交易所（NCDEX）的印度粗米、普通蒸谷米、A级蒸谷米、A级粗米、印度蒸谷米和普通粗米合约，印度国家多种商品交易所（NMCE）的大米合约，印度多种商品交易所（MCX）的Basmati白精米、大米和Sarbati长粒型Sortexed大米合约以及泰国农业期货交易所（AFET）的白米期货合约。从交易品种来看，美国CBOT交易标的是籼稻谷，而泰国、印度、巴基斯坦交易标的均为大米。从交易情况来看，美国芝加哥交易所籼稻谷期货上市较早，交易相对活跃，价格波动大；泰国、印度的大米期货上市时间短，交易量较小，波动性较强（郑州商品交易所，2013）[①]。

11.3.3.1 美国CBOT籼稻（米）期货交易

CBOT籼稻谷（Long Grain Rough Rice）期货合约于1994年10月3日开始上市交易。CBOT籼稻谷期货合约交割等级为美国2号籼稻谷，出米率不少于65%，整精米率不少于48%。合约月份为1、3、5、7、9、11月，合约规格的设计适应了美国国内现货流通的习惯，定为2 000美担（约90.718 4t）。CBOT稻谷期货上市以来，2001—2011年合约总体成交量基本呈上升态势[②]，2011—2021年呈略微下降趋势[③]。

CBOT籼稻期货价格波动较大。2003年价格在5美元/美担左右，2006年后籼稻期货价格一路上涨，至2008年初时，期货价格达到25美元/美担的历史最高位，是2006年

---

① 郑州商品交易所，稻谷国际期货市场研究报告，2013，08。
② 数据来源：U.S. Commodity Futures Trading Commission（CFTC）。
③ 数据来源：CME Group Inc。

的3倍多。2010年后，期货价格在15美元/美担附近波动①。1986—2005年，籼稻谷期货价格波动率②呈增加的趋势，月度波动率最大达66.8%，最低达5.4%，平均波动率达20%左右，充分反映了籼稻谷期货是一个活跃性和投资价值较高的品种。自CBOT籼稻期货开始交易以来，虽然近年交易量和活跃度都有很大的提高，但与CBOT其他农产品期货相比，其交易量仍然较小。2021年前11个月，CBOT籼稻期货的交易量仅为玉米期货的0.33%。稻谷每年只有不到10%的产量在期货中进行交易，而玉米占70%左右（图11-2）。

图11-2　2010—2021年CBOT稻谷期货月度价格变化（RRH2）

数据来源：www.investing.com

美国农业部经济研究局有关研究报告指出，籼稻期货交易量较小的原因在于：第一，稻谷在美国农产品中属于小品种，在全球稻谷定价上的影响较小，无法与美国小麦、玉米、大豆在国际定价中所起的作用相比。由于美国并非稻谷的主产区，同时受到饮食结构影响，较之大豆、玉米等一些主要农产品，美国国内大米生产、消费以及进出口量并不是很多，这都对CBOT籼稻谷期货合约交易构成了重要影响。另外，由于美国稻谷几乎1/2用于出口，受国际稻谷现货价格影响较大，所以美国稻谷市场实际上是国际稻谷价格的接受者。第二，与其他谷物不同，美国稻谷（或大米）大部分通过合作社得以流通而较少在期货市场套期保值。第三，美国联邦农业保险几乎覆盖了75%的稻谷种植面积，是一个更加适用于稻谷生产者和加工者的风险管理工具，也在一定程度上影响了美国籼稻期货市场的规模（图11-3）。

---

①　数据来源：CME Group Inc.期货价为近期合约月末收盘价。
②　期货价格波动率是测量给定日期的价格变化，其计算方法是日价百分比变化的年度标准方差，用百分比表示，反映了该品种的价格波动和活跃性。

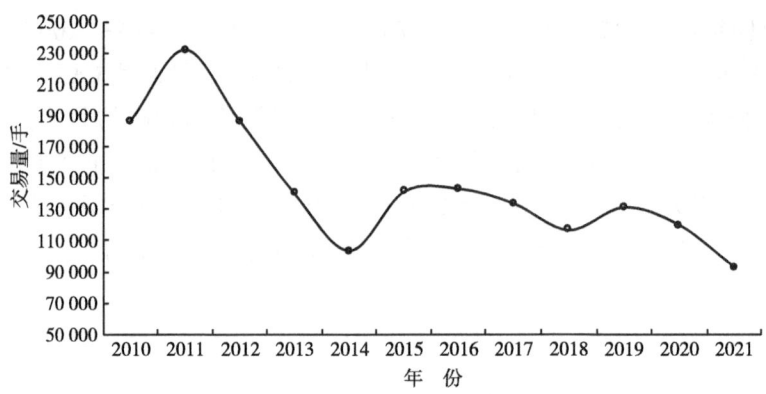

图11-3 CBOT稻谷期货年度交易量变化（RRH2）

数据来源：www.investing.com。2021年为前11个月数据，每手为2 000美担

为了补充现有的实物交割的美国稻谷期货和期权，CBOT于2020年推出了泰国长粒白米（Platts，普氏）期货合约，在CME Globex电子平台交易，并通过CME ClearPort提交清算。该合约的第一个交易日是2021年11月23日。泰国白米财务结算（普氏）期货是基于普氏LRI公布的"泰国长粒白米5%破损FOB"价格评估。泰国长粒白米（普氏）期货合约密切跟踪其5%碎米现货市场，使企业能够管理对泰国和其他竞争性白米出口的价格风险。该期货合约的主要特点包括：为泰国和其他竞争产地的长粒白米出口市场提供有效的价格风险管理工具；以现金结算为基础——基于普氏泰国长粒白米评估（无实物交付）；12个日历月可供交易；由CME集团提供12个日历月的每日价格结算；可通过CME ClearPort上活跃的经纪商市场以私人协商的方式进行交易；可捕捉与CBOT美国糙米期货的价差机会[①]。

11.3.3.2 泰国大米期货

泰国农业期货交易所（AFET）成立于1999年，是泰国唯一的农业期货交易所，由农业期货交易委员会监管，由泰国政府资助[②]，交易产品包括天然橡胶、大米和木薯。大米（White Rice 5%）期货在2004年8月26日上市，2011年进行了一次修改。大米期货交易量在2009年最高达到11.51万手，但2010年后，由于泰国政府实行大米典押制度，设置了最低保护价，导致市场交易清淡（图11-4）。白米5%碎米FOB期货合约于2011年4月29日上市，合约月份为1、3、5、7、9、11月，交割单位250t/手[③]。

2015年3月，泰国期货交易所（Thailand Futures Exchange PCL，TFEX）和AFET宣布合并，推动泰国农产品期货交易所发展，在政府政策下，将泰国的农业期货交易

---

① 资料来源：www.cmegroup.com。
② 资料来源：https://www.marketswiki.com/wiki/Agricultural_Futures_Exchange_of_Thailand。
③ 资料来源：AFET网站。

所合并到TFEX的管理之下,确保较高的效率和最小化的交易成本,同时旨在拓展国际市场[1]。

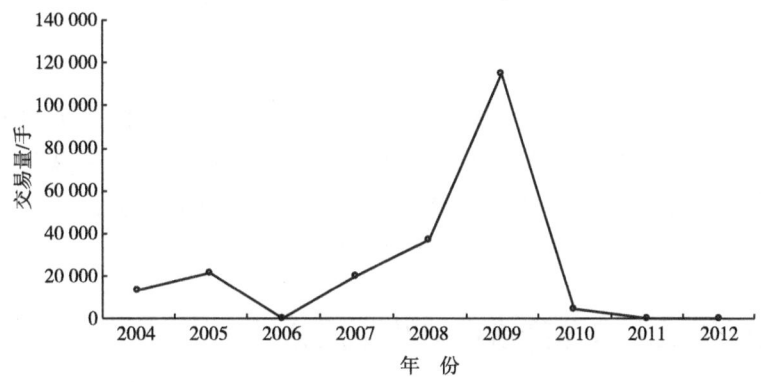

图11-4 泰国农业期货交易所(AFET)大米(White Rice 5%)期货交易量

11.3.3.3 印度大米期货

印度国家商品及衍生品交易所(NCDEX)成立于2003年11月20日,推出了巴斯马蒂稻谷期货(NCDEX Paddy(BASMATI)-PUSA 1121 Futures)。巴斯马蒂(Basmati)品种的大米通常产自印度—甘地平原一带,旁遮普邦和哈里亚纳邦是印度巴斯马蒂大米的主要产地。巴斯马蒂大米是一种芳香型大米品种,以其精致的香气和柔软的质地而闻名,由于需求量大,在国内和国际市场上都能卖出高价。巴斯马蒂稻米是印度重要的稻米品种之一。在印度,巴斯马蒂大米是在一定气候条件、土壤肥力、灌溉条件下种植的。印度占全球巴斯马蒂大米产量的70%左右,其余30%来自巴基斯坦。根据市场估计,巴斯马蒂大米的产量约占印度大米总产量的5%。就巴斯马蒂稻米而言,印度生产的主要品种是PB-1121,占巴斯马蒂总产量的65%以上。普萨巴斯马蒂1121(PB-1121)是一个具有里程碑意义的巴斯马蒂大米品种,拥有超长的米粒和特别的香味。NCDEX规定稻谷应处于良好的可销售状态,干燥、清洁、卫生,颜色和颗粒大小均匀,没有霉菌、活体象鼻虫和讨厌的气味。重要质量参数包括:基础水分13%、不超过14%,杂质不超过1%,变色、被虫蛀和破损的谷粒不超过4%,未成熟的谷粒不超过4%,绿色的谷粒不超过5%,低等级的混杂物不超过5%,空壳率不超过2%,脱壳率不低于72%,烹饪前脱壳米的平均粒长不低于8.30mm。但巴斯马蒂稻谷期货交易不活跃,交易单位是10MT,近一年的交易量都是0(NCDEX,2021)[2]。

---

[1] TFEX News 3/2015.

[2] file:///C:/Users/DELL/Downloads/Paddy%20-%20Performance%20Review%20FY%202020-21_1624613403.pdf.

第12章 稻米市场价格

国内对稻米市场价格的研究比较有限，主粮作物中，稻米的受关注度不如大豆、玉米。作为我国两大口粮，大米受政策保护程度较高，因此市场扭曲程度较高。本章主要分析我国稻米市场年度和月度价格走势及原因，并重点分析了2020年受新冠肺炎疫情冲击下我国稻米价格变化情势、影响因素和调控措施。

12.1 我国近年稻米市场价格走势及原因分析

2015年以来稻米价格变化趋势：2016年、2017年与2015年基本持平，2018年、2019年明显下降，2020年、2021年有所回升（图12-1、表12-1）。由于稻米需求量短期内波动较小，年度价格变化主要受到产量预期和政策（主要是最低收购价）的影响。

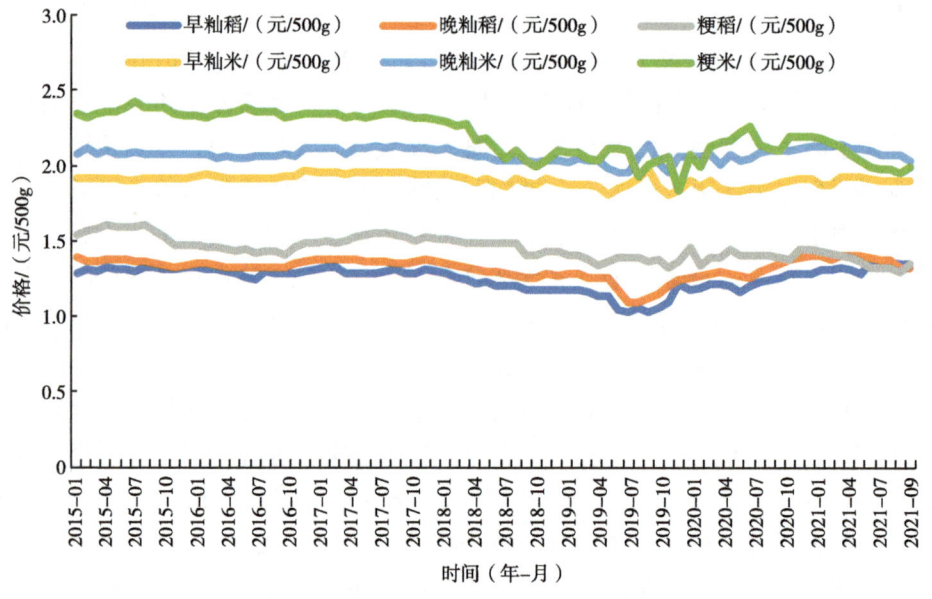

图12-1　2015—2021年稻米价格变化

表12-1　国内稻米年度均价（2015—2021年）　　　　　（单位：元/500g）

年份	早籼稻	晚籼稻	粳稻	早籼米	晚籼米	粳米
2015	1.31	1.36	1.56	1.91	2.08	2.36
2016	1.29	1.34	1.45	1.93	2.07	2.35
2017	1.30	1.37	1.52	1.95	2.11	2.33

（续表）

年份	早籼稻	晚籼稻	粳稻	早籼米	晚籼米	粳米
2018	1.22	1.30	1.47	1.91	2.06	2.15
2019	1.11	1.20	1.38	1.87	2.02	2.06
2020	1.22	1.30	1.40	1.87	2.07	2.14
2021	1.33	1.38	1.38	1.91	2.10	2.07

注：2021年为1—11月均价。数据来源：农业农村部CAPES系统

表12-2　2015—2021年国内稻谷最低收购价　　（单位：元/500g）

年份	早籼稻	中晚籼稻	粳稻
2015	1.35	1.38	1.55
2016	1.33	1.38	1.55
2017	1.3	1.36	1.5
2018	1.2	1.26	1.3
2019	1.2	1.26	1.3
2020	1.21	1.27	1.3
2021	1.22	1.28	1.3

如表12-2所示，2018年价格下跌的主要原因：2018年稻谷最低收购价大幅下调，早籼稻、中晚籼稻和粳稻最低收购价比2017年分别下调10元、10元和20元（每50kg），下调幅度分别为7.7%、7.4%和13.3%。"稻谷供大于求"信号增强，去库存成为主基调。当时国家信息中心预计，2017—2018年，全国稻谷结余量为2 596万t，连续4年维持在2 500万t以上的高位，稻谷供大于求矛盾突出，稻谷减产量、去库存成为未来3年稻谷市场宏观调控的主基调（胡文忠，2018）。

2019年价格下跌的主要原因：最低收购价下调对价格预期产生的冲击。中国稻谷最低收购价在2014年达到顶峰后开始连续下调，由此产生的预期调整对水稻生产形成较强的价格风险冲击（彭长生等，2019）。拍卖底价连续大幅调低，低价稻谷大量出库。继2018年下调最低收购价稻谷竞价销售底价后，2019年国家再次全面下调了竞价销售底价。其中，2015年产籼稻和粳稻的销售底价较上年下调400～600元/t；2016—2017年产籼稻和粳稻分别较上年下调100元/t和200元/t；2013—2014年产稻谷下调100～300元/t。而新设立的专场销售，籼稻和粳稻的拍卖底价分别为1 500元/t、1 600元/t，已低于玉米价格。稻谷竞价销售底价的大幅降低，加快了政策性稻谷去库存速度。截至2019年10月16日，最低收购价稻谷成交超过1 200万t，较上年全年增加350多

万t，刷新了2017年创下的历史纪录①。

2020年价格回升的主要原因：一是年初国内新冠肺炎疫情引发的恐慌性采购、道路限制造成的原粮供应不畅等原因，引起米价上涨。二是国内稻谷最低收购价打破下调趋势，较2019年稳中略涨，早籼稻和中晚籼稻各上涨0.02元/kg，释放"重农抓粮"积极信号。三是受全球新冠肺炎疫情影响，国际米价高位运行，使国内米价上涨预期较高。2021年主要受到籼稻最低收购价提升的"信号"作用，早籼稻和晚籼稻价格较2020年有所上涨，粳稻和粳米则有所下跌。

12.2 我国稻米价格季节性波动及原因分析

2015—2021年比较一致的季节性波动包括：4月价格有所下跌，6、7月价格下跌，12月价格环比明显上扬（图12-2）。影响稻米价格季节性波动的主要因素包括：① 季节性消费需求变化，如夏季气温较高，一般消费需求较低，冬季则相反。另外，节假日消费需求增多，主要包括春节和国庆等大型节日。② 替代品价格变化，主要包括主食作物小麦和饲料作物玉米等，分别对口粮和饲料用途的稻谷产生影响。如2020年4月以来的玉米价格上涨。③ 产量波动，主要包括受大型灾害导致的减产预期等。如2020年南方地区8、9月持续降雨造成的洪涝灾害。④ 国际价格波动的影响。虽然我国稻米价格与国际市场的关联度较弱，但在国际价格剧烈波动时，也部分受到情绪传导影响。

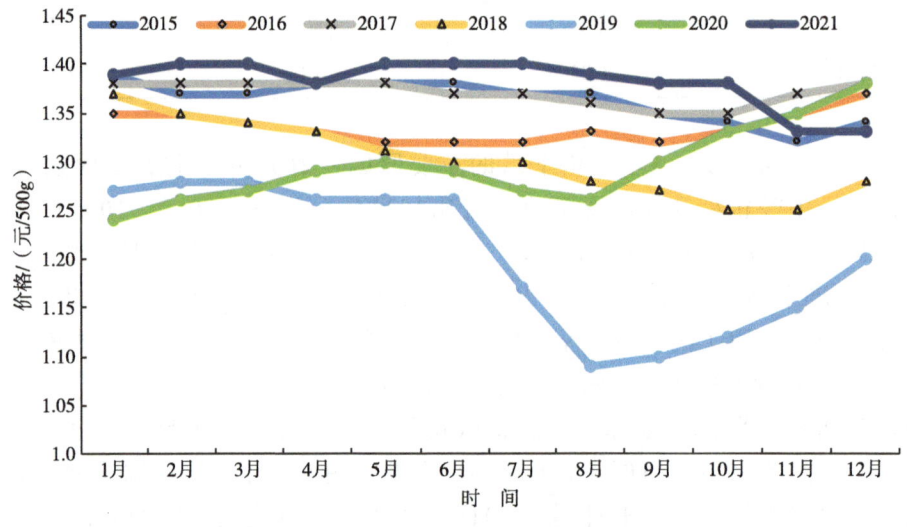

图12-2 中晚籼稻价格季节性波动

12.3 新冠肺炎疫情冲击下我国稻米价格变化情势

2020年初国内新冠肺炎疫情暴发时，由于交通受阻、劳动力流通不畅等原因造成对

---

① https://www.sohu.com/a/350352396_818809 《2019中国稻谷（大米）产业报告》

粮食供应的担忧,引发了部分地区短暂的"抢购"粮食现象,促使稻米价格上涨,一定程度上奠定了全年稻米涨价基调。总体上2020年稻米价格较上年同期更高,特别是9、10月以来中晚籼稻主产区开秤价普遍偏高,并一路高开高走。据农业农村部公布数据,早籼稻和晚籼稻10月均价分别为2.48元/kg(以标准干谷计,下同)、2.66元/kg,均高于国家出台的最低收购价,较上年同期高20%左右。虽然2020年稻谷价格涨幅不及玉米,但作为我国最大的口粮品种,也引发了社会的广泛关注,如不加以合理引导,有可能出现消费者盲目囤粮影响正常秩序等市场失灵情况,政府若采取过激措施强制压价又会打击稻农的种植积极性。那么,2020年我国稻谷价格上涨到底处于何种情势,是否会影响到市场正常运行?国内及全球新冠肺炎疫情冲击与其他影响供求的要素相叠加,如何对稻谷价格上涨形成影响?政府应该采取哪些措施进行应对,以避免出现不良后果。

12.3.1 我国稻谷及关联产品价格上涨情势判断

12.3.1.1 国内稻谷价格处于低迷后回升阶段

据农业农村部发布数据,2020年籼稻价格与上年同期相比上涨势头强劲,8月以来价格一路上扬,10月,早籼稻价格2.48元/kg,比1月累计上涨1.6%,比上年同期涨20.4%;晚籼稻价格2.66元/kg,比1月累计上涨7.3%,比上年同期涨18.8%;粳稻价格相对比较稳定,10月,粳稻价格2.8元/kg,比1月累计上涨2.9%,比上年同期涨2.2%。

安徽省粮食和物资储备局自2020年10月10日启动稻谷市场价格监测,数据显示,截至11月底,中晚稻市场价格普遍高于国家规定的最低收购价。其中,普通品种中晚籼稻平均市场价格为2.58元/kg,优质中晚籼稻市场价格达到2.70~2.768元/kg;粳稻平均市场价格在2.64元/kg左右。据安徽省粮食和物资储备局预判,2020年启动中晚稻最低收购价执行预案的可能性较小。安徽省桐城市2020年中籼稻开秤价2.54元/kg,10月30日收购价2.82元/kg,与上年相比开秤价、收购价每千克分别上扬0.1元、0.3元。安徽省庐江县2020年早稻收购价2.46~2.5元/kg、中籼稻2.7~2.8元/kg、粳稻2.6~2.62元/kg,平均价分别较上年增长18.1%、9.2%和15.6%。

从更长的趋势线来看,我国稻谷价格在此轮上涨前是市场低迷时期。2015—2019年稻谷价格一直处于下行趋势,2016年、2017年基本保持平稳后,2018年、2019年出现较大幅度下降,特别是早、晚籼稻价格在2019年下半年一直处于最低收购价以下。2018年稻谷最低收购价大幅下调,早籼稻、中晚籼稻和粳稻最低收购价比2017年分别下调10元、10元和20元(每50kg),下调幅度分别为7.7%、7.4%和13.3%。2017年,全国稻谷供大于求矛盾突出,稻谷减产量、去库存成为此后3年稻谷市场宏观调控的主基调(胡文忠,2018)。中国稻谷最低收购价在2014年达到顶峰后开始连续下调,由此产生的调整预期对水稻生产形成较强的价格风险冲击(彭长生等,2019;周静等,2019)。2018年、2019年连续下调政策性稻谷竞价销售底价,加快了政策性稻谷去库存速度,其中,2015年产籼稻和粳稻的销售底价较上年下调400~600元/t;2016—2017年产籼稻和粳稻分别较上年下调100元/t和200元/t;2013—2014年产稻谷下调100~300元/t。

虽然2020年稻谷价格与2019年同期相比增长明显,但与2018年及前5年的价格相比,2020年稻谷价格上涨只是连续低迷后的回升阶段,还远未达到历史高点。由于年份间各品种稻谷价格走势相似,以晚籼稻为例,2020年与2018年同期价格相比,只有9、10月小幅上涨,其他月份都是下跌,2020年分别与2017年、2016年、2015年同期价格相比,所有月份都是下跌。综上判断,2020年我国稻谷价格只是从近5年的低迷中回归,涨幅处于正常范围,政府及相关市场主体都不应采取过激反应。

12.3.1.2　国内大米价格涨幅低于稻谷

稻谷价格上涨带动大米价格也相应攀升,但涨幅明显低于稻谷。以晚籼米为例,2020年稻谷价格有三个月较上年同期涨幅超过了15个百分点,但大米价格各月涨幅都低于5个百分点,"稻强米弱"特征明显(图12-3)。10月,早籼米价格3.72元/kg,比1月累计上涨1.1%,比上年同期跌6.1%;晚籼米价格4.2元/kg,比1月累计上涨1.9%,比上年同期跌1.9%;粳米价格4.22元/kg,比1月累计上涨14.7%,比上年同期涨5%。"稻强米弱"的主要成因,一是我国大米加工产能过剩、过度竞争,二是国际大米价格对中低端大米市场的冲击作用,"稻强米弱"在一定程度上有利于保障农民收益的同时缓解成品粮的上涨压力(张晶等,2014;武舜臣,2016)。

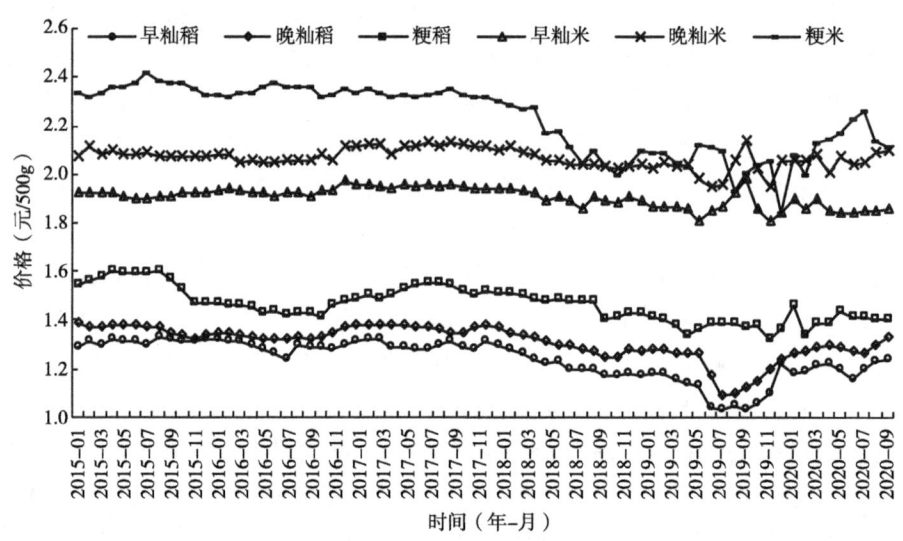

图12-3　我国稻米月度价格走势(2015年1月至2020年10月)

数据来源:农业农村部

12.3.1.3　国内大米加工副产品价格上涨明显

2020年大米加工副产品价格上涨幅度较大。米糠或米糠粕主要作畜禽饲料使用,受到玉米、大豆等主要饲料粮价格大幅上涨的影响,米糠和米糠粕的价格也随之上涨,并成为大米加工企业的一个重要利润来源。据天下粮仓粮油饲料网监测数据(图12-4),米糠和米糠粕价格在2015年1月到2016年3月持续大幅下滑,之后逐渐回升,价格分别稳定在1.6~1.7元/kg、1.4~1.6元/kg。2020年1月以来逐渐上涨，10月，米糠价格2.18元/kg，比1月累计上涨26.6%，比上年同期涨29.6%；米糠粕价格1.84元/kg，比1月累计上涨23.9%，比上年同期涨21.0%。

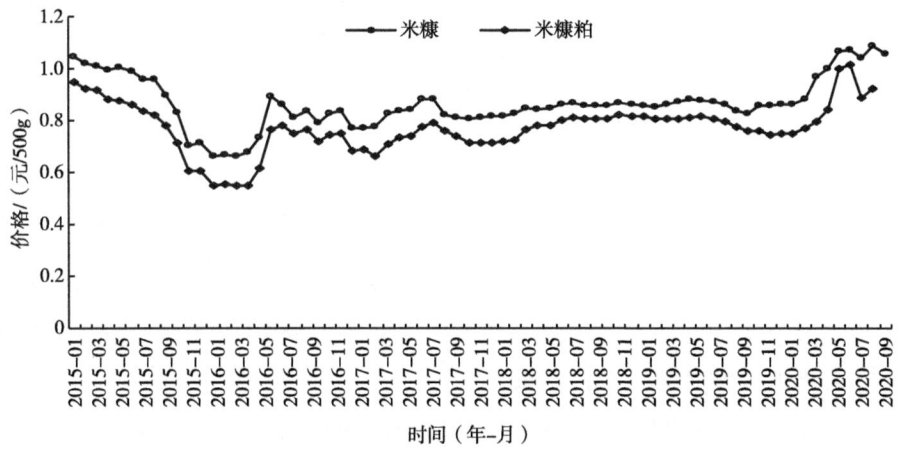

图12-4　我国米糠和米糠粕月度价格走势（2015年1月至2020年10月）

数据来源：天下粮仓粮油饲料网

12.3.1.4　国际大米价格高位运行

2020年国际大米价格保持高位运行（图12-5）。4月处于价格顶峰，国际大米价格（泰国曼谷25%含碎率大米FOB价）537美元/t，比上年同期涨33.3%。5月以来，国际价格呈震荡回落趋势。10月国际价格463美元/t，比4月高峰时有所回落，但仍比1月累计上涨6.7%，比上年同期涨10.2%。2015年以来，大米国内外价差呈缩小趋势，2020年国际大米价格处于高峰时，国际到岸税后价格甚至超过了国内价格。对比2020年国内晚籼米和国际大米到岸税后价走势，3、4月国际米价大幅上涨时，国内米价只有小幅上涨，7月以后甚至出现相反趋势，可见，2020年国内外大米价格涨跌的联动作用不明显。

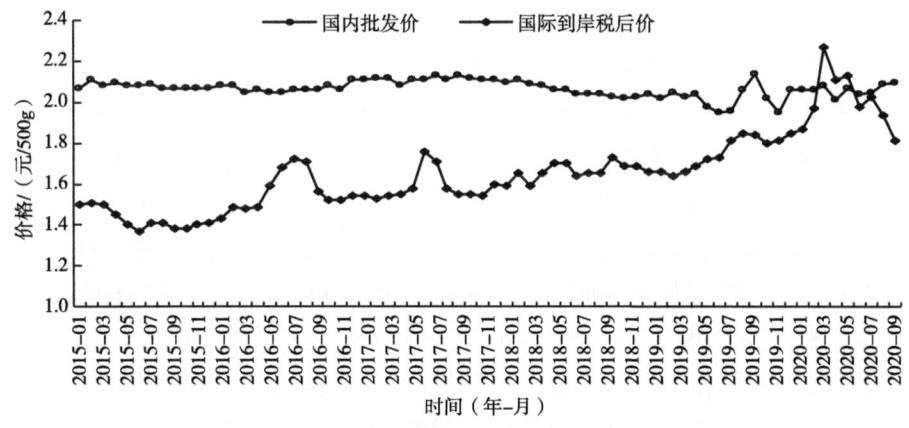

图12-5　国内批发价（晚籼米）与国际到岸税后价格比较

数据来源：农业农村部

12.3.2 影响2020年稻价上涨的主要因素及机制分析

新冠肺炎疫情冲击造成的大米出口受阻、大米进口国粮食需求提高，形成了国际粮食紧缺局面，造成国际大米市场的大幅上涨，叠加国内自然灾害、饲料需求剧增等因素，奠定了2020年我国稻谷价格的上涨基础，主要的作用机制包括自然灾害造成的减产预期、生产者惜售和采购商抢购减少市场流通量、玉米价格上涨带动饲用稻谷需求增加以及国际大米市场热度的影响。

12.3.2.1 局部地区自然灾害因素对稻谷产量的影响

继2020年初出现的弱厄尔尼诺现象，拉尼娜现象在年中正式形成，极端天气影响全球农业生产。在我国南方部分地区，早稻和一季稻的重要生育期出现多雨寡照和病虫害，导致早稻结实率和千粒重双下降，收获期又逢洪涝灾害，倒伏严重甚至绝收，晚稻生产遭遇移栽推迟和寒露风，单产降低。

据国家统计局公布数据，2020年我国早稻播种面积475万hm²，比2019年增长6.8%，单位面积产量5 745kg/hm²，比2019年下降2.7%，总产量2 729万t，比2019年增长3.9%。早稻面积实现了增长，但单产下降明显，自然灾害是其重要原因。据作者于2020年11月在安徽省的调研，安徽省一季稻（主要为中籼稻）遭受不利天气影响较大，江淮分水岭地区育秧期遭受干旱，导致栽插困难、延迟；汛期发生内涝、漫堤、破圩，造成不同程度受淹，一季稻成为秋粮中受灾面积最大的作物；梅雨期长时间寡照，导致无法晒田，部分一季稻抽穗后呈现穗数多、穗粒少的情况，2020年全省一季稻平均单产降低约5%左右。据当地农业农村部门预计，安徽省桐城市2020年全市水稻播种总面积4.86万hm²，较上年增33.3万hm²；实际收获面积4.4万hm²，因灾致播种面积减4 600hm²；预计收获水稻平均单产7 830kg/hm²，较上年平均单产减967.5kg，减幅11%；总产34.5万t，较上年减6.6万t，减幅16.1%。安徽省庐江县2020年水稻播种总面积11.19万hm²，较上年增加5.5%，洪涝造成水稻受灾面积6.36万hm²，成灾面积4.17万hm²，绝收面积2.42万hm²。

作者于2020年8月针对早稻主产区受灾情况开展调查，调查对象为水稻种植户（合作社、种植大户和普通农户等），共回收有效问卷99份，涉及省份包括广东、广西、湖北、湖南、江西、安徽、浙江、重庆、云南、福建、海南。据调查数据，99个有效样本中，2020年水稻受灾的样本数为71个（占比71.7%），其中21个样本受灾类型为旱灾（21.2%），46个为洪涝灾害（46.5%），36个为病虫害（36.4%），8个为台风（8.1%），其余还包括倒春寒、梅雨、鸟害和鼠害等。与2019年相比，64%的调查对象反映受灾程度更重，49.5%的调查对象反映产量减少，大部分减产幅度为10%~30%，减产幅度最高达到了60%。预计2020年水稻每公顷产量在6 750kg以上的只占样本数的16%左右，71%的样本每公顷产量在4 500~6 750kg，13%的样本每公顷产量低于4 500kg/hm²。

由于我国水稻种植面积大且分布较广，局部地区受灾导致的减产并不一定对我国稻谷总产量造成明显的影响，但是，受灾地区的减产基本已成定局，在供求关系决定价格走向的情境下，形成了一定的稻价上涨基础。

12.3.2.2 价格预期与稻谷市场购销行为的相互作用

随着网络媒体传播手段的便捷化以及新冠肺炎疫情、中美贸易、洪涝灾害等一系列热点事情的加持，粮食安全相关的信息备受关注，稻谷价格上涨预期对水稻生产者、经营者和消费者均产生较大刺激，很容易影响生产和消费者的心理和行为，并进一步对价格预期产生加强作用。主要表现在以下三方面：

一是增加种植户惜售心理。现行粮食价格、未来价格预期对种粮大户售粮方式行为选择影响显著，种粮大户对风险具有较强的感知行为控制，敢于冒更大风险采取分批售粮方式来增加收入（姚增福等，2013）。农户普遍有"卖低不卖高"的行为，在市场行情好的时候容易出现惜售心理，在价格下跌时容易出现恐慌售粮。据作者调研情况，此轮稻谷价格上涨后，农户售粮和存粮行为由往年的紧迫和积极主动变为持续观望，特别是有烘干设备和具备储藏条件的农业经营主体普遍看好后期粮食价格走向，希望在价格更高时再决定售粮。国家粮食和物资储备局的数据表明，截至2020年10月31日，湖北、安徽等14个主产区累计收购中晚籼稻1 026万t，比上年同期下降13.9%；黑龙江等7个主产区累计收购粳稻304万t，比上年同期下降12.4%。据安徽省农业农村部门预测数据，2020年全省预计收购量比上年明显减少，预计2020年安徽省中晚稻全社会收购量约为600万t左右，其中国有企业收购量约为100万t左右，同比分别减少250万t和319万t。截至10月28日，安徽省全社会已收购中晚籼稻126万t，其中国有企业收购量为18万t，同比分别减少62万t和36万t。据作者调研数据，受稻谷收获时间延迟和种植户惜售影响，桐城市粮库、加工企业等新稻入库库存量明显少于往年，截至10月31日，桐城全市粮食加工企业和烘干单位稻谷库存仅6万t左右，往年同期在15万t以上，最低收购价稻谷库存也从年初的22万多t下降到10万t。

二是大米加工者争抢粮源。据天下粮仓粮油饲料网对全国100家米企的监测数据，2020年11月20日，大米加工企业开机率达到了30.1%，比上月增加了约10个百分点。据作者调研情况，自早稻收获之后，粮食主销区和进口大米主销区的民营加工企业到粮食主产省区采购粮食，如广东、福建等省的民营加工企业到安徽水稻产区收购稻谷。与此同时，稻谷主产区之间也出现了相互跨省抬价收购的行为，如湖北和江西的民营加工企业到安徽收购稻谷，安徽的民营加工企业到江苏收购稻谷。这类民间自发的跨省收购行为，进一步推高了稻谷收购价。

三是消费者增加大米购买量。2020年3月、4月，受国内新冠肺炎疫情影响造成的物流受阻等问题引发消费者对粮食购买的恐慌，部分地区出现了大米"哄抢"现象，推高了国内米价。在一些媒体大肆宣扬粮价将大涨的信息刺激下，一些地方可能还会出现消费者盲目"囤粮"的现象，影响市场秩序。

综上，预期粮价上涨的信息刺激容易造成稻米供给端惜售、需求端争相"抢购"，形成了短期内市场供不应求的假象，助推稻谷价格上涨。

12.3.2.3 玉米价格上涨对饲用稻谷消费及大米副产品的影响

受饲料粮需求增加的影响，拉动具有替代品属性的饲用稻谷及大米副产品价格上涨。在经历了"非洲猪瘟"和"禽流感"之后，我国养殖业全面复苏，饲料需求量随之大幅度增加，作为重要饲料来源的玉米供需紧张，我国从国际市场大量进口玉米。据联合国粮农组织数据，2019/2020年度全球玉米库销比降至26.2%，较2018/2019年度下降1.8个百分点。玉米主要出口国受新冠肺炎疫情影响较重，如美国、巴西、欧盟、乌克兰、阿根廷等，玉米贸易面临短期封关、物流运输中断风险，导致玉米价格上涨。2020年我国玉米价格持续上涨，10月产区批发价2.32元/kg，比1月累计上涨27.5%，比2019年同期上涨25.2%。玉米对稻谷价格波动的影响具有正向效应（钟超等，2017），当玉米价格上涨到与储存时间较长的陈稻谷接近时，会有一部分稻谷替代玉米用作饲料原料，使饲用稻谷消费量增加。据天下粮仓粮油饲料网11月预测，我国2020/2021年度稻谷饲用及损耗量比2019/2020年度增长8.6%。我国玉米价格上涨，带动了可作饲用的稻谷及大米加工副产品（如米糠、米糠粕）需求增加、价格上涨，并进一步传导至稻谷价格。

12.3.2.4 国际市场热度向国内市场的情绪传导

全球新冠肺炎疫情造成了大米主要出口国阶段性的贸易停滞，同时，各国为应对危机和保障粮食安全对大米的进口需求增加，供需格局变化推高了国际米价。国际米价（泰国曼谷25%含碎率大米）1—10月月度均价同比增幅均高于9%，4月价格同比增幅达到了33.3%。我国稻米产需基本平衡，进口大米主要用于品种调剂，大米年进口量只占到年产量的2%以下，对外依存度低。2020年我国大米进出口量低于上年同期，2020年1—9月，累计进口大米167.83万t，同比下降2.9%；累计出口大米187.43万t，同比下降13%。从数量规模来看，国际大米价格难以直接对国内市场形成有效的传导作用，影响方式主要是国际大米市场热度的情绪传导带来的价格上涨预期。另外，据作者调研情况，受国外疫情影响，在部分边境地区走私流入境内的低价大米大幅减少，助推了当地稻米价格上涨。

12.3.3 稻价上涨的利弊分析和调控措施

12.3.3.1 稻谷价格适度上涨的积极意义

稻谷价格适度上涨对提振种植户的信心和引导粮食消费有一定的积极意义。首先，价格上涨有利于提高农户稻谷种植积极性。农户会根据其预期价格调整当期生产决策，当稻谷预期价格下降时，稻谷播种面积占比也将下降（张贝倍等，2020）；稻谷价格上升时，种植面积扩大（吕东辉等，2019；王莉等，2010）。目前在复杂的国际背景下，粮食安全的重要性得到中央高层领导再三强调，并采取了一系列措施促进稻谷面积扩大。提高单位土地种粮收益是促使农户种粮的最根本途径（曾福生等，2012），稻谷价格上涨在一定程度上能够增强农户水稻种植积极性，稳定种植大户发展，有利于保障水稻种植面积不下降，刺激水稻种植户增加资本投入，优化种植结构，有效提升粮食品质。

其次，价格适度上涨有利于减少稻米损耗和浪费。我国稻谷每年在生产、储存和流通环节的损失量仍较大，损耗率没有得到明显降低。在产后环节，相对居民其他日常消费品来说大米价格相对低廉，存在较严重的浪费问题，特别是餐饮行业的浪费现象更加严重。据卢士军等（2019）的估算，我国水稻全产业链损耗和浪费率为13.64%，其中全产业链损耗率为8.42%，消费端浪费率为5.22%。稻谷和大米消费价格适度上涨，一方面，有利于生产经营者增加储存设施投资，降低损失率；另一方面，将有利于降低产后损耗率，使居民的口粮消费回归到节俭状态。

12.3.3.2　稻谷价格过度上涨可能带来的问题

一是价格大幅波动带来的生产经营风险。稻谷生产者最希望的是价格平稳或适度上涨，能够丰产丰收。价格上涨对生产者的作用一方面是促使种植户惜售，另一方面是将促使下年度种植面积扩大。但是，一旦价格大涨后遭遇大跌，将给生产经营者造成巨大损失，不利于稳定种粮信心。另外，稻谷粮价大涨可能会带来种植成本的上涨，特别是在目前土地流转市场不够规范的背景下，可能引起下一年度土地流转成本随意上涨，压缩种植大户的纯收益，而且土地转入户会减少粮食作物种植比例而增加经济作物种植比例（王善高等，2019）。

二是秋粮品种的轮换挑战加大。由于种植户惜售、大米价格涨幅不及稻谷，使大米收储加工企业成本提高，粮食收储和加工企业出现收购难等情况。根据规定，地方政府储备粮的轮换架空期原则上不得超过4个月，市场价格高，轮换窗口期短暂，将增大储备粮成本和财政压力。

三是消费者盲目囤粮引发不良后果。部分消费者在对国内稻谷储备情况、国家平抑粮价措施等信息了解不完全的情况下会过度增加对大米的需求，容易造成盲目"抢购""囤粮"等现象，扰乱正常市场秩序。

12.3.3.3　政府调控措施评价及建议

粮食价格应以稳为主，要避免大涨大跌。针对2020年三季度以来的粮价上涨，中央层面已经出台了一系列应对措施，防止价格过度上涨引发更大的风险。一是加大了国家政策性粮源投放力度。据国家粮食交易中心数据，9月开始最低收购价，稻谷竞价交易数量大幅提高，2020年9—11月计划交易数量共2 241万t，比2019年同期增加1 661万t；实际交易391万t，比2019年同期增加342万t。增大政策性粮源投放有利于释放粮食库存充足的信号，稳定市场购销主体的情绪。二是国务院发文布局粮食安全，继2020年9月15日发布《关于坚决制止耕地"非农化"行为的通知》后，11月17日发布《关于防止耕地"非粮化"稳定粮食生产的意见》，高度强调了粮食生产的重要性，有利于后期稳定粮食种植面积，提高保障粮食安全自给水平的能力。三是国有库暂停库存轮换任务。一些中央和地方储备库在稻谷价格高于某一固定点时暂停库存轮换，避免与市场主体抢粮，对暂时性降低市场热度具有重要作用。但这部分需求只是延后了，库存轮换任务依然要保量完成，后期对平抑价格的作用可能有限。2020年稻谷主产区最低收购价预案启动的可能性较小，总体上，稻谷以市场化收购为主。

  面临复杂的国际局势、全球粮食危机预警及国内玉米价格大幅上涨等背景，国内稻谷价格后续走势可能仍然偏强。市场监管部门应密切关注价格波动并适时采取干预措施，避免价格上涨过高，防止扰乱市场秩序的行为，防范给生产经营者带来的新风险点。首先，严防投机炒作。2020年粮食价格上涨中，也掺杂着国内外投机资本囤积居奇、炒作粮食价格的因素，市场监管部门要采取有效措施，严厉查处各类扰乱粮食市场秩序的违法违规行为。其次，要加强信息沟通，避免市场"哄抢"等现象。建议加强种粮农户与粮食收储企业的信息沟通交流，确保粮食颗粒入仓入库入市，稳定市场，保障粮食安全，提高农户效益。最后，要加强农业支持，提高水稻种植大户抗风险能力。我国的粮食生产将越来越以规模经营为主，提高大户的抗风险能力是保障粮食安全的重要内容。目前水稻生产者面临人工成本逐年提高、土地流转不稳定、农田水利设施落后、烘干贮藏设施不足等制约因素，抵御自然灾害能力较弱，生产风险总体偏高，利润较薄。在作者走访调研的水稻种植大户中，有的由于农田灌排水条件差，受洪涝灾害严重；有的由于缺少烘干和储备条件，很难获取此轮稻谷价格上涨的收益。建议提高稻谷补贴标准，逐步将耕地地力保护补贴资金转向稻谷生产补贴，新增补贴更多投向种粮大户；重视应急救灾种子贮备及提高水稻保险最高赔付额，让水稻种植大户吃下定心丸。

第13章 中国大米品牌

13.1 中国大米品牌发展现状

13.1.1 概念界定

13.1.1.1 区域品牌的理论基础

区域品牌的经济学理论体系较为完善。根据公共产品理论，社会产品分为公共产品和私人产品，按照萨缪尔森在《公共支出的纯理论》中的定义，纯粹的公共产品或劳务，即每个人消费这种物品或劳务不会导致其他人对该种产品或劳务消费的减少。通常认为公共产品属于一定的组织，组织内部的成员共同拥有该公共产品，组织成员消费公共产品具有消费的非排他性和非竞争性。进一步地，目前主流经济学将区域品牌视为公共产品，哈佛大学商学院的迈克尔·波特（Michal E. Porter）在其著作《竞争战略》中将"产业群"看作区域经济的一个显著特征，波特认为区域品牌或区域声誉是一种"准公共产品"。区域品牌既是某一特定区域内各种产业组织利益相关各方的公共产品，也是一种地方性的公共产品。

区域品牌的相关概念界定尚未得到一致结论。当商品市场日趋成熟，区域品牌之间的竞争方式和参与主体也随之变化。通常，以产品为主的传统竞争方式逐渐演变为以品牌为主的新型竞争关系；以企业为主体的竞争方式逐渐拓展为区域企业集群之间的竞争。总体来看，借助自然优势或者文化优势形成的区域品牌的竞争，逐渐改变了企业之间的竞争模式，由原来的单纯的竞争关系转向竞争合作关系，区域品牌逐渐成为区域内企业合作竞争关系确立的重要工具和标志，区域品牌的建立和发展也适应了一定自然地理或文化区域内部企业发展的实际需要，有助于提高企业的市场竞争力。雷亮等（2015）认为目前区域品牌准确的经济学定义尚未明晰，对于区域品牌的本质也存在争议；陆国庆（2002）将农产品区域品牌称为农产品区位品牌，并对其经营管理提出相关建议，但并未对其准确概念进行明确界定；郑秋锦（2008）等认为区域品牌是品牌区域化的结果，是在某一特定区域内，从事同一产业的企业在某一组织机构的支持下通过互相之间的竞争合作关系形成的优势产业集群。

区域品牌的重要作用得到充分的理论和实践验证。浙江大学的胡晓云教授较早开始农业品牌研究，其对区域公用品牌的相关概念及其作用进行了较为系统的论述。区域品牌相较于企业品牌和产品品牌最大的差异是其具备系统整合区域资源、联合区域内产业资源的作用，具有促进地区经济社会发展、提升地区品牌价值的正外部性，可以普惠该区域内的相关产业共同发展。

13.1.1.2 区域品牌的命名方式

区域品牌命名方式通常反映了产品的地域属性和产品属性。区域品牌是在某一特定行政区域内，形成一定的产业规模和市场占有率、具备一定知名度和市场名誉的优势产业的产品形成的公共品牌（周云峰等，2015）。通常，区域品牌命名遵循"地区+产业"的模式，比如为大众所熟知的"五常大米"品牌，通过名称可以了解产品的基本特征与产地信息，区域品牌命名也体现了品牌所在地政府公信力和政府信誉。区域品牌命名具备两层含义，一是区域属性，不同于传统企业品牌和产品品牌的品牌属性，区域品牌地域属性将其限定于某一特定行政或者地理区域内部，反映特定区域内自然基础条件和资源优势。二是品牌属性，反映了该品牌的主体和形象。区域品牌命名向外传递了如下信息：在某个特定区域内进行生产的某种产品，可以使用区域名称作为产品背书，以区域公共形象和信誉作为产品品质担保，证明使用该区域品牌的产品具备优良的品质和产品价值。

区域品牌命名以县级区域为主。从目前的区域品牌命名情况来看，绝大多数通过国家工商总局、国家质检总局、农业农村部三部门批准使用的区域公共品牌覆盖区域为县级区域，少量涉及地市级区域和县级以下区域。具体来说，我国水稻区域品牌一级管理单位主体多数为县级政府，如五常市、舒兰市等；也有地市级政府，如盘锦市、常德市等；米业协会、农业农村局等中间管理机构负责水稻区域品牌的申报与管理工作，各地区的农业企业和合作社按照一定技术标准具体进行生产、加工。

13.1.1.3 区域品牌的管理主体

目前我国区域品牌的管理呈现多主体并行管理特征。2018年以前，农产品区域品牌的管理由国家工商总局、国家质检总局、农业农村部3个国家部门共同介入，且三部门之间管理相对独立，分别设计了不同的认证标志。3个主管部门分别发布了相关的管理办法和规定：国家工商总局于2003年颁布《集体商标、证明商标注册和管理办法（2003）》《中华人民共和国商标法》《商标法实施条例》；国家质检总局于2005年颁布了《地理标志产品保护规定（2005）》《中华人民共和国产品质量法》《中华人民共和国标准化法》《中华人民共和国进出口商品检验法》；农业部（农业农村部）颁布了《农产品地理标志管理办法（2008）》《中华人民共和国农业法》《中华人民共和国农产品质量安全法》。截至2018年，国家工商总局和农业农村部分别批准了2 000多个地理标志，质检总局批准了1 000多个地理标志。2018年国务院实行机构改革之后，国家工商总局与国家质检总局合并为国家市场监督管理总局，农业部改为农业农村部，农产品地理标志管理体系处于多方共管状态（柯炳生，2018）。笔者根据农业农村部和国家知识产权局官方文件，对区域品牌申报标准和流程进行梳理与总结。

13.1.2 品牌申报

13.1.2.1 国家区域品牌申报

(1) 农业部（农业农村部）。2007年12月6日，农业部第15次常务会议审议通过《农产品地理标志管理办法》（以下简称《办法》），自2008年2月1日起施行，这是农业农村部管理农产品地理标志的指导文件。《办法》依据《中华人民共和国农业法》《中华人民共和国农产品质量安全法》相关规定制定，旨在为规范农产品地理标志的使用，保证地理标志农产品的品质和特色，提升农产品市场竞争力。

《办法》提出，农产品特指来源于农业的初级农产品；农产品地理标志是标示农产品来源于特定地域，产品品质和相关特征主要取决于自然生态环境和历史人文因素，并以地域名称冠名的特有农产品标志。农业农村部负责农产品地理标志的登记工作，具体审查和专家评审工作由农产品质量安全中心负责。省级人民政府农业行政主管部门负责本行政区域内农产品地理标志登记申请的受理和初审工作。农业部设立的农产品地理标志登记专家评审委员会，负责专家评审。农产品地理标志登记专家评审委员会由种植业、畜牧业、渔业和农产品质量安全等方面的专家组成。农产品地理标志登记不收取费用。县级以上人民政府农业行政主管部门应当将农产品地理标志管理经费编入本部门年度预算。

对于申报产品，《办法》提出如下具体要求：①称谓由地理区域名称和农产品通用名称构成；②产品有独特的品质特性或者特定的生产方式；③产品品质和特色主要取决于独特的自然生态环境和人文历史因素；④产品有限定的生产区域范围；⑤产地环境、产品质量符合国家强制性技术规范要求。

对于申报主体，《办法》提出如下具体要求：①具有监督和管理农产品地理标志及其产品的能力；②具有为地理标志农产品生产、加工、营销提供指导服务的能力；③具有独立承担民事责任的能力。

对于申报材料，《办法》提出如下具体要求：地理标志登记申请人向省级人民政府农业行政主管部门提交以下申请材料：①登记申请书；②申请人资质证明；③产品典型特征特性描述和相应产品品质鉴定报告；④产地环境条件、生产技术规范和产品质量安全技术规范；⑤地域范围确定性文件和生产地域分布图；⑥产品实物样品或者样品图片；⑦其他必要的说明性或者证明性材料。

对于应用主体，《办法》提出如下具体要求：农产品地理标志登记证书持有人不得向农产品地理标志使用人收取使用费，使用农产品地理标志，应当按照生产经营年度与登记证书持有人签订农产品地理标志使用协议，在协议中载明使用的数量、范围及相关的责任义务。对可以使用地理标志的单位和个人做出如下具体要求：①生产经营的农产品产自登记确定的地域范围；②已取得登记农产品相关的生产经营资质；③能够严格按照规定的质量技术规范组织开展生产经营活动；④具有地理标志农产品市场开发经营能力。

对于标志管理，《办法》提出如下具体要求：①县级以上人民政府农业行政主管部门应当加强农产品地理标志监督管理工作，定期对登记的地理标志农产品的地域范围、标志使用等进行监督检查。②地理标志农产品的生产经营者，应当建立质量控制追溯体系。农产品地理标志登记证书持有人和标志使用人，对地理标志农产品的质量和信誉负责。③任何单位和个人不得伪造、冒用农产品地理标志和登记证书。④国家鼓励单位和个人对农产品地理标志进行社会监督。⑤从事农产品地理标志登记管理和监督检查的工作人员滥用职权、玩忽职守、徇私舞弊的，依法给予处分；涉嫌犯罪的，依法移送司法机关追究刑事责任。

（2）国家知识产权局。国家知识产权局也建立了完善的地理标志产品认证与管理系统，现国家知识产权局地理标志产品检索系统可以检索查询原质检总局地理标志保护产品批准公告，以及改革后国家知识产权局地理标志保护产品批准公告。在国家知识产权局接管地理标志产品申报工作之前，国家质量监督检验检疫总局于2005年6月7日通过第78号令颁布《地理标志产品保护规定》（以下简称《规定》）。《规定》依据《中华人民共和国产品质量法》《中华人民共和国标准化法》《中华人民共和国进出口商品检验法》等有关规定制定。《规定》从以下几方面明确了地理标志的申报与管理具体方案。

地理标志产品的具体要求及相关管理机构方面。地理标志产品，是指产自特定地域，所具有的质量、声誉或其他特性本质上取决于该产地的自然因素和人文因素，经审核批准以地理名称进行命名的产品。地理标志产品包括：来自本地区的种植、养殖产品；原材料全部来自本地区或部分来自其他地区，并在本地区按照特定工艺生产和加工的产品。国家质量监督检验检疫总局统一管理全国的地理标志产品保护工作；各地出入境检验检疫局和质量技术监督局依照职能开展地理标志产品保护工作。省级质量技术监督局和直属出入境检验检疫局，按照分工分别负责对拟申报的地理标志产品的保护申请提出初审意见，并将相关文件、资料上报国家质检总局。

地理标志产品的申请主体和保护范围。地理标志产品保护申请，由当地县级以上人民政府指定的地理标志产品保护申请机构或人民政府认定的协会和企业提出，并征求相关部门意见。申请保护的产品在县域范围内的，由县级人民政府提出产地范围的建议；跨县域范围的，由地市级人民政府提出产地范围的建议；跨地市范围的，由省级人民政府提出产地范围的建议。

地理标志产品的申报材料。①地理标志产品保护申请书；②产品名称、类别、产地范围及地理特征的说明；③产品的理化、感官等质量特色及其与产地的自然因素和人文因素之间关系的说明；④产品生产技术规范（包括产品加工工艺、安全卫生要求、加工设备的技术要求等）；⑤产品的知名度，产品生产、销售情况及历史渊源的说明；⑥拟申请的地理标志产品的技术标准。特别地，与农业农村部申报材料相比，国家知识产权总局对出口企业进行了如下要求：出口企业的地理标志产品的保护申请向本辖区内出入境检验检疫部门提出；按地域提出的地理标志产品的保护申请和其他地理标志产品的保护申请向当地（县级或县级以上）质量技术监督部门提出。

2021年，中共中央办公厅、国务院办公厅印发的《关于强化知识产权保护的意见》，进一步加强地理标志保护，严格地理标志管理，国家知识产权局和国家市场监督管理总局发布《国家知识产权局国家市场监督管理总局关于进一步加强地理标志保护的指导意见》（以下简称《意见》）（国知发保字〔2021〕11号）。《意见》对地理标志的保护措施、保护主体、保护方案等进行了详细部署，并提出明确要求。

13.1.2.2 省级区域品牌申报

（1）农产品区域品牌申报。省级区域品牌申报各省之间略有差异，以山东省区域品牌申报为例。山东省根据《山东省人民政府办公厅关于加快推进农产品品牌建设的意见》（鲁政办字〔2015〕80号）、《山东省人民政府关于印发山东省农产品品牌建设实施方案的通知》（鲁政字〔2016〕197号）要求，陆续开展各个批次的知名农产品区域公用品牌和企业产品品牌遴选工作，截至2021年，山东省已经开始第六批次农产品区域品牌申报。具体申报要求包括以下几方面。

① 申报条件。申报单位需在山东省内依法注册登记，具有独立法人（社团、事业）资格；申报主体品牌商标经工商注册，取得集体商标或证明商标，并制定切实有效的商标使用管理办法；申报单位所申报产品通过地理标志认证；申报单位需为区域内具有一定影响力的核心企业；申报产品为可供食用的各种种植、畜牧、渔业产品及其初级农产品；申报产品在五年内无产品质量监督抽查不合格现象，无较大质量安全事件和较大动植物疫情疫病；申报单位需积极履行社会责任，诚信守法经营，注重生态环境保护，传承区域人文历史和农耕文化。

② 遴选程序。山东省区域品牌申报采取网上申报方式，按照申报系统填报内容及要求逐项填写信息，全部填写完毕后点击提交。县（市、区）农业部门完成注册（去年已经注册的不需要再次注册，直接登录即可）进入系统后，对申报单位提交的申报材料进行审核。对于材料齐全且符合条件的予以审核通过，不符合条件或材料不完整的予以驳回，并注明驳回理由。县级审核通过后，市级农业部门登录申报系统进行复核，复核无意见后予以审核通过，不符合条件或材料不完整的予以驳回，并注明驳回理由。通过市级审核后方可参与省级评审。

③ 申报评审。评审分为网络投票和专家评审环节。省农业农村厅对县（市、区）、市审核通过后的申报材料进行再次审核，确定初选名单，然后通过微信、网络等渠道进行网络投票；专家评审，采用网络评审方式。最终主要依据专家评分高低确定入选名单（专家评分相同者，依据网络投票得票数高低进行排序）。

④ 公示与发布。名单确定后将在山东省农业信息网进行公示，公开接受社会监督，公示期为5个工作日。经公示无异议后，省农业农村厅在山东省农业信息网发布山东省知名农产品区域公用品牌并予以颁发证书或授牌。对新纳入品牌目录的区域公用品牌主体，按照有关规定给予奖励，并实施动态管理。

（2）大米区域品牌申报。部分水稻主产省份除了区域品牌集中申报外，还独立开展水稻区域品牌申报工作，如江西省农业农村厅和财政厅印发《江西省2018年稻米区域公用品牌建设实施方案》，指导江西省水稻区域品牌申报工作，具体要求如下：

①申报条件。一是品牌要求：整县（市、区）统一使用一个公用品牌，品牌成长性较好，具有一定知名度，在建设过程中做到统一包装、统一标准，严禁经销不同品种混配的配制米。二是企业要求：以区域公用品牌建设现有加工企业，重点核实核心龙头企业情况。区域公用品牌核心龙头企业不超过2个，总加工能力超过20万t（含）；自有或租用仓储容量超过10万t（含）；年销售额达到7亿元左右；稻米质量抽检合格率99%以上。三是品种要求：农业部门向龙头企业推介的优质稻品种，或高于去年黄华占（含）收购价格的品种。四是订单要求：2个核心企业收购订单品种不超过3个，收购价格原则上高于市场价的5%，订单面积（含核心龙头企业流转面积）超过15万亩（含），且订单收购量加工率达到95%（含）以上。五是体系要求：具有相对完整的统一配备农资、全程机械化服务体系，具有相对联系紧密的产业发展机制，具有良好的销售体系等。六是优先申报条件：省级以上龙头企业，通过绿色有机食品认证的予以优先支持；企业信誉优良的予以优先支持。七是其他要求：绿色特色品牌，重点支持种粮大户或水稻合作社的有机农产品或绿色食品品牌，各设区市择优报送。申报标准必须达到年加工能力不低于5万t（含）；自有仓储不低于5万t（含），年烘干能力10万t以上，订单面积不低于6万亩（含），收购订单价格原则上高于市场价的10%。

②评选流程。一是县级申报。按属地管理原则，由县（市、区）政府作为建设主体进行申报。每个县（市、区）限定申报1个区域公用品牌，附申报材料行文上报至设区市。二是市级遴选。设区市根据辖区各县申报情况进行遴选，择优推荐2个区域公用品牌，并可自选申报1个绿色特色品牌。推荐名单经设区市政府同意后，农业部门附申报材料行文上报。三是省级评审。组织专家组（主要由农业农村部推荐的7名品牌运营、市场营销、宣传设计等方面全国知名专家组成），对各县申报材料评审，确定参加现场陈述的12个区域公用品牌、4个绿色特色品牌，经现场陈述评审后，确定参加现场评审的8个区域公用品牌、2个绿色特色品牌，经现场评审后，最终确定建设品牌。其中，方案评审重点评审材料真实性、成长性；现场陈述重点评审申报项目县优势条件、政府支持力度、组织管理措施、资金管理、效果展望等；现场评审重点评审建设品牌实施情况，实施主体生产经营、企业信誉等情况。四是公示批复。按现场陈述、现场评审分值确定立项。经网上公示七天后，无举报或举报查实无问题的予以批复。

13.1.3 发展概况

截至2021年8月底，我国累计批准地理标志产品2 482个，累计核准地理标志作为集体商标、证明商标注册6 381件，核准使用地理标志专用标志市场主体14 315家。地理标志是保护特定区域内产品特性、声誉的重要方式，具有极高的正外部性、经济效益和社会效益显著，可以有效提高区域内产品附加值、带动农民增收、保障消费者权益。根据国家知识产权局的统计数据，2019年以来，国家知识产权局共实施21个国家地理标志运用促进工程项目，各地方政府配套资金投入超过1.2亿元，涉及地理标志产业产值超过210亿元，带动加工、商业物流、旅游业等产业总产值约40亿元[①]。

13.1.3.1 知名大米区域品牌

根据《国务院关于促进乡村产业振兴的指导意见》及《农业农村部关于加快推进品牌强农的意见》中关于建立中国农业品牌目录制度的有关要求，由中国农产品市场协会会同中国农村杂志社、中国农业大学等单位发布了中国农业品牌目录，目录包括300个具有代表性的特色农产品区域公用品牌（农业农村部新闻办公室，2019）[②]，其中大米区域公用品牌数量23个（表13-1）。

表13-1 中国农业品牌目录2019

申报单位	申报品牌
内蒙古自治区兴安盟农牧业产业化龙头企业协会	兴安盟大米
辽宁省盘锦市大米协会	盘锦大米
吉林省九台区农业农村局	九台贡米
吉林省榆树市人民政府	榆树大米
吉林省梅河大米协会	梅河大米
吉林省舒兰市大米协会	舒兰大米
黑龙江省庆安县人民政府	庆安大米
黑龙江省方正大米协会	方正大米
黑龙江省桦南县优质农产品协会	桦南大米
黑龙江省五常市大米协会	五常大米
黑龙江省宁安市人民政府国家地理标志保护产品管理办公室	响水大米
上海崇明大米产业协会	崇明大米
上海市松江区农业农村委员会	松江大米
江苏省射阳县大米协会	射阳大米
江西省宜春市袁州区农业农村局	宜春大米

① http://www.gov.cn/xinwen/2021-09/07/content_5636037.htm
② https://www.moa.gov.cn/xw/zwdt/201911/t20191117_6331955.htm

（续表）

申报单位	申报品牌
江西省万年县农业农村局	万年贡米
江西省永修县经济作物生产技术指导站	永修香米
湖南省常德市粮食行业协会	常德香米
广东省台山市粮食行业协会	台山大米
广东省恩平市农业农村局	恩平大米
四川省广元市昭化区农业技术推广中心	昭化王家贡米
宁夏优质稻米产业化协会	宁夏大米
新疆维吾尔自治区察布查尔锡伯自治县有机农产品协会	察布查尔大米

数据来源：笔者根据农业农村部网站数据整理

13.1.3.2 大米区域品牌发展概况

根据前文分析，我国区域品牌管理主体具备多样化特征，且不同部门之间的数据存在差异。综合考虑数据可得性和大米作为农产品的本质属性，本节采用农业农村部统计数据对我国大米区域品牌发展概况进行分析。根据农业农村部历年农产品地理标志登记公示文件，笔者整理了2008年1月1日至2021年6月4日，全国农产品地理标志中涉及大米的农产品区域品牌登记情况（表13-2）。

表13-2　2008—2021年全国大米农产品地理标志产品

年份	产品名称	所在地域	证书持有人名称	登记证书编号
2008	新开河贡米	吉林	集安绿色食品产业协会	AGI00008
2008	阿城大米	黑龙江	哈尔滨市阿城金京稻米专业合作社	AGI00012
2008	平林镇大米	湖北	枣阳市平林镇粮油经销协会	AGI00047
2008	万昌大米	吉林	永吉县粮食行业协会	AGI00102
2008	宁夏大米	宁夏	宁夏优质稻米产业化协会	AGI00116
2009	扎兰屯大米	内蒙古	扎兰屯绿色产业发展中心	AGI00125
2009	肇源大米	黑龙江	肇源县富农水稻标准化生产专业合作社	AGI00143
2009	延寿大米	黑龙江	延寿县亮珠稻米生产专业合作社	AGI00144
2009	宣汉桃花米	四川	宣汉县种子管理站	AGI00159
2009	广南八宝米	云南	广南县农业环境保护监测站	AGI00168

（续表）

年份	产品名称	所在地域	证书持有人名称	登记证书编号
2009	南川米	重庆	重庆市南川区农学会	AGI00174
2010	紫鹊界贡米	湖南	新化县紫鹊界贡米种植专业合作社	AGI00205
2010	晋祠大米	山西	太原市晋祠区王郭种植专业合作社	AGI00213
2010	泗洪大米	江苏	泗洪县稻米协会	AGI00220
2010	井冈红米	江西	井冈山市井竹青水稻种植专业合作社	AGI00312
2010	马宣寨大米	河南	武陟县禾丰绿色稻米产销专业合作社	AGI00391
2010	奉新大米	江西	奉新县农业技术推广中心	AGI00422
2010	南陵大米	安徽	南陵县农业技术中心	AGI00443
2010	仰韶贡米	河南	渑池仁村乡坻坞贡米专业合作社	AGI00453
2011	梧桐河大米	黑龙江	黑龙江省农垦总局宝泉岭分局农产品质量管理协会	AGI00605
2011	瓦仓大米	湖北	远安县农作技术服务协会	AGI00624
2011	察布查尔大米	新疆	察布查尔县扎库齐牛录乡寨牛录村水稻专业合作社	AGI00706
2011	六十八团大米	新疆兵团	新疆生产建设兵团农四师六十八团	AGI00709
2011	黄河口大米	山东	垦利县农学会	AGI00721
2011	桦川大米	黑龙江	桦川县米业协会	AGI00769
2011	涛雒大米	山东	日照市东港区涛雒镇水稻生产技术协会	AGI00794
2012	葫芦潭贡米	湖北	湖北省南漳县金潭种植专业合作社	AGI00854
2012	象州红米	广西	象州县农业技术推广站	AGI00856
2012	姜湖贡米	山东	郯城县姜湖贡米富硒产品农民专业合作社	AGI00915
2012	孝感糯米	湖北	孝感市农业技术推广总站	AGI01031
2012	米泉大米	新疆	乌鲁木齐市米东区农村合作经济组织联合会	AGI01046
2013	兴凯湖大米	黑龙江	黑龙江省农垦牡丹江管理局农产品质量安全检测站	AGI01077
2013	他拉哈大米	黑龙江	杜尔伯特蒙古族自治县兴平水稻种植专业合作社	AGI01085
2013	马店糯米	安徽	凤台县平丰糯稻种植专业合作社	AGI01099

（续表）

年份	产品名称	所在地域	证书持有人名称	登记证书编号
2013	万州罗田大米	重庆	重庆市万州区罗田镇农业服务中心	AGI01158
2013	东宁大米	黑龙江	东宁县宏伟稻谷生产农民种植专业合作社	AGI01198
2014	承恩贡米	湖北	谷城县茨河镇农业技术推广服务中心	AGI01411
2014	石马槽大米	湖北	当阳市庙前镇农业服务中心	AGI01413
2014	高安大米	江西	高安市农业技术推广中心	AGI01470
2014	东巩官米	湖北	南漳县东巩官米种植专业协会	AGI01481
2014	柏各庄大米	河北	滦南县柏各庄镇农村专业技术协会	AGI01499
2014	庄河大米	大连	庄河市农业技术推广中心	AGI01511
2014	五大连池大米	黑龙江	五大连池市种子管理站	AGI01517
2014	东阿鱼山大米	山东	东阿县鱼山大米种植协会	AGI01528
2014	城头山大米	湖南	澧县城头山村特种水稻种植协会	AGI01548
2015	桓仁京租大米	辽宁	桓仁满族自治县农业技术推广中心	AGI01598
2015	佳木斯大米	黑龙江	佳木斯市优质农产品行业协会	AGI01604
2015	洪湖再生稻米	湖北	洪湖市水稻种植协会	AGI01628
2015	监利大米	湖北	监利县米业同业商会	AGI01629
2015	郧阳胭脂米	湖北	郧阳胭脂米种植协会	AGI01630
2015	房县冷水红米	湖北	房县粮油作物技术推广站	AGI01631
2015	舒兰大米	吉林	舒兰市大米协会	AGI01671
2015	萝北大米	黑龙江	萝北县多种经营办公室	AGI01672
2015	息烽西山贡米	贵州	息烽县农业技术开发服务中心	AGI01711
2015	汉中大米	陕西	汉中市大米产业协会	AGI01779
2016	扎赉特大米	内蒙古	扎赉特旗农业技术推广中心	AGI01796
2016	鱼台大米	山东	鱼台大米产业协会	AGI01830
2016	谢花桥大米	湖北	当阳市淯溪镇农业服务中心	AGI01839
2016	金桩堰贡米	湖北	丹江口市习家店镇农业技术推广服务中心	AGI01840
2016	孝感香米	湖北	孝感市农业技术推广总站	AGI01841
2016	台山大米	广东	台山市粮食行业协会	AGI01847

（续表）

年份	产品名称	所在地域	证书持有人名称	登记证书编号
2016	东兰墨米	广西	东兰县农业技术推广站	AGI01853
2016	洋县黑米	陕西	洋县朱鹮之乡有机粮油协会	AGI01875
2016	饶河大米	黑龙江	饶河县农业技术推广中心	AGI01907
2016	居仁大米	黑龙江	宾县居仁水稻种植技术协会	AGI01909
2016	巴林大米	内蒙古	巴林右旗农业技术推广站	AGI01940
2016	直罗贡米	陕西	富县水稻杂粮协会	AGI01993
2017	含山大米	安徽	含山县粮油行业协会	AGI02019
2017	七台河大米	黑龙江	七台河市大米行业协会	AGI02079
2017	黎川黎米	江西	黎川县水稻行业协会	AGI02087
2017	钟祥长寿村大米	湖北	钟祥市长寿稻种植协会	AGI02098
2017	新疆兵团七十三团大米	新疆兵团	新疆生产建设兵团第四师七十三团	AGI02115
2017	水竹园大米	湖北	长阳土家族自治县都镇湾镇农业技术推广服务中心	AGI02131
2017	射阳大米	江苏	射阳县大米协会	AGI02180
2017	曹镇大米	河南	平顶山市湛河区农林水利综合技术推广站	AGI02216
2017	龙门大米	广东	龙门县农产品行业协会	AGI02227
2017	客都稻米	广东	梅州市客都稻米协会	AGI02228
2017	惠水黑糯米	贵州	惠水县蔬果站	AGI02234
2017	琊川贡米	贵州	凤冈县农牧局农业技术推广站	AGI02235
2018	宜春大米	江西	宜春市休闲农业发展中心	AGI02293
2018	唐河绿米	河南	唐河县中绿天然富硒稻米研发中心	AGI02313
2018	乌山贡米	湖南	长沙市望城区乌山无公害优质稻种植协会	AGI02330
2018	松柏大米	湖南	永顺县粮油作物技术服务站	AGI02331
2018	常德香米	湖南	常德市粮食行业协会	AGI02334
2018	凯里平良贡米	贵州	凯里市大风洞镇农业服务中心	AGI02359
2018	万宝镇大米	黑龙江	哈尔滨市松北区稻米协会	AGI02392

（续表）

年份	产品名称	所在地域	证书持有人名称	登记证书编号
2018	白莲坡贡米	安徽	怀远县科学种植养殖发展协会	AGI02402
2018	江永香米	湖南	江永县桃川洞名特优新产品开发区管理委员会	AGI02413
2018	温宿大米	新疆	温宿县农业技术推广站	AGI02451
2018	灯塔大米	辽宁	灯塔市农业技术推广中心	AGI02457
2018	河龙贡米	福建	宁化县河龙贡米协会	AGI02476
2018	隆兴大米	四川	崇州市农业技术推广综合服务中心	AGI02501
2019	新宾大米	辽宁	新宾满族自治县现代农业技术推广服务中心	AGI02529
2019	芜湖大米	安徽	芜湖市农业技术中心	AGI02549
2019	赫山兰溪大米	湖南	益阳市赫山区绿色高端稻米协会	AGI02566
2019	侧岭米	广西	河池市金城江区农业技术推广站	AGI02570
2019	郭家湾贡米	贵州	玉屏侗族自治县农业技术推广站	AGI02581
2019	高墟大米	江苏	沭阳县高墟镇农业经济技术服务中心	AGI02605
2019	庆安大米	黑龙江	庆安县米业协会	AGI02663
2019	姜堰大米	江苏	泰州市姜堰区大米协会	AGI02671
2019	东台大米	江苏	东台市农业技术推广中心	AGI02672
2019	麻姑米	江西	南城县农业技术推广中心	AGI02689
2019	大通湖大米	湖南	益阳市大通湖区农业技术推广中心	AGI02716
2019	平坝大米	贵州	安顺市平坝区农业技术推广站	AGI02753
2020	代县大米	山西	代县雁丰农产品协会	AGI02789
2020	青浦薄稻米	上海	上海市青浦区稻米协会	AGI02816
2020	土桥大米	江苏	南京市江宁区淳化街道办事处农业服务中心	AGI02824
2020	宿迁籼米	江苏	宿迁市农业技术综合服务中心	AGI02825
2020	鄱阳大米	江西	鄱阳县水稻产业协会	AGI02909
2020	白云贡米	湖南	吉首市农业技术推广中心	AGI02962
2020	海丰油占米	广东	海丰县农业科学研究所	AGI02974
2020	恩平大米	广东	恩平市农业技术推广服务中心	AGI02983

(续表)

年份	产品名称	所在地域	证书持有人名称	登记证书编号
2020	南丹巴平米	广西	南丹县农业技术推广站	AGI02986
2020	马喇湖贡米	重庆	重庆市黔江区农产品质量安全管理站	AGI03013
2020	独山大米	贵州	独山县农村经济管理站	AGI03048
2020	白水贡米	贵州	铜仁市碧江区滑石乡农业服务中心	AGI03050
2020	海龙贡米	贵州	遵义市红花岗区农业技术推广站	AGI03052
2020	金竹贡米	贵州	沿河土家族自治县农业技术推广中心	AGI03053
2020	虎头大米	黑龙江	虎林市五谷丰水稻种植专业协会	AGI03104
2020	集贤大米	黑龙江	集贤县农产品质量安全检验检测站	AGI03105
2020	凤阳贡米	安徽	凤阳县大米行业协会	AGI03153
2020	店集贡米	安徽	淮南市潘集区农业技术推广中心	AGI03154
2020	留庄大米	河南	确山县留庄镇农业农村服务中心	AGI03185
2020	茅坝米	贵州	湄潭县农业技术推广站	AGI03252
2020	杠村米	贵州	道真仡佬族苗族自治县农业技术推广站	AGI03253
2021	友谊大米	黑龙江	友谊农场绿色食品协会	AGI03293
2021	梅里斯哈拉海大米	黑龙江	黑龙江省哈拉海农场水稻协会	AGI03295
2021	涛沟桥大米	山东	枣庄市台儿庄区邳庄镇农业综合服务中心	AGI03359
2021	沅江大米	湖南	沅江市粮食产业协会	AGI03383
2021	宁蒗高原红米	云南	宁蒗县永宁摩梭红软米产业技术经济合作协会	AGI03426
2021	察隅大米	西藏	察隅县农技推广服务站	AGI03428

2008年1月至2021年6月，我国累计登记农产品地理标志产品数量3 454个，其中粮食农产品地理标志产品数量412个，大米农产品地理标志数量200余个，大米品牌数量占粮食类品牌数量比例约50%。

从相对占比来看，多数年份大米品牌登记数量约占粮食类品牌登记总数的40%，其中2008年和2013年占比较高，约为70%。总体来看，大米是我国粮食类地理标志产品登记的主要产品（图13-1）。

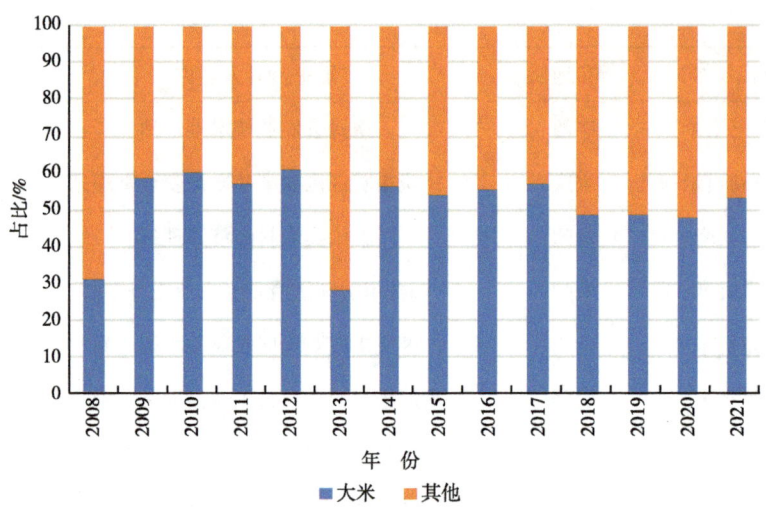

图13-1 大米品牌登记数量占粮食品牌登记数量比重

从绝对数量来看,粮食类品牌申请总数波动较大,2018年和2020年处于历史高位;历年大米品牌申请数量较为稳定,多数年份认证大米品牌数量集中在10~20个,于2020年达到高位(图13-2)。

表13-3所示,从证书持有人类别来看,各类农业产业化协会、米业协会、技术服务协会、农产品原产地保护协会是大米地理标志证书的主要持有者,占比约为34%;各类农业推广中心、推广站等农业推广机构,农业专业合作社、联合社,农业服务中心、农业服务协会等农业服务机构数量占总持证机构数量的比例分别为26%、17%和14%;农学会等其他各类持证机构数量占比约为8%。

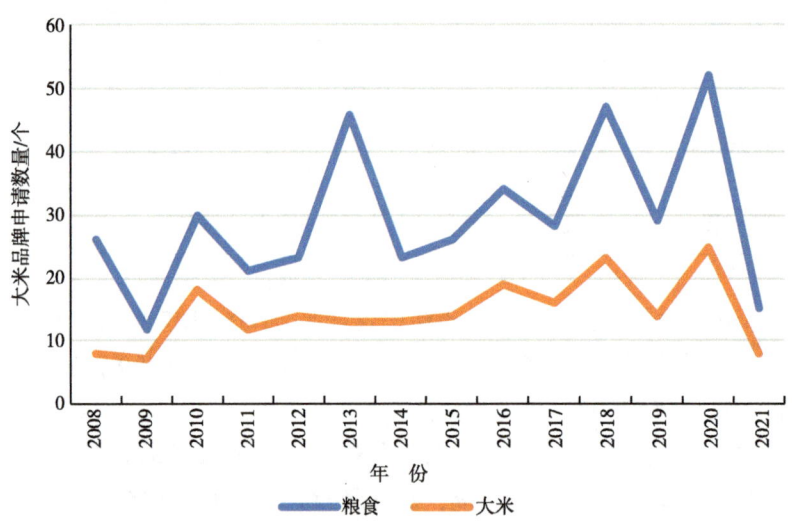

图13-2 大米地理标志品牌与粮食类地理标志品牌数量

表13-3 证书持有人类别

证书持有人类别	机构数量/家
农业协会	70
农业推广机构	54
专业合作社、联合社	35
农业服务机构	28
农学会等其他机构	17

13.1.3.3 大米区域品牌地区特征

截至目前，我国有3 000多个乡镇出产大米，但稻强米弱问题长期存在，通过优质水稻品种创新和推广应用，我国大米加工产业快速发展，优质大米品牌在越来越多的协会、机构的农产品品牌评选中崭露头角。随着优质大米品牌建设力度不断加大，众多知名大米产区和品牌涌现，走进消费市场。电子商务和自媒体平台等新兴互联网技术的蓬勃发展，为大米品牌宣传提供了更加便捷的渠道。我国国土面积幅员辽阔，不同水稻主产区自然地理环境差异较大，因此不同大米区域品牌的代表品种、直链淀粉、胶稠度等指标也存在显著差异，分析大米区域品牌特征首先应关注其技术指标。表13-4总结了部分有代表性的知名大米区域品牌的代表品种、直链淀粉、胶稠度等技术指标情况。

表13-4 中国知名大米区域品牌

序号	名称	标准	产地	类型	代表品种	直链淀粉/% （特等）	胶稠度/mm （特等）
1	方正大米	GB/T 20040—2005	黑龙江哈尔滨方正	粳米	不限	15～19	>70
2	延寿大米	DB23/T 1862—2016	黑龙江哈尔滨延寿	粳米	垦稻12、绥粳4等	15～19	>80
3	响水大米	DB23/T 1461—2012	黑龙江牡丹江宁安	粳米	富士光、五优系列、育397、空育131等	<20	>75
4	兴安盟大米	DB15/T 1750—2019	内蒙古兴安盟	粳米	不限	14～20	>70
5	庆安大米	DB23/T 1620—2015	黑龙江绥化市庆安	粳米	垦稻12，龙庆稻1、2，龙粳42、43和绥粳4等	16～22	60～90

（续表）

序号	名称	标准	产地	类型	代表品种	直链淀粉/%（特等）	胶稠度/mm（特等）
6	延边大米	DB22/T 2282—2015	吉林省延边市	粳米	吉粳81、五优一号等	16~19	>78
7	舒兰大米	T/SLRA 01—2007	吉林省舒兰市	粳米	稻花香、吉特639、超级稻、糯稻等	16~19	>70
8	盘锦大米	GB/T 18824—2008	辽宁盘锦	粳米	辽盐2号、盐丰47、盐丰49等	15~20	>60
9	原阳大米	GB/T 22438—2008	河南省原阳县	粳米	黄金晴、豫粳6号等	15~19	>80
10	天津小站米	NY/T 1268—2007	天津市	粳米	不限	15~18	>80
11	松江大米	DB31/T 908—2018	上海市松江区	粳米	松早香1号、秀水114、秀水134、秋优金丰等	9~19	>70
12	兴化大米	DB31/T 908—2018	江苏省兴化市	粳米	武育粳3号、淮稻5号、华粳6号等	11~20	>70
13	茅贡米	DB52/T 938—2014	贵州省湄潭县	籼米	不限	15~19	>75
14	竹溪贡米	DB42/T 526—2012	湖北省竹溪县	籼米	宜香725、国稻优5号等	/	/
15	京山桥米	DB42/T 235—2009	湖北省京山市	籼米	鉴真二号	14~18	/
16	万年贡米	DB36/T 505—2019	江西省上饶市万年县	籼米	坞源早	17~22	/
17	增城丝苗米	GB/T 23402—2009	广东省增城区	籼米	丝苗米系列	15~23	>50
18	马坝油粘米	DB55/T 304—2006	广东省曲江区马坝镇	籼米	美香粘、银粘等	16~20	>60

(1) 东北地区。黑龙江凭借气候条件和土壤品质优势，是我国优质大米的重要生产省份，尤以粳稻米闻名，色泽饱满，品质上乘。黑龙江历来重视大米品牌建设与发展，投入了大量财力、物力与人力，诞生了诸多为消费者熟知的大米品牌，诸如五常大米、方正大米、延寿大米、建三江大米、珍宝岛大米、响水大米、庆安大米、桦川大米、肇源大米、汤原大米等。

吉林土壤呈弱碱性，凭借松花江黑土地优势打造了我国重要的优质粳稻生产基地，吉林水稻种植面积约1 200万亩。吉林通过整合区域品牌资源、扶持重点企业等手段形成了一系列具有地方特色的大米品牌，如榆树大米、姜家店大米、舒兰大米、前郭尔罗斯大米、延边大米、辉南大米、西江贡米等。

辽宁水稻主要分布在辽河中下游平原，主要种植品种为一熟早粳稻，其生长期长、产量较高、营养价值丰富、经济效益显著，形成了盘锦大米、营口大米、东港大米、辽阳大米等优质品牌。其中，盘锦大米是四星级品质的优质大米品牌，产地自然地理环境优良、产区历史文化悠久，盘锦大米因品相良好、易于加工、指标性质好、卫生品质好等特点而成为享誉全国的优质产品。

(2) 华中地区。湖北省通过制定全省水稻产业提升计划（2016—2020）培育优势特色大米品牌，已经打造京山桥米等诸多优质大米品牌。京山县是屈家岭文化遗址所在地，自然地理条件优越、生态环境优美，湖北民间素有"北有五常，南有京山"的说法。京山桥米质地较干，晶莹如玉，颗粒细长，烹饪后绵软可口、喷香扑鼻。

湖南省有"鱼米之乡""九州粮仓"的美誉，其水稻种植面积和稻谷生产总量长期居于全国前列，洞庭湖地区是我国著名的优质稻米产区。湖南通过开展湘米优化工程，推进稻米产业标准化、规模化、规范化发展，为湖南大米品牌建设开创了新局面。通过"中国好粮油"示范县建设行动等一系列活动打造了兰溪大米、南州稻虾米两大区域公用品牌。

江西省水稻种植面积约3 000万亩，占全省耕地面积的80%左右，是我国重要的水稻主产省。江西为了提高自身水稻产业竞争力，调整产业结构向高端化转型，着力培养一批有竞争力的大米品牌。上饶市万年县裴梅镇东南部山区龙港荷桥区域凭借水土富含微量元素的自然优势，发展万年贡米品牌；宜春市奉新县所产奉新大米米粒细长均匀，是我国南方稻产区首个获得双A级绿色食品和有机食品认证的大米品牌。

河南省水稻种植面积超1 000万亩，主要分布在开封、原阳、濮阳等地。原阳大米在东汉时期就是朝廷御用大米，原阳县毗邻黄河故道，形成独特的原阳地质，土壤的盐碱成分使得原阳大米松软可口、米香浓郁；原阳大米曾经远销加拿大等地，曾被誉为"中国第一米"，但由于后期品牌经营不善，市场假冒产品和负面新闻泛滥，给品牌发展蒙上阴影。

(3) 华东地区。江苏省"南粳46"系列优质稻米品种在省内得到广泛种植，该品种曾在日本广岛举办的"中日优良食味粳稻品种选育及食味品鉴学术研讨会"上荣获"最优秀奖"。依靠优质稻米品种支撑，江苏涌现了淮安大米、建湖大米、阜宁大米、泗洪大米、东海大米、射阳大米等一系列优质大米区域品牌。

安徽省于2003年将优质水稻列入安徽省十大优势农产品之首，自此诞生了南陵大米等优质品牌。南陵县位于安徽省东南部，自古作为芜湖米市重要的粮食供给保障，素有"芜湖米市，南陵粮仓"的美誉，南陵大米拥有粳稻、籼稻、糯稻等多个品种。

（4）西南地区。四川省通过川优6203、宜香2115、德优4727等一批优质、高产和抗病相结合的新品种的选育，有效地缓解了四川中高档优质稻缺乏的矛盾，兼顾了杂交稻高产与优质、高抗与广适的问题，水稻生产优质化率逐步提升。广元市昭化区的"女皇贡米"曾荣获"第14届中国（广州）国际食品展暨广州进口食品展览会金奖"；"宣汉桃花米"荣获"2016中国十大大米区域公用品牌"。

贵州省正积极推进优质稻米产业发展，大力推广水稻绿色增产增效技术。平坝大米是贵州省知名大米品牌代表之一。平坝地处贵州省"两湖一库"上游，水质好，灌溉条件优越，大部分水稻种植区已通过无公害产地认证。

（5）华南地区。广东省是水稻矮化育种的发源地，拥有强大的水稻育种创新实力，自主培育了马坝油粘、增城丝苗、黄华占、美香占2号、象牙香占、粤晶丝苗2号等优质水稻品种。广东省主打"丝苗米"品牌，成立广东丝苗米产业联盟，并在全省建设多个丝苗米省级现代农业产业园，旨在推动广东丝苗米优质化、产业化、规模化、品牌化发展。台山大米是广东大米品牌的重要代表，台山县雨水充足，日照时间长，是广东省优质稻种植面积最大的县级市，也是国家优质商品粮基地之一，素有"广东第一田"的称誉。

（6）华北地区。山东省地处黄淮北部，属华北单季稻作带，是我国华北地区重要的优质米生产基地。全省水稻产区主要集中在鲁南、鲁西南等低洼易涝或盐碱地区，按照水源和地域分布划分为三类稻区，包括济宁滨湖稻区、临沂库灌稻区及沿黄稻区。优质水土条件培育了鱼台大米、高青大米、黄河口大米等优质大米品牌。

天津市最著名的大米品牌是小站稻，"一篙御河桃花汛，十里村矗玉粒香"，是文人墨客对天津小站稻的形象描述。天津小站稻在20世纪50—60年代远销日本、东欧、东南亚、古巴等国家和地区，后期被推广至全国二十多个省市，成为天津农业的名片。

河北省水稻生产以隆化县为主要代表，隆化县水稻种植面积稳定在23万亩，其中优质稻面积在15万亩左右，被河北省政府确定为"河北大米之乡"。隆化大米也以其口感好、营养价值高、无污染的特点深受市场欢迎。

（7）西北地区。宁夏素有"塞上江南、鱼米之乡、西部粮仓"的美誉，凭借独特的塞外气候优势，培育了一批优良大米品种如"宁粳43号"等。宁夏大米凭借"粒圆、色洁、油润、味香"的特点和营养丰富的优良品质，入选欧盟"中欧100+100"地理标志产品互认互保遴选名单，已成为塞上江南的璀璨明珠。

13.1.4 发展建议

13.1.4.1 打造文化特色

产品特点体现区域的自然地理环境特征和人文历史特征是农产品区域公共品牌的一个基本特征，多数大米区域品牌的形成也对当地历史文脉有一定的依赖性。品牌发展与进化的过程中，对历史文化脉络的挖掘、重塑与宣扬，是适应市场、满足消费者需求的重要方式，也是形成品牌溢价的重要手段。

以五常大米为例，五常大米有着悠久的传统历史文化。早在7世纪中叶，五常地区就已经有水稻生产的历史记载；清乾隆时期，政府指派皇亲族人到五常地区开垦戍边；清道光时期，五常一代引河种植水稻已经颇具规模，其生产大米封为贡米进贡京城，供皇室贵族食用。五常大米真正得名始于咸丰年间，清政府设立"举仁、由义、崇礼、尚智、诚信"五个甲社，以"三纲五常"中"仁、义、礼、智、信"五常为名，后又设衙建堡设立五常府，五常大米"百年贡米"的名号由此而来，清廷曾有"非五常大米不吃"的说法。五常地区物候条件是我国最适宜粳稻生产的区域之一，也是我国最重要的粳米生产基地。新中国成立以后，五常地区的水稻种植面积迅速扩大，产量也持续增长，水稻种植技术不断进步，五常产业模式在全国的影响力不断提升。20世纪50年代，五常市的水稻种植面积进一步增长，逐渐发展为我国水稻生产第一县，五常大米也成为"国宴"用米。2014年，五常市申请"五常大米"国家地理产品标志，并着手建立全国知名品牌创建示范区；翌年，国家质检总局（现国家市场监督管理总局）批准五常市为我国大米品类地理标志保护产品中唯一的品牌示范区；"五常大米"也被中国地理报纸大典收录，国家质检总局（现国家市场监督管理总局）就五常大米与欧盟进行地理标志产品标准互换，五常大米开始布局国际市场。

13.1.4.2 创造品牌差异

品牌差异性是农产品区域品牌打造的重点，在区域公用品牌申请、登记过程中，均对产品的声誉、品质等特征和差异提出一定要求，这种特征与差异既可以是自然地理方面带来的，也可以是人文历史方面带来的。因此，大米区域品牌应着重从水稻品种、物候条件、加工工艺、种植技术、历史文化等方面突出其独特性。差异性对于部分受地理条件限制，无法实现大规模水稻生产的地区尤为重要，这些地区通常具有较强的地域性消费习惯和明显的市场偏好，对于大米的软硬、品相、气味等一系列特征有特殊偏好，应重点从产品特色入手，精准打造难以复制、品牌个性、产品溢价高的个性大米品牌。

13.1.4.3 突出地域特征

"橘生淮南则为橘，生于淮北则为枳"，地域特色是大米区域品牌的核心竞争力。农产品区别于工业品的最大特征就是其生产、加工与地域特征的不可分割性，一方水土养一方人，一方水土也养一方农产品。气温、水质、土壤、光照等地域特征对大米品质、口感、色泽等消费者选择产品时重点关注的因素密切相关，这些因素共同决定了区域品牌内产品的质量、信誉等特征。大米区域公用品牌与企业品牌、产品品牌最大的区别也在于地域特征的体现，它具有区域内资源的整合、带动、普惠作用，具有较强的正外部性，对于特定地域经济社会发展，甚至该地区的形象、声誉都有一定提升作用。以优质大米产品为抓手，建设区域公用品牌，联动企业品牌、合作社品牌，能够最大限度发挥品牌优势，带动当地产业发展。

13.2 中国大米品牌竞争力

从世界范围区域品牌发展历史经验来看，区域品牌发展是地区之间实现差异化竞争的重要手段。区域品牌具有公共性、外部性、持久性等特点，决定了区域品牌竞争力区别于一般企业品牌。区域品牌价值、商誉、竞争力也一定程度上反映了特定地区的经济社会发展水平，是地区综合竞争力的重要体现。

13.2.1 大米品牌竞争力的评价体系

大米区域公用品牌竞争力评价需要综合考虑多个维度的影响因素，既有使用大米区域公用品牌的经营主体层面，也有涉及政策环境、消费环境等宏观经济环境层面，具体涉及企业、协会、农户、政府、消费者等多方主体。确定以下五方面准则层影响因素（表13-5）。

表13-5　水稻区域品牌竞争力评价指标体系

目标层	准则层	指标层
水稻区域品牌竞争力评价指标体系	宏观政策因素（H1）	保护政策（H11）
		品牌发展规划（H12）
		财政资金投入（H13）
		保护政策完善程度（H14）
	经营主体因素（H2）	品牌意识（H21）
		创新能力（H22）
		管理水平（H23）
		市场能力（H24）
		品牌保护（H25）

（续表）

目标层	准则层	指标层
水稻区域品牌竞争力评价指标体系	行业协会因素（H3）	管理水平（H31）
		组织水平（H31）
		服务质量（H33）
		协调能力（H34）
	品牌商誉因素（H4）	品牌认知度（H41）
		品牌满意度（H42）
		品牌忠诚度（H43）
		品牌美誉度（H44）
	产品自身因素（H5）	产品认证（H51）
		产品价格（H52）

13.2.1.1 宏观政策因素

区域品牌具有强政策干预属性，其竞争力提升离不开政府作用，因此宏观政策是影响大米品牌竞争力的首要因素。首先，政府通过制定区域品牌总体发展规划引导品牌建设，通过法律法规制度的完善保护品牌发展；其次，通过财政资金投入支持大米品牌商誉、知名度提升。大米品牌发展保护政策（H11）和保护政策完善程度（H14）分别反映管理方是否出台了具体管理规章制度以及管理制度的完整度；大米区域品牌发展规划（H12）反映是否出台具体产业发展规划以及品牌宣传推广的具体方案；财政资金投入（H13）反映各级财政资金支持大米区域品牌建设的资金投入情况。

13.2.1.2 经营主体因素

经营主体是大米区域品牌发展的载体，其品牌意识、竞争力、管理水平、市场经营能力是影响大米区域品牌竞争力的重要因素。品牌意识（H21）反映了大米区域品牌应用经营主体对品牌建设的基本认知，具体涉及保护意识、发展意识等；创新能力（H22）反映企业在品牌经营过程中创新营销、创新管理能力水平；管理水平（H23）反映既定要素投入条件下产出水平；市场能力（H24）反映经营主体产品市场份额；品牌保护（H25）反映企业为区域品牌发展采取的保护性措施。

13.2.1.3 行业协会因素

行业协会作为大米区域品牌重要的申报和管理机构，在区域品牌建设过程中发挥协调作用，是联结政府与企业的重要纽带，其运行效率和管理能力对区域品牌竞争力产生重要影响。管理水平（H31）反映行业协会内部监督、内部约束和内部控制水平；组织水平（H32）反映行业协会对大米生产加工企业协调、组织安排的能力；服务质量（H33）反映行业协会为大米生产、加工企业提供的服务质量和次数；协调能力（H34）反映行业协会作为联结企业和政府的纽带，其传达政策方针、协助政府落地产业政策的能力。

13.2.1.4 品牌商誉因素

消费者决定品牌商誉，品牌竞争力的核心表现之一就是消费者愿意支付超额价格，因此品牌商誉是决定大米品牌竞争力提升的关键要素。品牌认知度（H41）反映消费者对大米品牌的包装、品质、口感的认可程度；品牌满意度（H42）反映品牌产品购买满足消费需求的能力；品牌忠诚度（H43）反映消费者复购比例；品牌美誉度（H44）反映消费市场对于大米品牌的好感和信任程度。

13.2.1.5 产品自身因素

区域品牌竞争力的核心还是产品自身质量。产品自身因素包括自身色泽、口感等内在因素，也包括获得产品认证等外在因素。产品认证（H51）反映大米品牌获得"两品一标"产品认证情况；产品价格（H52）反映大米品牌价格变化对销量的影响程度。

13.2.2 大米品牌竞争力的影响因素

13.2.2.1 产地地理区位

原产地依赖是区域品牌的重要特征，地理区位因素不仅影响产品品质，也决定品牌历史文化内涵。长期形成的消费文化和习俗为大米品牌发展提供深厚的历史文化积淀；长期的大米加工工艺与种植技术的历史文化传承也有助于区域品牌的产生。

（1）地理区位的自然地理环境条件。根据产地效应理论，消费者对于产地的认知可以影响其对产品的评价和认知，无论是国内市场还是国际市场竞争，原产地规则都是重要的竞争手段，例如法国波尔多地区的葡萄酒闻名世界。大米品牌的产地属性对消费者购买意愿的影响极其显著。与此同时，土壤、气候、水土、光照、温度、地表植被、地质条件等诸多因素对于大米品质均有直接影响，使得大米品质形成可识别的区域特征。

（2）地理区位的人文历史环境条件。地理区位亦赋予大米区域品牌人文历史层面更深层意义的影响。通过大米生产地区的社会环境特征、加工工艺继承等赋予产品品牌文化内涵。特定地理区位的自然地理环境条件和人文历史环境条件是影响大米品牌价值的双重基石，基于此区域品牌命名方式中的地域名称通常被视为品牌价值的核心表述。消费者对于这种地域文化的认同感和忠诚度是影响其消费决策的根本，这种文化符号附着在产品中形成了品牌的标志性符号。在区域内企业生产过程中，这种地域文化通过信息形式和加工形式，深入融合到大米加工企业的经营管理中。在现代食品加工工业迅速发展的当代社会，这种承载了丰厚历史文化、风土人情的产品文化成为一种非常稀缺的资本。通过挖掘历史文化内涵，开发具有地方属性特征的区域品牌，可以有效地与消费者建立情感信赖，获得消费认同，增加消费者对品牌的忠诚度。

（3）地理区位的历史工艺传承条件。我国拥有数千年的农耕历史，这是世界上多数地区无法比拟的巨大优势，长期的农业生产历史是水稻种植技术积累和大米加工工艺积累的基础。作为特优农产品历史文化传承的重要部分，水稻种植技术和大米加工技术等历史工艺也具有鲜明的区域特征，是大米区域品牌差异化竞争的重要方面。在长期的历史发展过程中，这种技术的积累和传承通常是种植者代代相传，缺乏统一的生产技术规范。随着种植技术和科技进步，与之对应的种植与加工工艺技术规范也日益完善，这为区域品牌规范化管理和技术保护提供了可能。

13.2.2.2 产业发展程度

自农业产业化发展生产经营方式出现，农业产业化对特定区域内农业产业相关经营主体的带动作用日益凸显，随着农业产业链条不断延伸，产业发展程度成为影响大米区域品牌发展的重要影响因素。

（1）大米产业规模化经营程度与服务一体化水平。水稻产业发展和大米区域品牌发展存在明显的规模效应。一方面，农业生产经营资源的集聚是大米区域品牌发展的产业基础；区域品牌发展也离不开大量大米加工企业的支持，离开产业支持的大米区域品牌终将只是一个空壳。另一方面，产业规模也体现在强劲的市场需求，市场竞争力较强、产业规模化发展的产业其市场需求更具持续性和稳定性。

产业服务一体化水平也是大米产业规模化经营的重要体现，只有实现了产业规模化经营，才具备产业服务一体化发展的可能，通过产业服务的规模化降低区域内交易成本。服务一体化对于不同经营主体存在不同定义。对于普通农户等多数农业生产者而言，指水稻种植环节的生产社会化服务，具体包括播种、灌溉、收割等水稻生产具体环节；对于大米加工企业而言，指为企业提供市场推广营销、电商销售服务等市场端服务，以及项目建设、政策指导等生产端服务。通过一体化服务可以为全产业链各个环节的经营主体提供系统、高效的支持，为产品质量提升、区域品牌营销和品牌价值提升提供支持。

（2）大米产业发展规划与监督管理机制。大米产业链各个环节涉及经营主体较多，因此大米区域品牌总体协调发展和竞争力提升需要统筹布局、总体规划，重视顶层设计，只有通过资源整合、统一经营、加强监督管理，建立完善的品牌管理经营制度，才能有效提高大米区域品牌竞争力。

一是品牌授权管理。大米区域品牌是区域内所有生产经营主体的共有资源，因此严格的品牌授权管理机制是合理提高准入条件、保障大米区域品牌竞争力的先决条件，如果授权阶段出现管理混乱，将对大米区域品牌管理带来不必要的成本增加，严格准入条件既提高了经营主体的自身竞争力，也降低了后期管理成本。在加强品牌授权管理方面，国家层面也出台了诸多管理办法和规定，目前农业农村部系统关于地理标志的最新管理文件是2007年颁布的《农产品地理标志管理办法》（以下简称《办法》），文件于2019年通过农业农村部第2号令进行修改，删除了第九条第二项。《办法》第八条规定，农产品地理标志申请者必须具备监督管理能力，可以为产品的生产、加工、营销提供必要的服务。无论从大米区域品牌管理还是经营主体发展的视角来看，品牌授权管理都为大米区域品牌竞争力提升提供了基本的制度保障，防止大米区域品牌乱用、滥用。

二是品牌推广管理。营销推广是大米区域品牌竞争力的直接影响因素，是品牌知名度和商誉提升的必要措施。随着互联网技术的加速应用，品牌营销推广形式也日趋多样，自媒体、短视频等新兴媒体平台成为大米品牌宣传推广的重要渠道；与此同时，线下展销会、特色农产品博览会等传统展销渠道仍是区域品牌宣传推广不可或缺的传统形式。

三是监督管理制度规范。完善的管理制度和惩罚机制构建是大米区域品牌长期稳定发展的基石和保障。管理制度建设对大米区域品牌竞争力的影响既体现在规章制度的制定和完善，也体现在对应惩罚措施的执行力度。具体来说，需要通过规章制度建设保障经营主体合法经营权益，营造良好的区域品牌经营主体成长环境；通过明确的惩罚措施和强有力的执行主体，严厉打击侵犯大米区域品牌商誉行为。

13.2.2.3 政府支持力度

大米区域品牌的公共属性决定了其竞争力提升离不开政府的政策支持和财政资金扶持。具体来说，良好的营商环境，产业政策合理性及其执行力度，政府自身声誉都对大米区域品牌竞争力产生影响。

（1）产业政策对大米产业发展的支持力度。一是产业政策倾向性。政府对于水稻产业和大米品牌的重视程度决定了其产业政策制定的方针与战略。一方面通过营造良好营商环境可以为产业发展提供间接支持，另一方面通过制定针对性的产业发展政策可以扶持水稻产业发展。具体来说，农事节庆活动、大米品牌展销会等都是评判政府产业政策制定对大米区域品牌支持力度的标准。二是产业政策完备性。大米质量认证体系、品牌质量管理体系、水稻种植科技推广服务体系、现代水稻育种技术、市场信息服务监管体系等各产业链环节的产业政策支持体系建设均是大米区域品牌竞争力的影响因素，其整体反映了产业政策完备性对于区域品牌发展的影响。三是产业政策前瞻性。现代信息技术和数字经济快速发展的时代背景下，产业政策前瞻性对大米区域品牌竞争力影响日益显著，政府牵头的区域品牌公共信息服务平台建设，可以提供时效性和专业性更强的市场服务信息。前沿生产技术应用方面，产业政策对于现代育种科技、农业技术推广等生产层面的高新技术应用支持力度亦可对水稻生产产生影响，并通过提高大米品质进而影响大米区域品牌竞争力。

（2）财政资金对大米产业发展的支持力度。一是财政资金通过直接投入支持大米区域品牌发展。首先，对相关农业经营主体发展进行扶持，如加强对水稻种植合作社、大米加工龙头企业项目建设予以支持，为产品销售提供平台；对行业协会活动经费提供财政补贴。其次，对农业生产者进行扶持，如加强生产技能培训，提高技术水平、营销能力，培育具有竞争力的新型职业农民。最后，对市场监督管理机构提供支持，加强对大米品牌市场管理。二是财政资金通过间接投入支持大米区域品牌发展。首先，财政资金支持政府相关政策、法规、制度的执行，经营主体日常生产、销售活动的监管。其次，财政资金支持更好的营商环境营造、提供更有效的公共服务平台、建设更优质的农业基础设施、高标准农田等。最后，通过设立产业发展基金、金融贷款支持、技术许可、教育培训等公益性活动，扶持相关产业经营主体发展。

13.3 中国大米品牌估值

中国品牌建设促进会成立于2013年9月系经国家法律确认，国务院批准，民政部注册，财政部、工信部、国家质检总局、中国国际贸促会、中央电视台五家单位联合发起成立的旨在促进中国品牌建设的唯一一家全国性社会团体。中国品牌建设促进会实行理事会制度，是由与品牌建设相关的企事业单位、社会团体和个人自愿结成的全国性、非营利性的社会组织。促进会接受业务主管单位国家质量监督检验检疫总局、社团登记管理机关民政部的业务指导和监督管理中国品牌建设促进会每年都会发布中国区域品牌（地理标志）价值信息，不同组织对于区域品牌估值的评价方法略有差异。五常大米在2020年度水稻区域品牌价值排行中以703.27亿元品牌价值位居首位（表13-6）。

表13-6　大米区域品牌价值

序号	地标产品名	品牌价值/亿元	品牌强度	评价年度	地域
1	五常大米	703.27	945	2020	哈尔滨
2	佳木斯大米	211.17	879	2020	佳木斯
3	方正大米	123.69	865	2020	哈尔滨
4	通河大米	109.48	856	2020	哈尔滨
5	同江大米	65.23	828	2020	佳木斯
6	响水大米	42.47	876	2020	牡丹江
7	延寿大米	33.02	858	2020	哈尔滨

资料来源：整理自互联网。

13.3.1 品牌价值评估的理论模型

13.3.1.1 David Aaker的品牌理论模型

消费者作为大米产品的最终购买者，是品牌价值评估的根本，脱离了消费者与品牌之间逻辑关系的理论分析，对区域品牌估值的探讨无异于空中楼阁。David Aaker的品牌理论提出了著名的五星模型，即通过品牌忠诚度、品牌认知度、品牌知名度、品牌联想、其他专有资产来进行品牌估值。David Aaker的品牌理论三部曲《品牌领导》《创建强势品牌》《管理品牌资产》，为区域品牌发展和估值提供理论依据。

David Aaker的品牌理论认为品牌价值估算应该以消费者评价为核心，通过消费者对品牌的接受程度，来衡量品牌的价值，其核心思想是通过市场调查获得消费者品牌产品消费后的直观反馈与感受，具体指标选取综合考虑了长期与短期。其中，品牌忠诚度方面包括减少营销成本、增加交易杠杆、吸引新顾客、建立品牌知名度、增加新顾客信心、有时间应对竞争威胁；品牌知名度方面包括品牌基础、品牌认可、品牌象征；感知质量方面包括购买理由、产品差异化、溢价优势、流通主体利益、品牌扩展；品牌联想方面包括差异化定位、制造购买理由、提供品牌扩展依据。

13.3.1.2 品牌资产趋势理论模型

Total Research公司通过长期大量的调研数据积累建立了品牌资产趋势理论模型，对品牌资产运行机制进行了较为有效的评估。该理论模型与Aaker的模型有一定的相似之处，认为品牌估值来自消费者对品牌的认知程度、认知质量和满意程度，由此计算品牌资产得分来衡量其价值。该模型将认知质量，即消费者购买该品牌的原因，作为影响品牌资产估值的核心因素，重点分析了影响消费者购买决策的因素，而非影响品牌估值的因素。

13.3.1.3 Interbrand理论模型

Interbrand是全球著名品牌评估机构，其品牌价值榜单（Best Global Brands）是全球范围内最具权威的品牌榜单之一。Interbrand认为，应该通过对未来收益的预期来进行品牌估值，将品牌的市场占有率、销售量、利润状况作为基础信息，通过专家打分的方式评价品牌强度，品牌价值等于品牌收益乘以品牌强度。对于品牌强度，Interbrarnd有两套计算方法，评估中一般采用7因子加权综合法。Interbrand理论模型的品牌估值主要包括三个核心内容：一是对品牌化的产品或者服务进行财务状况分析；二是品牌在消费者消费决策中的影响力；三是品牌竞争强度（表13-7）。

表13-7 Interbrand理论品牌强度评价因子

评价因素	定义	权重/%
领导性	市场地位	25
稳定性	维护消费者权利的能力	15

（续表）

评价因素	定义	权重/%
市场性	品牌所处市场的稳定和成长情况	10
国际性	品牌跨越文化和地理的能力	25
趋势性	品牌在行业中的引导能力	10
支持性	品牌获得的投资与被支持的程度	10
保护性	品牌受保护的程度	5

13.3.2 大米区域品牌价值评估模型

13.3.2.1 浙江大学农业品牌研究中心的评估模型

通过对品牌价值评估理论模型进行梳理可以发现，无论是以Aaker为代表的侧重理论的模型，还是诸多品牌价值评估公司的应用模型均已发展十分成熟。目前国内关于农产品区域品牌价值评估的主流理论模型是浙江大学CARD农业品牌研究中心建立的价值评估模型[1]。

农产品区域公用品牌价值=品牌收益×品牌强度×品牌忠诚度

品牌收益。表示品牌所带来的收益部分，剔除了经营主体在产业链其他环节的增值部分。CARD模型使用"年销售数量×（销售平均价格-成本平均价格）×（1-产品经营费率）"测算。品牌收益是品牌溢价能力的直接体现，从消费市场来看，也是品牌竞争力实现经济效益的考察指标。

品牌强度。表示品牌竞争力、风险抵御能力、未来发展潜力，通过影响品牌稳定性和持续性的因子加权得出，具体指标权重通过德尔菲法获得，准则层主要包括以下指标：一是品牌带动能力，主要反映了品牌发展过程中对区域内资源的联合程度以及引导带动能力，即综合反映品牌的经济地位。二是品牌资源能力，主要反映了品牌的历史文化底蕴，以及当地自然资源环境对品牌发展的支持情况，品牌资源能力所占权重为30%。三是品牌经营能力，主要反映了品牌经营过程的标准化程度，具体反映在标准体系、认证体系、组织管理制度是否完善等方面，所占权重为30%，与品牌资源能力同为权重最高的两类指标。四是品牌传播能力，主要反映了消费者对品牌的认可程度，具体表现在知名度、认知度等方面。五是品牌发展能力，反映了品牌生产与营销的未来趋势（表13-8）。

品牌忠诚度。表示消费者对于某一品牌产品产生一定信赖，具体表现为对该品牌产品价格敏感度明显降低，愿意为品牌支付溢价，甚至愿意为品牌发展做出贡献，并进行品牌传播。

---

[1] http://www.brand.zju.edu.cn/2021/0417/c57343a2352073/page.htm

表13-8 区域品牌强度指标体系

准则层	权重/%	指标层
品牌带动能力	10	品牌区域联动程度
		品牌区域经济地位
品牌资源能力	30	品牌历史资源
		品牌文化资源
		品牌环境资源
品牌经营能力	30	标准体系
		检测体系
		认证体系
		组织管理执行
品牌传播能力	20	知名度
		认知度
		好感度
		品牌保护
品牌发展能力	10	市场覆盖趋势
		生产趋势
		品牌营销趋势

10.3.2.2 基于层次分析法的其他评估模型

其他多数水稻区域品牌评估模型均基于层次分析法，其差异在于评价指标体系的选择。总体来看，当前水稻区域品牌价值评估的指标选择大同小异，区域内水稻产量、水稻产值、从业人数、企业相关情况、政府财政投入、产业带动等核心指标被多数评价指标体系所采纳，也是水稻区域品牌价值评估的核心观测变量。选择水稻产业基础、集群化水平、品牌管理、产业带动四个准则层变量，以及水稻产量等12个指标层变量构建评价指标体系（表13-9）。

表13-9 中国水稻区域品牌价值评价指标体系

目标层		准则层		指标层	
水稻区域品牌价值	A	水稻产业基础	C1	水稻产量	D1
				水稻生产从业人数	D2
				水稻产业产值	D3
		水稻集群化水平	C2	水稻产业企业固定资产	D4
				规模以上水稻企业数量	D5
				政府水稻产业投入	D6
		水稻品牌管理	C3	农产品地理标志	D7
				地理标志保护产品数量	D8
				地理标志证明商标	D9
		关联产业带动	C4	旅游业总收入	D10
				水稻企业金融业贷款总额	D11
				社会消费品零售总额	D12

第四篇　贸易篇

第14章 全球稻米贸易格局演化

基于复杂网络分析方法，利用全球稻米贸易关系数据构建全球稻米贸易网络，定量解析稻米贸易网络格局总体特征。数据来源于联合国粮农组织数据库中详细贸易矩阵数据集。使用231个国家和地区2000—2020年稻米（Rice-Milled）的出口贸易量关系数据，构建2021年度的稻米贸易网络，在进行组团格局分析时选取2000年、2005年、2010年、2015年和2020年作为主要时间节点进行分析。

14.1 全球稻米贸易整体特征

14.1.1 全球稻米贸易规模变化趋势

2000—2020年，全球稻米出口量总体呈波动增加态势，由2000年的1 984.21万t增加到2020年的3 471.10万t，增幅74.9%。从变化趋势来看，可以分为两个阶段：第一阶段为2000—2007年的稳步增加阶段；第二阶段为2008—2020年的周期性波动增加阶段。可能的原因是，2008年及以后全球气候变化、资本投机、贸易摩擦等因素叠加，全球稻米供求不稳定性加大（图14-1）。

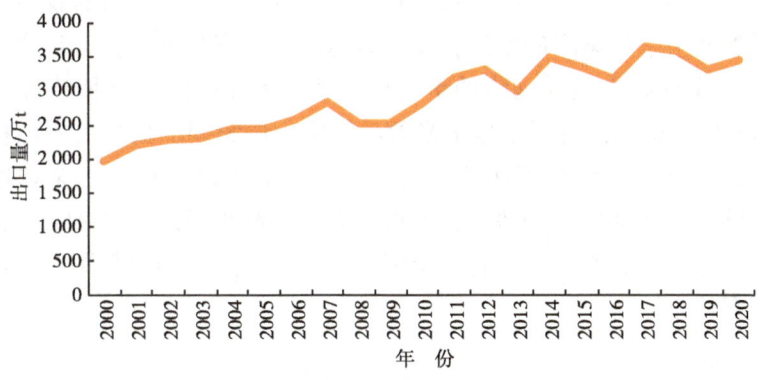

图14-1　2000—2020年全球稻米出口量变化情况

14.1.2 全球稻米贸易网络演化特征

14.1.2.1 网络规模不断增加

全球稻米贸易网络覆盖世界绝大多数角落，已经成为一个复杂有序、相互依赖的网络系统，每年参与稻米贸易的国家和地区数量略有变化，2000—2020年每年参与全球稻米贸易的国家和地区数量达195个，约占全球国家和地区总数量的84.4%。从稻米贸易网络的动态特征来看，全球粮食贸易网络规模不断增大。2000—2020年全球稻米贸易网络边数量即国家（地区）间贸易联系由1 131条增加到1 985条，增长75.5%。网络中边的快速增长说明参与全球稻米贸易系统中各国家（地区）的相互作用和相互依赖加深，贸易关系的网络化程度加深，复杂性增强。21世纪以来，全球稻谷产量增长了28.0%，与此同时全球稻米贸易量增长74.9%，稻米贸易量增速明显快于产量增速（图14-2）。

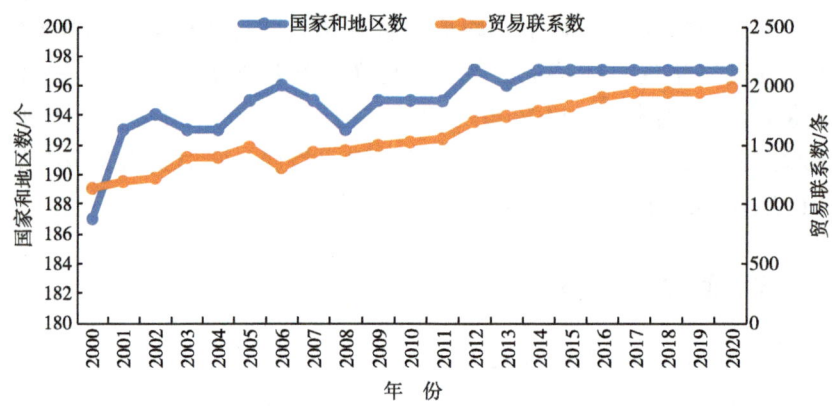

图14-2　2000—2020年全球参与稻米贸易的国家和地区数及贸易联系数

14.1.2.2　网络联系日益紧密

全球稻米贸易网络密度增加，网络传输效率提高。2000—2020年全球稻米贸易网络密度由0.065增至0.103，平均度由12.10增至20.15，贸易国之间的联系不断加强。平均聚类系数反映网络中国家间的聚集程度，数值越大，聚集度越高，反之聚集度越低。由图14-3可知，全球稻米贸易网络的平均聚类系数整体呈波动增长趋势，由2000年的0.22增长至2020年的0.30，说明全球稻米贸易网络中国家间的聚集度不断提高。平均路径长度反映贸易国之间的贸易可达性和网络效率。由图14-4可知，全球稻米贸易网络平均路径长度整体呈波动减少趋势，由2000年的2.13减少至2020年的1.99，说明全球稻米贸易网络的连通性不断增强，任意两个国家（地区）之间的贸易距离缩短，稻米贸易网络的传输效率整体提高。

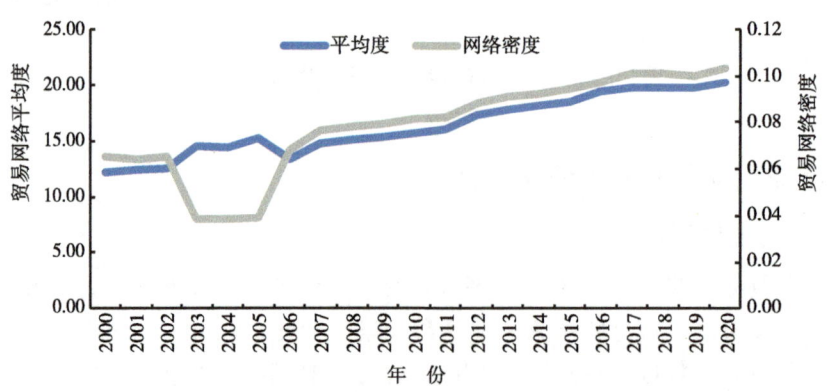

图14-3　2000—2020年全球稻米贸易网络平均度及网络密度变化

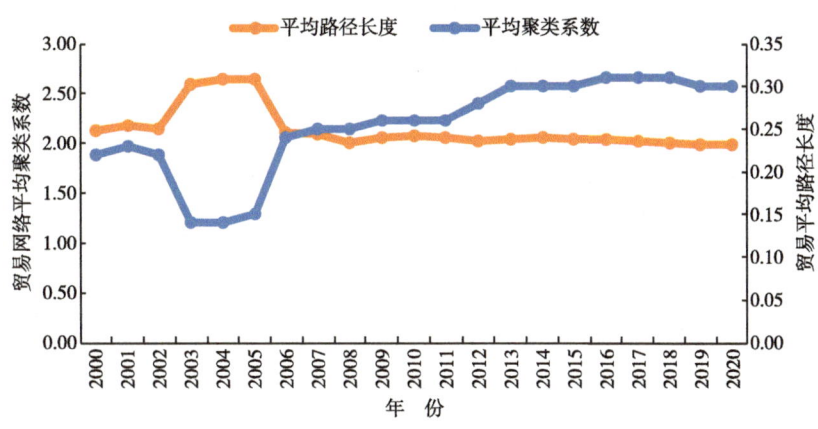

图14-4　2000—2020年全球稻米贸易网络平均聚类系数与平均路径长度变化

14.1.2.3　小世界网络特征明显

如果一个网络具有较小的平均路径长度和较大的聚类系数，则表明这个网络具有小世界网络的特点。由图11-4可知，全球稻米贸易网络的平均路径长度与平均聚类系数的变化趋势相反，平均最短路径最小值为1.99，而平均聚类系数最大值为0.30，两者相差6.6倍，表明全球稻米贸易网络具有典型的小世界网络特性，意味着全球稻米贸易网络联系紧密，少量改变网络中的几个关键联结点，就可以使整个网络发生剧烈变化。

14.2　全球稻米贸易核心节点分析

14.2.1　核心节点活跃程度

节点度反映国家（地区）贸易关系活跃和广泛程度。具有高节点度的国家（地区）在网络中有着广泛连接，在网络中的活跃度强、影响力广。对比2000年、2010年和2020年节点度排名前10位国家（地区）变化情况，可以发现，美国、印度、泰国、意大利、巴基斯坦、西班牙、法国等7个国家节点度稳居世界前10位，在全球稻米贸易关系中活跃度高。2010年，日本活跃度下降，退出世界前10位，巴西活跃度增强，位列全球第10位；2020年，中国、英国活跃度下降，退出世界前10位，取而代之的是阿联酋、土耳其在全球稻米贸易中的活跃度增强（表14-1）。

对比2000年、2010年和2020年节点出度排名前10国家（地区）变化情况，可以发现，印度、泰国、美国、巴基斯坦、意大利、西班牙、中国等7个国家节点出度稳居世界前10位，是全球稻米出口最活跃国家。2010年，日本、埃及出口活跃度下降，退出世界前10位，法国、巴西出口活跃度增强，分列全球第七、第八。2020年，法国、英国活跃度下降，退出世界前10位，取而代之的是阿联酋、土耳其。

表14-1　2000年、2010年与2020年节点度、节点出度和节点入度排名前10位的国家和地区

2000年			2010年			2020年		
节点度	节点出度	节点入度	节点度	节点出度	节点入度	节点度	节点出度	节点入度
美国	泰国	德国	泰国	泰国	英国	美国	印度	美国
泰国	美国	英国	美国	巴基斯坦	美国	印度	泰国	英国
巴基斯坦	巴基斯坦	美国	巴基斯坦	美国	德国	泰国	美国	德国
意大利	意大利	法国	意大利	印度	荷兰	意大利	巴基斯坦	加拿大
印度	印度	俄罗斯	印度	意大利	加拿大	巴基斯坦	意大利	法国
中国*	中国	加拿大	英国	中国	比利时	阿联酋	阿联酋	意大利
西班牙	西班牙	西班牙	法国	法国	法国	土耳其	土耳其	荷兰
英国	英国	荷兰	西班牙	巴西	阿联酋	西班牙	西班牙	比利时
法国	埃及	意大利	中国	西班牙	黎巴嫩	法国	中国	澳大利亚
日本	日本	黎巴嫩	巴西	英国	意大利	巴西	巴西	阿联酋

*中国台湾、香港、澳门地区的数据未计入，全书同。

对比2000年、2010年和2020年节点入度排名前10国家（地区）变化情况，可以发现，美国、英国、德国、加拿大、法国、意大利、荷兰等7个国家节点入度稳居世界前10位，是全球稻米进口最活跃国家。2010年，俄罗斯、西班牙进口活跃度下降，退出世界前10位，比利时、阿联酋进口活跃度增强，分列全球第六、第八。2020年，黎巴嫩进口活跃度下降，取而代之的是澳大利亚。

14.2.2　核心节点影响程度

加权度一定程度上反映了各国在全球稻米贸易网络中的地位。对比2000年、2010年和2020年加权度排名前10位的国家和地区，印度、泰国、巴基斯坦、美国、沙特阿拉伯等5个国家加权度稳居世界前10位，在全球稻米贸易网络中占据重要位置。2000—2020年，全球稻米贸易格局发生较大变化，中国、伊朗经历了地位下降—上升的变化，科特迪瓦、印度尼西亚、尼日利亚地位下降，取而代之的是贝宁、巴西、南非在全球稻米贸易中的地位崛起（表14-2）。

表14-2　2000年、2010年与2020年加权度、加权出度和加权入度排名前10位的国家和地区

2000年			2010年			2020年		
加权度	加权出度	加权入度	加权度	加权出度	加权入度	加权度	加权出度	加权入度
泰国	泰国	沙特阿拉伯	泰国	泰国	尼日利亚	印度	印度	沙特阿拉伯
中国	中国	科特迪瓦	巴基斯坦	巴基斯坦	沙特阿拉伯	泰国	泰国	贝宁
美国	巴基斯坦	伊朗	美国	印度	阿联酋	中国	巴基斯坦	美国
巴基斯坦	印度	印度尼西亚	印度	美国	伊拉克	巴基斯坦	中国	伊朗
印度	美国	尼日利亚	尼日利亚	意大利	伊朗	美国	美国	中国
沙特阿拉伯	意大利	南非	贝宁	乌拉圭	南非	沙特阿拉伯	乌拉圭	南非
科特迪瓦	乌拉圭	马来西亚	沙特阿拉伯	贝宁	菲律宾	贝宁	意大利	伊拉克
伊朗	埃及	伊拉克	阿联酋	中国	日本	伊朗	柬埔寨	多哥
印度尼西亚	阿根廷	阿联酋	伊拉克	阿根廷	贝宁	巴西	巴西	阿联酋
尼日利亚	中国台湾	孟加拉国	伊朗	巴西	科特迪瓦	南非	巴拉圭	科特迪瓦

加权出度和加权入度反映国家（地区）在全球稻米贸易中的进出口地位。从加权出度来看，近20年来，印度、泰国、巴基斯坦、中国、美国、乌拉圭、意大利等7个国家稳居世界前10位，全球稻米出口市场长期由这些国家主导。埃及、中国台湾和阿根廷等国家和地区先后经历出口地位下降的变化，而巴西、巴拉圭的出口地位跃升。从加权入度来看，沙特阿拉伯、伊朗、南非、伊拉克、阿联酋、科特迪瓦等6个国家稳居世界前10位，是全球主要的稻米进口市场。贝宁、美国、中国、多哥挺进世界前10位，先后取代印度尼西亚、尼日利亚、马来西亚、孟加拉国、菲律宾、日本在全球稻米进口市场的地位。

对比核心节点的入强度和出强度发现，出强度集中在少数稻米生产大国，出口国在稻米贸易网络中占绝对优势且不断加强。2000年泰国的出强度是沙特阿拉伯入强度的5.5倍，2020年印度的出强度是沙特阿拉伯入强度的8.2倍，说明全球稻米贸易网络呈现由出口国主导网络结构的特征。

14.2.3 核心节点独立性程度

接近中心性反映某国与其他国家贸易联系距离的综合，其值越高，表明该国家距离贸易网络中其他国家的距离越近，从而可以反映国家（地区）在全球稻米贸易中的独立性程度和不受控制的能力。从接近中心性的国家排序来看，印度、泰国、美国、巴基斯坦、意大利、西班牙、中国等7个国家稳居世界前10位，表明这7个国家长期居于全球稻米网络中的中心位置，而日本、英国、法国的中心地位逐渐衰落，取而代之的是阿联酋、土耳其、巴西的崛起。进一步对比上述国家的接近中心度、出度和入度排名，基本一致，表明全球稻米贸易网络接近于一种"点对点"的贸易模式（表14-3）。

表14-3 2000年、2010年与2020年接近中心性排名前10位的国家和地区

2000年		2010年		2020年	
泰国	0.738	泰国	0.790	印度	0.831
美国	0.707	美国	0.730	泰国	0.775
巴基斯坦	0.699	巴基斯坦	0.727	美国	0.763
意大利	0.674	印度	0.696	巴基斯坦	0.700
印度	0.655	意大利	0.671	意大利	0.688
中国	0.587	中国	0.591	阿联酋	0.662
西班牙	0.581	法国	0.580	土耳其	0.653
英国	0.574	英国	0.577	西班牙	0.643
法国	0.565	西班牙	0.577	中国	0.630
日本	0.550	巴西	0.563	巴西	0.620

14.2.4 核心节点控制力程度

中介中心性表示全球稻米贸易网络中某个国家位于其他国际间最短贸易联系路径的比例，反映节点对资源流动控制的程度，其值越大，控制越强，反之则越弱。从中介中心性的国家排序来看，美国、意大利、法国、英国的中介中心性稳居世界前10位，这些国家在全球稻米贸易网络中处于枢纽地位，是全球稻米贸易网络中的核心国家。印度、俄罗斯联邦、土耳其的中介中心性排名在经历2010年下降后，2020年重新进入世界前10位，阿联酋、南非、加拿大的中介中心性上升，取代西班牙、泰国、巴基斯坦进入世界前10位。进一步对比上述国家的中介中心性、出度和入度排名，发现三者具有较高的相似性，表明全球稻米贸易关系中的控制能力直接体现为稻米供需各国之间的依赖性和脆弱性（表14-4）。

表14-4 2000年、2010年与2020年中介中心性排名前10位国家和地区

2000年		2010年		2020年	
美国	0.113	美国	0.126	美国	0.158
意大利	0.058	泰国	0.067	印度	0.054
西班牙	0.040	意大利	0.049	意大利	0.042
英国	0.039	英国	0.034	法国	0.032
泰国	0.036	法国	0.031	阿联酋	0.030
巴基斯坦	0.036	巴基斯坦	0.026	南非	0.028
土耳其	0.024	新加坡	0.021	俄罗斯	0.026
俄罗斯	0.020	加拿大	0.018	加拿大	0.025
法国	0.018	危地马拉	0.015	土耳其	0.024
印度	0.017	南非	0.014	英国	0.020

14.3 全球稻米贸易区域特征及其演化趋势

14.3.1 全球稻米贸易网络组团格局

在全球化和区域化发展的共同作用下，全球稻米贸易网络内部形成组团结构，组团内部节点之间的贸易关系相对紧密，而不同组团的节点之间贸易关系则相对松散，利用社区发现法可以基于国家（地区）间实际产生的贸易流识别全球稻米贸易网络内部的组团结构。

14.3.1.1 2000年全球稻米贸易网络组团格局

2000年全球稻米网络存在八个主要组团，分别是：①以泰国为核心的组团，以亚洲和非洲国家（地区）为主，辐射欧洲、大洋洲、北美洲，共46个国家（地区）。②以巴基斯坦—印度为核心的组团，以亚洲和非洲国家（地区）为主，辐射欧洲和南美洲，共26个国家（地区）。③以中国为核心的组团，包括亚洲、欧洲、非洲的16个国家（地区）和北美洲的古巴。④以意大利为核心的组团，包括欧洲、亚洲、非洲的42个国家（地区）和大洋洲、美洲的4个国家（地区）。⑤以美国为核心的组团，包括北美洲、亚洲、非洲的40个国家（地区）和大洋洲、欧洲的2个国家。⑥乌拉圭—巴西为核心的南美组团，主要是南美洲的7个国家。⑦以委内瑞拉为核心的小组团，包括哥伦比亚、厄瓜多尔、委内瑞拉。⑧立陶宛和白俄罗斯构成的小组团。

14.3.1.2　2010年全球稻米贸易网络组团格局

2010年全球稻米网络存在7个主要组团，分别是：①以泰国为核心的组团，包括39个国家（地区），绝大多数为亚洲、非洲国家（地区），辐射大洋洲。②以巴基斯坦为核心的组团，包括36个国家（地区），以亚洲、非洲国家（地区）为主，辐射东欧3国。③以印度为核心的组团，包括南亚、西亚的8个国家（地区）。④以中国为核心的组团，包括东亚、中亚、东欧、西非的16个国家（地区）。⑤以意大利为核心的组团，包括42个国家（地区），绝大多数为欧洲国家（地区），辐射大洋洲、亚洲、非洲、南美洲的少数几个国家（地区）。⑥以美国为核心的组团，包括34个国家（地区），分布较分散，成员国分布于北美洲、南美洲、亚洲、非洲和大洋洲。⑦以巴西为核心的组团，以南美洲国家（地区）为主，辐射北美洲、非洲和亚洲，共18个国家（地区）

14.3.1.3　2020年全球稻米贸易网络组团格局

2020年全球稻米贸易网络存在5个主要组团，分别是：

（1）以印度为核心的组团，包括分布于亚洲、非洲、东欧的42个国家（地区），成员国之间贸易量排首位，约占全球36.2%。组团内部以出口大国印度为绝对核心节点，其他成员国跟随，呈现单核心网络结构。组团内印度、阿联酋、俄罗斯联邦、伊朗、沙特阿拉伯等国出口稻米，西亚和西非是主要进口区域。

（2）以美国—泰国为核心的组团，包括分布于亚洲、非洲、北美洲、大洋洲的41个国家（地区），成员国之间贸易量约占全球15.4%。该组团内出口大国泰国是核心节点，美国兼具进口国和出口国双重角色，呈现双核心结构，印度尼西亚、日本、南非是主要进口国。

（3）以巴基斯坦—中国为核心的组团，包括亚洲、非洲、大洋洲的47个国家（地区），成员国之间贸易量约占全球13.3%。组团内出口大国巴基斯坦是第一核心节点，进口大国中国是次核心节点，呈现双核心网络结构。肯尼亚、阿富汗、埃及、莫桑比克、塞拉利昂、乌干达是主要进口国，中国兼具进口国和出口国双重角色。

（4）以巴西为核心的组团，包括分布于北美洲和南美洲的26个国家（地区），成员国之间贸易量约占全球6.4%，呈现多核心结构，巴拉圭、乌拉圭、阿根廷、圭亚那是主要出口国，危地马拉、委内瑞拉是主要进口国，巴西兼具进口国和出口国双重角色。

（5）以意大利—西班牙—法国为核心的组团，包括41个国家（地区），绝大多数为欧洲国家，成员国之间贸易量约占全球3.9%。组团内意大利是主要出口国，其次是西班牙，德国、法国、英国是主要进口国，呈现多核心结构。

14.3.2　组团格局演化

基于2000年、2010年、2020年三个节点所呈现的组团格局，可以发现全球稻米贸易网络格局演化呈现出如下特征。

14.3.2.1 全球稻米贸易网络组团集聚化与全球化并行

全球稻米贸易网络组团数量减少，由2000年的8个组团减少到2010年的7个组团，再减少到2020年的5个组团，说明全球稻米贸易网络中，核心节点国家的虹吸效应明显。与此同时，全球稻米贸易网络模块度逐渐降低，由2000年的0.488降低到2010年的0.441，再降低到2020年的0.436，说明全球稻米贸易网络组团划分渐趋模糊，各国（地区）的稻米贸易渐趋分散，在保持组团内成员国家之间贸易稳定的同时，注重加强与组团外国家（地区）的贸易联系。

14.3.2.2 东亚、东南亚、南亚区块组团不断整合分割、分化重组

泰国、巴基斯坦、印度、中国是全球重要的稻米出口国，以其为核心形成多个组团。其中，泰国是传统的组团核心，原是所在组团的唯一核心，随着与美国稻米贸易联系的增加，与美国组成双核心的组团。印度的核心地位不断增强，与巴基斯坦分离形成单独的组团，且组团内成员国由2010年的8个增加至2020年的42个，成为全球最大的组团。巴基斯坦和中国的贸易核心地位有所下降，随着两国稻米贸易联系的增强，两国重组形成双核心的组团。

14.3.2.3 美洲和欧洲区块组团相对稳定，影响力不断增强

美洲和欧洲区块主要有以美国为核心的组团、以巴西核心的组团、以意大利—西班牙—法国为核心的组团三个组团。其中，以美国为核心的组团成员国分布广泛，体现了美国作为全球化中心的贸易优势。以巴西为核心的组团先局限于南美洲，后扩展到北美洲，再辐射非洲和亚洲。以意大利—西班牙—法国为核心的组团始终保持欧洲内部国家间稻米贸易往来紧密且稳定。

第15章　中国稻米进出口贸易与国际竞争力

15.1 中国稻米进出口贸易特点

15.1.1 中国稻米出口情况

15.1.1.1 总体情况

自2000年以来，中国大米出口数量大致呈"U"形变化，由2000年的295万t波动减少至2007年的134万t，2008年开始逐年递减至2015年的28.7万t，后快速增加至2019年274.8万t，2020年稍有回落至230.4万t。2008—2015年，中国大米出口低迷，年均出口量仅54.5万t，可能的原因是，受2008年国际金融危机，为确保国内粮食供应，我国相继出台了多项调控政策收紧粮食出口，如：从2007年12月20日起取消小麦、稻谷、大米、玉米、大豆等原粮及其制粉的出口退税；自2008年1月开始，我国对57个税号的粮食原粮及其制粉征收5%～25%的出口暂定关税。2016年开始受"去库存"政策影响，我国大米出口逐渐恢复，重新加入国际大米市场份额的争夺。

大米出口金额整体呈现波动增加态势，由2000年的5.6亿美元增加至2020年的9.2亿美元，增幅63.3%。2008—2015年，国际米价高位运行，虽然出口数量大幅减少，但出口金额减幅较小，在个别年份甚至逆势增加（图15-1）。

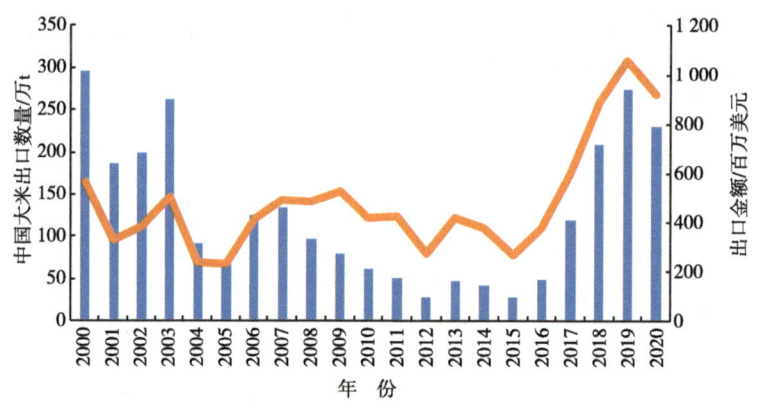

图15-1　2000—2020年中国大米出口数量和金额

15.1.1.2 按国家（地区）统计的出口情况

从洲别来看，中国大米出口目的地主要是亚洲和非洲，其次是欧洲、大洋洲和南美洲，北美洲出口量极少（图15-2）。2005—2019年，中国对亚洲、非洲、欧洲、大洋洲、南美洲、北美洲的大米出口量分别为630.7万t、612.7万t、55.6万t、51.6万t、

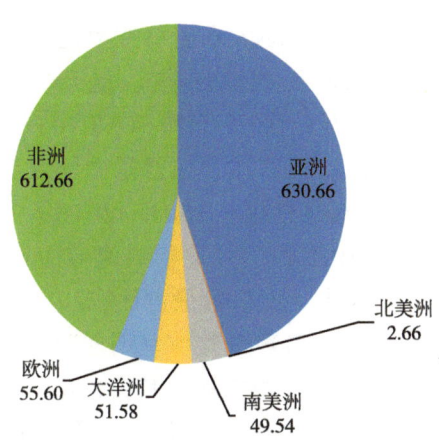

图15-2 2005—2019年中国大米分大洲总出口数量（单位：万t）

49.5万t和2.7万t，五大洲占比分别为45.0%、43.7%、4.0%、3.7%、3.5%和0.2%。其中，中国对亚洲的大米出口量基本稳定但有增长态势。2005—2017年，中国对亚洲的大米出口量在28万～46万t区间波动；2018—2019年，出口量明显增加至72.06万t，相较于2005年的28.42万t，增幅达到153.6%。中国对非洲的大米出口量呈现大幅波动增加态势，先是由2005年的25.2万t逐年增加值2008年的96.93万t，后逐年递减至2015年的0.03万t，再急剧攀升至2019年的175.28万t，相较于2005年，出口量翻了近5倍。中国对欧洲的大米出口量整体呈减少态势，2005—2006年年出口量超过10万t，2007开始快速减少至2017年的0.5万t，2018—2019年略有恢复至6.21万t。中国对大洋洲的大米出口量仅在2007年、2008年和2019年超过10万t，其余年份出口量很少。中国对南美洲的大米出口峰值在2006—2007年，分别达到10.2万t和22.0万t，2018—2019年在6万t左右，其余年份出口量极少，2010—2016年甚至为零（图15-3）。

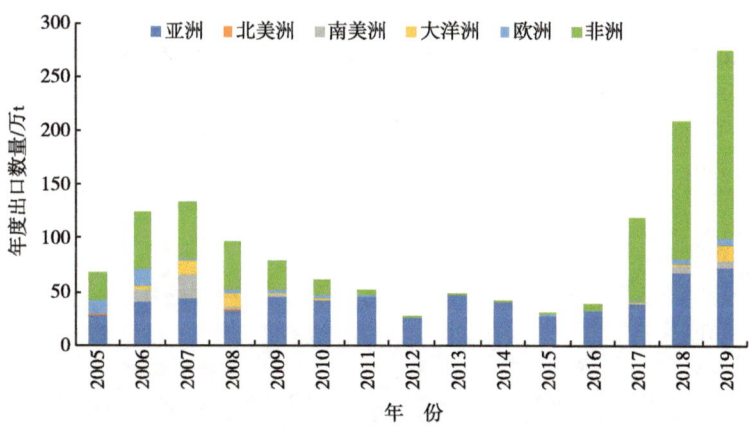

图15-3 2005—2019年中国大米分大洲年度出口数量

分地区来看，2005—2019年，中国大米出口按数量排名前五的地区分别为一带一路、中东、独联体、东盟和拉美地区（图15-4）。这五个地区从中国进口大米的数量分别为172.1万t、143.4万t、66.6万t、36.1万t和14.1万t，占比分别为12.3%、10.2%、4.7%、2.6%和1.0%。其中，中东、独联体和东盟是中国大米出口的传统地区，一带一路和拉美地区是中国大米出口的新兴地区。2005—2016年中国对中东大米年出口数量均不超过2.5万t，2017年陡增至10.1万t，并逐年快速增加至2019年的81.9万t，年均增速49.4%。相应地，中国对中东大米年出口数量占比在2017年以前均低于2.6%，2019年提高至29.8%。中国对独联体大米出口数量整体呈现递减态势，由2006年峰值的19.0万t减少至2019年的2.3万t，减幅87.9%，相应地，其占比由2006年的15.4%降低至2019年的0.8%。中国对东盟大米出口数量除2018年外波动幅度不大，基本在1万~2万t徘徊，其占比均不超过6%。中国对"一带一路"大米出口呈现快速增长态势，由2014年的5.7万t增加至2019年的85.2万t，年均增速71.9%；相应地，其占比由2014年的13.6%提高至2019年的31%。中国对拉美地区大米出口由2014年的131t快速增加至2019年的6.3万t，年均增速243.9%（图15-5）。

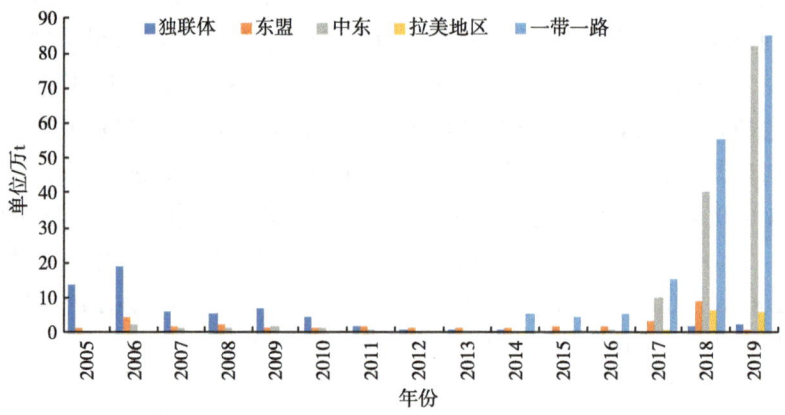

图15-4　2005—2019年中国大米出口量排名前五的地区数量变化情况

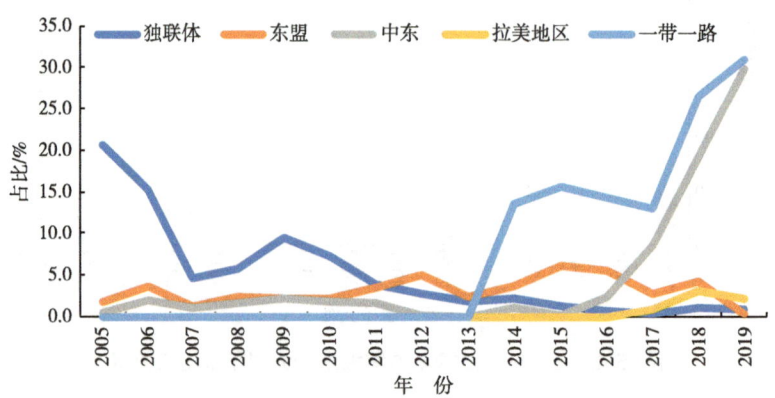

图15-5　2005—2019年中国大米出口量排名前五的地区数量占比变化情况

分国家或地区来看，2005—2019年，中国大米出口按数量排名前十的国家（地区）分别为韩国（263.2万t、占比18.8%）、科特迪瓦（189.0万t、占比13.5%）、朝鲜（80.6万t、5.7%）、日本（69.7万t、占比5.0%）、利比里亚（66.5万t、占比4.7%）、埃及（61.6万t、占比4.4%）、土耳其（47.0万t、占比3.4%）、巴布亚新几内亚（41.0万t、占比2.9%）、俄罗斯（35.8万t、占比2.6%）、中国香港（33.3万t、占比2.4%）等国家和地区。其中，韩国、朝鲜和日本是中国大米出口的传统国家，埃及和土耳其是新兴国家（表15-1、表15-2）。

表15-1 2005—2019年中国大米出口量排名前十的国家和地区数量情况　　（单位：万t）

年份	韩国	科特迪瓦	朝鲜	日本	利比里亚	埃及	土耳其	巴布亚新几内亚	俄罗斯	中国香港
2005	9.16	4.36	4.76	9.90	9.13			0.64	11.91	1.55
2006	14.02	21.58	3.86	7.99	16.96			4.16	14.85	2.10
2007	15.89	30.54	8.11	7.44	14.91			11.52		2.75
2008	16.17	20.21		3.29	14.67			10.45	2.84	3.99
2009	17.04			8.27	4.75				2.70	4.06
2010	18.17	5.46	8.39	4.72				2.00	1.88	4.20
2011	23.89		9.22	2.75						2.99
2012	10.15		4.90	4.98						2.53
2013	32.30		4.95	3.16					0.55	2.53
2014	23.66		6.39	2.47					0.78	2.42
2015	16.31		1.71	3.65					0.28	2.12
2016	17.55		4.19	3.79						1.89
2017	16.73	30.92	3.64		6.10		7.38			
2018	17.34	45.04	4.35	7.32		17.00	16.78			
2019	14.82	30.87	16.16			44.60	22.85	12.24		
小计	263.20	188.97	80.65	69.72	66.51	61.60	47.01	41.01	35.79	33.13

表15-2 2005—2019年中国大米出口量排名前十的国家和地区数量占比情况 （单位：%）

年份	韩国	科特迪瓦	朝鲜	日本	利比里亚	埃及	土耳其	巴布亚新几内亚	俄罗斯联邦	中国香港
2005	13.6	6.5	7.1	14.7	13.6	0.0	0.0	1.0	17.7	2.3
2006	11.3	17.4	3.1	6.5	13.7	0.0	0.0	3.4	12.0	1.7
2007	11.9	22.8	6.1	5.6	11.1	0.0	0.0	8.6	0.0	2.1
2008	16.7	20.8	0.0	3.4	15.1	0.0	0.0	10.8	2.9	4.1
2009	21.8	0.0	0.0	10.6	6.1	0.0	0.0	0.0	3.5	5.2
2010	29.3	8.8	13.6	7.6	0.0	0.0	0.0	3.2	3.0	6.8
2011	46.3	0.0	17.9	5.3	0.0	0.0	0.0	0.0	0.0	5.8
2012	36.4	0.0	17.6	17.8	0.0	0.0	0.0	0.0	0.0	9.0
2013	67.5	0.0	10.4	6.6	0.0	0.0	0.0	0.0	1.1	5.3
2014	56.5	0.0	15.2	5.9	0.0	0.0	0.0	0.0	1.9	5.8
2015	57.0	0.0	6.0	12.8	0.0	0.0	0.0	0.0	1.0	7.4
2016	44.4	0.0	10.6	9.6	0.0	0.0	0.0	0.0	0.0	4.8
2017	14.0	25.8	3.0	0.0	5.1	0.0	6.2	0.0	0.0	0.0
2018	8.3	21.6	2.1	3.5	0.0	8.1	8.0	0.0	0.0	0.0
2019	5.4	11.2	5.9	0.0	0.0	16.2	8.3	4.5	0.0	0.0

15.1.1.3 按贸易方式统计的出口情况

中国大米出口方式有一般贸易、加工贸易、边境小额贸易、无偿援助和赠送、保税仓储转口货物、保税仓库进出境、对外承包工程货物等方式（图15-6）。其中，一般贸易是绝对主要方式，2005—2019年一般贸易方式出口量共计1 188.2万t，占比84.8%。边境小额贸易方式出口量共计137.6万t，占比9.8%，尤其是在2005—2016年，边境小额贸易方式出口量占比均超过10%，个别年份甚至达到20%以上，但2017年以后其占比明显下降至6.5%以下。

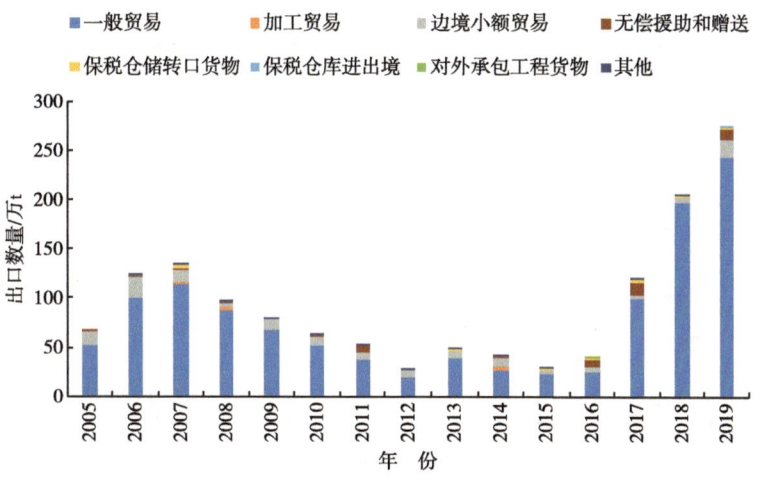

图15-6 2005—2019年中国大米分贸易方式出口数量

15.1.1.4 按省（市）统计的出口情况

从中国国内31个省（区、市）大米出口情况来看，2005—2019年，除宁夏、青海、甘肃外，其余28个省（区、市）均有出口。出口量排名前五的省（区、市）分别为北京、吉林、黑龙江、辽宁和新疆，五省（区、市）大米出口量合计占比常年保持在88%以上，其中，北京独占鳌头，2005—2019年出口量共计1 111.7万t，占比79.3%，尤其是2016年以后占比达到85%以上；吉林、黑龙江、辽宁、新疆四省（自治区）出口量分别共计99.8万t、74.8万t、43.1万t、17.8万t，占比分别为7.1%、5.3%、3.1%和1.3%（表15-3）。

表15-3 2005—2019年中国大米出口量排名前五的省份情况　　　　　　（单位：万t）

时间	北京	吉林	黑龙江	辽宁	新疆
2005	47.53	5.11	11.35	0.6	1.1
2006	90.54	7.5	17.31	1.66	2.66
2007	106.18	8.82	4.71	6.64	3.21
2008	79.41	5.8	5.05	0.9	1.54
2009	56.65	11.25	4.08	1.67	0
2010	42.86	7.56	5.08	1.08	2.21
2011	31.43	9.2	4.21	1.77	1.67
2012	12.63	5.33	4.22	2.03	0.86
2013	30.55	6.48	4.7	2.12	1.66

（续表）

时间	北京	吉林	黑龙江	辽宁	新疆
2014	21.81	8.37	3.79	3.11	1.74
2015	16.34	3.95	3.29	0.95	0.76
2016	24.37	6.53	1.2	2.85	0.1
2017	105.35	4.85	2.1	2.09	0.21
2018	196.89	1.99	1.58	3.7	0.06
2019	249.22	7.06	2.12	11.97	0.03

15.1.1.5 按企业性质统计的出口情况

中国大米出口企业有国有企业、外商投资企业、集体企业、私营企业等。其中，外商投资企业占据绝对重要地位，2005—2019年出口量共计1 062.0万t，占比达到3/4。从占比变动趋势来看，外商投资企业出口占比呈"U"形变化，2011—2016年占比在50%左右波动，其余年份占比均超过60%，尤其是2017年及以后外商投资企业出口势头强劲，占比甚至达到90%以上。国有企业和私营企业出口量分列第二、第三，2005—2019年出口量分别共计194.4万t和138.6万t，占比分别为13.9%和9.9%，在2011—2016年二者联合占据中国大米出口的半壁江山（图15-7）。

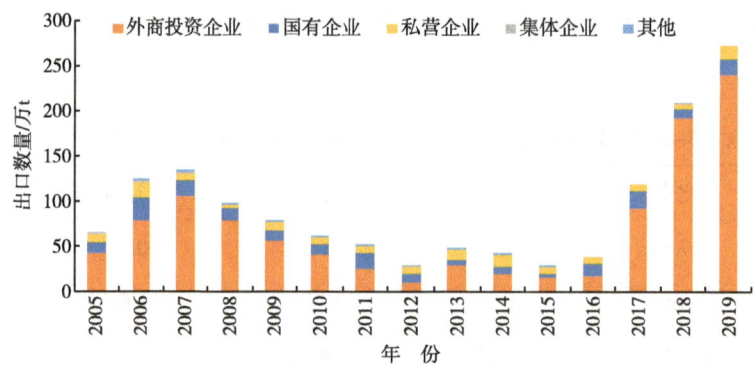

图15-7　2005—2019年中国大米分企业性质出口数量

15.1.2　中国稻米进口情况

15.1.2.1　总体情况

自2000年以来，中国大米进口数量整体呈明显增加态势。2000—2011年中国大米进口量基本平稳，在25万~75万t波动；2012年陡增至236.9万t，随后逐年攀升，2017年达到峰值的403万t，2018开始回落至2020年的294.3万t，主要原因是国内外大米价差增大导致企业进口意愿增强，显著增加价格低廉的碎米和普通白米的进口，用于加工米粉、方便食品和酿酒等工业用途。2000—2020年，中国大米进口量增加了11.3倍，年均增幅13.4%。相应地，中国大米进口金额由2000年的1.1亿美元增加至2020年的15.0亿美元，增加了12.3倍，年均增幅13.8%（图15-8）。

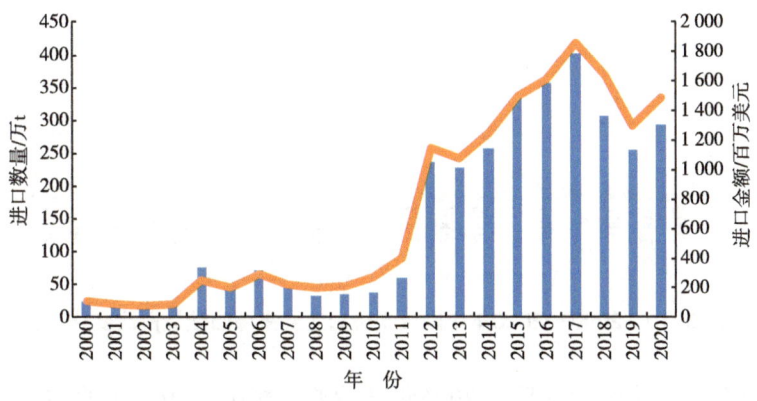

图15-8　2005—2019年中国大米进口数量和金额

15.1.2.2　国家进口情况

中国大米进口来源地集中在东南亚和南亚，以越南、泰国、巴基斯坦、缅甸、柬埔寨、老挝等为主（图15-9）。除个别年份外（2008—2010年90%左右），上述6国进口量和进口金额合计占中国大米进口总量、进口总金额的比例均在95%以上（图15-10）。其中，泰国是中国大米进口的传统来源国，越南在2011年后超过泰国成为中国大米进口的最重要来源地，巴基斯坦和缅甸在2017年后成为中国大米进口来源的新秀，有赶超越南和泰国的态势。

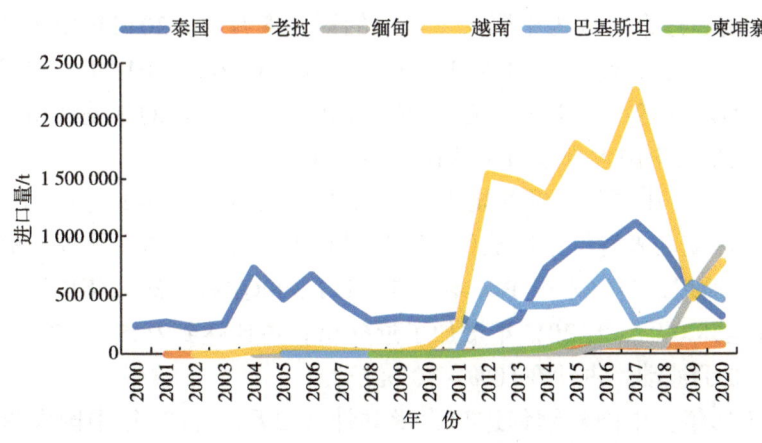

图15-9　2000—2020年中国大米进口主要来源国数量变化情况

2000—2020年，中国从泰国进口大米共计1 046.7万t，占21年中国大米进口总量的

32.8%。从年际变动来看，中国从泰国进口大米数量呈现"M"形增加态势，由2000年

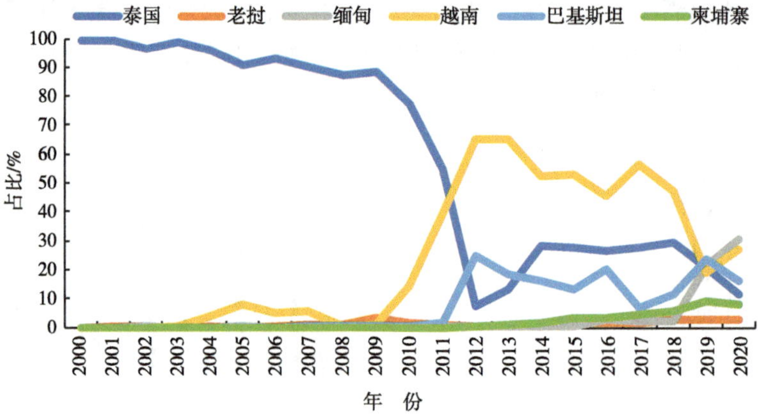

图15-10　2000—2020年中国大米进口主要来源国数量占比变化情况

的23.8万t增加至2004年的72.6万t，2005年开始波动减少至2012年的17.5万t，2013年开始恢复增加至2017年的111.7万t，2018年开始回落至2020年的32.5万t。中国从泰国进口大米数量占中国大米进口总量的比例呈现反"√"形下降态势。2011年之前，泰国是我国大米进口的绝对主要国家，我国每年从泰国进口大米数量占比均在75%以上，2000—2006年甚至超过90%；2012年出现断崖式下降，占比仅7.4%，2013年回升至13.2%，2014—2018年基本稳定在26%～30%，2019—2020年又呈现下降态势。

2000—2020年，中国从越南进口大米共计1 319.8万t，占21年中国大米进口总量的41.3%。从年际变动来看，中国从越南进口大米数量呈左长尾锯齿状倒"U"形变化态势。2010年之前，中国从越南进口大米较少，每年进口量不超过5万t，占中国大米进口量的比例不足10%。2010年开始中国从越南进口大米数量大幅增加，2011年达到23.4万t，此后，越南超过泰国成为中国大米进口的第一来源国。2012年中国从越南进口大米数量激增至154.5万t，此后波动增加至2017年的226.5万t，2018年进口量开始下降至2020年的78.8万t。2012—2018年，越南占据中国大米进口量的半壁江山，中国每年从越南进口大米数量占中国大米进口量的比例均在50%以上。

2000—2020年，中国从巴基斯坦进口大米共计425.4万t，占21年中国大米进口总量的13.3%。从年际变动来看，中国从巴基斯坦进口大米数量整体呈增加态势。2012年以前，中国从巴基斯坦进口大米很少，年均进口量1 300t左右。2012年中国从巴基斯坦进口大米量骤增至58.0万t，比2011年增加了近66倍，占比达到24.5%；2013—2020年进口量在30万～70万t波动，占比在10%～20%波动。

2000—2020年，中国从缅甸进口大米共计90.2万t，占21年中国大米进口总量的5.3%。从年际变动来看，2015年之前，中国每年从缅甸进口大米数量不超过1万t，年均进口量1 700t左右。中国从缅甸进口大米数量从2016年开始显著增加，由2015年1.2万t增加至2018年的7.1万t，2019年陡增至53.8万t，2020年更是达到90.2万t。2019—2020

年，缅甸超过越南和泰国，新晋成为中国大米进口的第一来源国，占比分别达到21.1%和30.7%。

2000—2020年，中国从柬埔寨进口大米共计109.9万t，占21年中国大米进口总量的3.4%。从年际变动来看，2013年之前，中国从柬埔寨进口大米数量基本可以忽略不计，2013年开始进口量逐年增加，由2013年的2.1万t增加至2020年的23.3万t。

2000—2020年，中国从老挝进口大米共计46.5万t，占21年中国大米进口总量的1.5%。从年际变动来看，2011年之前，中国从老挝进口大米数量有限，2012年开始增加，由2012年的1.5万t增加至2020年的7.5万t。

15.1.3 中国稻米贸易在粮食贸易中的地位

从出口来看，中国大米在谷物贸易中的地位逐渐走强。2000—2020年，中国大米出口量占谷物出口量的比例呈现"M"形增加态势。2000—2007年中国大米出口量占谷物出口量的比例在10%～20%波动，2008年骤升至53.6%，并持续提高至2009年的59.8%，此后，占比回落至2012年的29.1%，2013年开始飙升至2019年的86.4%，2020年回落至65.0%。相应地，中国大米出口金额占谷物出口金额的比例变动大致与出口数量保持一致。2000—2007年中国大米出口金额占谷物出口金额的比例在15%～30%波动，2008年骤升至63.7%，并持续提高至2009年的73.3%，此后，占比回落至2012年的45.8%，2013年开始回升至2019年的85.4%，2020年回落至2012年水平（图15-11）。

从进口来看，中国大米在谷物贸易中的地位基本维持中低位。2000—2020年，中国大米进口数量占谷物进口数量的比例波动较小，仅在2006—2008年超过20%，其余年份比例均在10%左右。相应地，中国大米进口金额占谷物进口金额的比例与进口数量基本保持一致，2006—2007年超过35%，其余年份为15%～30%。整体来看，中国大米进口金额占比高于中国大米进口数量占比，说明进口谷物中，大米价格行情要强于其他谷物。

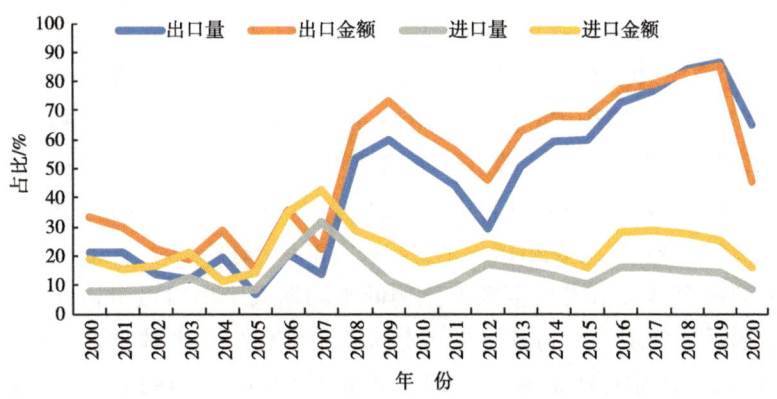

图15-11 中国大米进出口数量和金额占谷物进出口数量和金额的比例变动情况

从贸易顺逆差来看，中国大米在谷物贸易中具有调剂作用。2000—2020年，中国大米进出口以2010年为分界点，整体呈现贸易顺差转为贸易逆差的变化态势。自2004年我国入世后的"调整磨合期"结束以后，我国大米进口量逐渐扩大，出口量减少，净出口量相应减少。2011年进口量超过出口，大米贸易由贸易顺差转变为贸易逆差，且逐渐扩大至2017年的283.3万t和12 63.2亿美元。此后，逆差规模逐渐缩小至2020年的63.8万t和5.8亿美元。对比中国大米与谷物贸易顺逆差情况，大米贸易逆差出现时间晚于谷物贸易逆差，且大米贸易逆差波动幅度小于谷物，说明大米在中国谷物贸易中具有"缓冲剂"与"均衡器"作用（图15-12）。

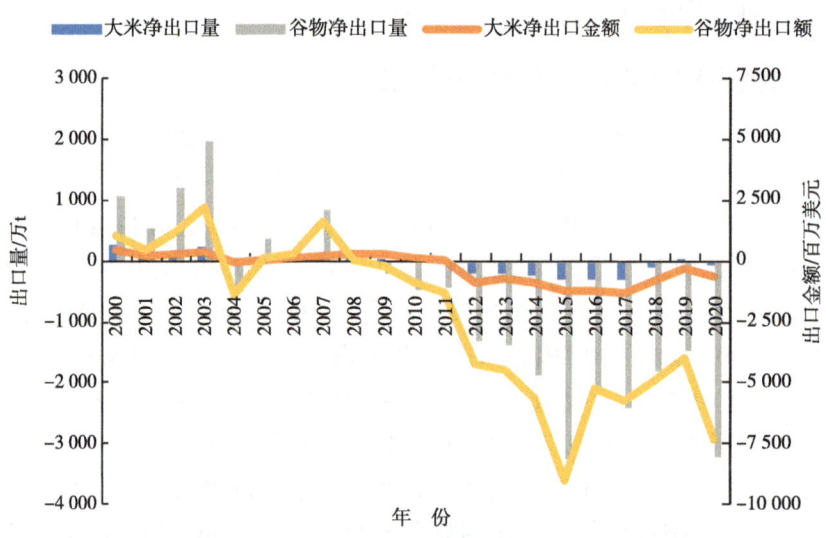

图15-12 中国大米与谷物净出口数量与金额变动情况

15.1.4 中国稻米贸易在全球稻米贸易中的地位

从出口来看，中国大米贸易在全球大米贸易中的地位呈现先持续走弱后恢复性走强态势（图15-13）。2000—2015年，中国大米出口量占全球大米出口量的比例不断降低，由2000年的14.9%降至2015年的0.9%，降幅达94%；同期，中国大米出口金额占全球大米出口金额的比例由2000年的10.1%降至2015年的1.4%，降幅89.1%。2016年开始，中国大米出口量占全球大米出口量的比例恢复性上升，由2016年的1.5%提高至2019年8.2%，2020年有所回落至6.6%，同期，中国大米出口金额占全球大米出口金额的比例由2016年的2.3%提高至2019年的5.4%，2020年有所回落至4.6%。整体来看，中国大米出口金额占全球大米出口金额的比例低于同期大米出口数量占比，说明中国大米出口价格低于国际平均水平，可能的原因是大米品质欠佳，整体价值竞争力偏弱。

从进口来看，中国大米贸易在全球大米贸易中的地位在经过相对平稳的十年后呈不断走强态势（图15-13）。2000—2011年，中国大米进口量占全球大米进口量的比例基本在1.2%～3.7%波动。同期，中国大米进口金额占全球大米金额的比例在

1.2%~3.6%波动。2012年开始，中国大米进口量占全球大米进口量的比例持续上升，由2012年的8.1%提高至2016年的13.4%，后滑落至2020年的9.3%。同期，中国大米进口金额占全球大米进口金额的比例由2012年的5.9%提高至2016年的10.8%，后滑落至2020年的7.6%。整体来看，2000—2011年，中国大米进口金额占全球大米进口金额的比例基本与大米进口数量占比一致，2012年以后，进口金额占比低于进口数量占比，可能的原因是，中国大米进口结构发生变化，价格低廉的碎米和普通白米进口增加。

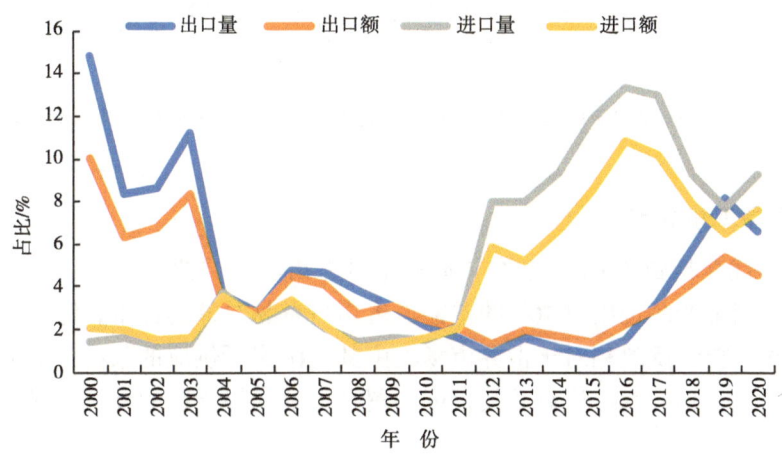

图15-13　2000—2020年中国大米进出口数量和金额占全球大米进出口数量和金额的比例

15.2　中国稻米国际竞争力评价及影响因素分析

15.2.1　中国稻米国际竞争力评价

15.2.1.1　国际市场占有率

国际市场占有率是一国某产品的出口额占世界该产品出口总额的比例，是反映一国某产品国际竞争力的最直接指标。该比重越大，说明该国该产品的出口竞争力、开拓国际市场的能力越强；反之，则说明该国该产品的出口竞争力弱。

2000—2020年，中国大米国际市场占有率低，且呈下降态势，由2000年的9.6%下降到2020年的3.9%（图15-14）。美国和巴基斯坦的大米国际市场占有率基本相当且保持稳定，美国略高于巴基斯坦，二者在8%~13%波动。泰国大米国际市场占有率较高，但2012年后有所下降，由2000年的26.5%下降到2020年的16.4%。印度大米国际市场占有率整体呈现不断增加趋势，2000—2010年在11%~24%波动，2011年开始强势上升至2020年的37.2%，远超其他国家。由此可见，中国大米国际市场占有率最低，2020年仅为巴基斯坦的1/2、美国和越南的1/3、泰国的1/4、印度的1/9，表明相较于巴基斯坦、美国、越南、泰国和印度，中国大米出口竞争力弱，明显处于劣势地位，且同部分国家的差距不断增大。

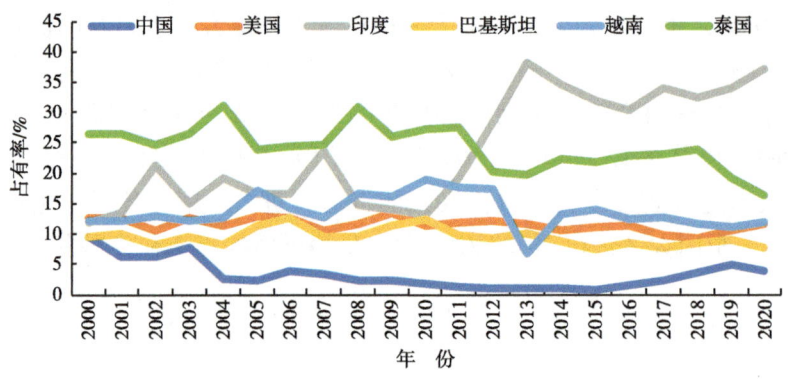

图15-14　2000—2020年中国、美国、印度、巴基斯坦、越南和泰国大米国际市场占有率

15.2.1.2 贸易竞争优势指数

贸易竞争优势指数（TC）也称"贸易竞争力指数""贸易专业（门）化系（指）数"，是指一国某产品进出口贸易的差额占进出口贸易总额的比重，综合考虑了进口与出口两个因素，能够反映相对于世界市场上由其他国家所供应的某种产品而言，本国生产的同种产品是否具有竞争优势及其程度。贸易竞争优势指数的计算公式：

$$TC_{ij} = \frac{X_{ij} - M_{ij}}{X_{ij} + M_{ij}}$$

式中，X_{ij}、M_{ij}分别表示i国j产品的出口额、进口额。TC取值范围为（-1，1），系数越大表明优势越大。如果TC>0，表明该类产品具有较强的国际竞争力，越接近于1，竞争力越强；TC<0，则表明该类产品不具国际竞争力；TC=0，表明此类产品为产业内贸易，竞争力与国际水平相当。

2000—2020年，中国大米贸易竞争优势指数整体呈"W"形下降态势，中国大米国际竞争力由强走弱并失去竞争优势。2000—2003年，中国大米TC指数大于零，表明此阶段中国大米具有较强的国际竞争力。2004年中国大米TC指数跌至-0.39，此后，中国大米TC指数一直处于负值状态，尤其是2007—2012年TC指数下降幅度逐年增大，由2007年的-0.05下降至2012年的-0.76，2013—2016年变动幅度较小，2017年开始逐渐回升至2020年的-0.28，表明2004年以后中国大米不具有国际竞争力，尤其是2011—2016年竞争力衰退状态不断恶化，2017—2020年则有所好转，但仍未恢复国际竞争力（图15-15）。

观察同时期印度、巴基斯坦、越南、泰国和美国大米贸易竞争优势指数，可以发现印度、巴基斯坦、越南和泰国的大米贸易竞争优势指数基本稳定，均处于或接近于1的超高值，表明这四个国家大米的国际竞争优势非常明显。美国大米贸易竞争优势指数以2015年为分界点，呈现弱正—弱负状态，表明2015年之前，美国大米具有微弱的国际竞争优势；2015年以后，美国大米国际竞争处于微弱劣势状态。由此可见，中国大米的贸易竞争优势不断衰退，并且随着中国大米贸易逆差的扩大，与主要大米贸易国家的竞争优势水平差距持续扩大。

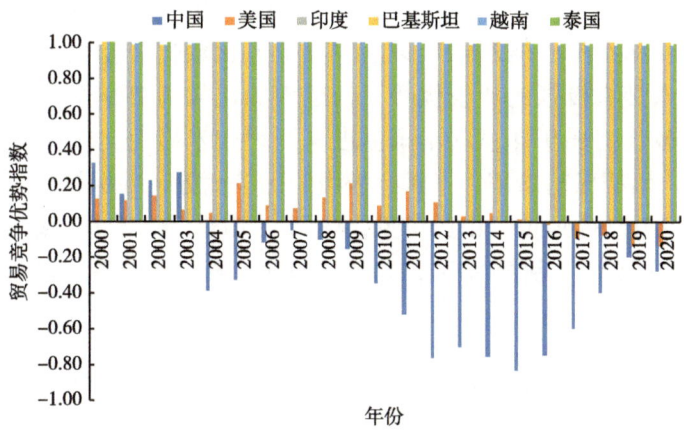

图15-15 2000—2020年中国、美国、印度、巴基斯坦、越南和泰国大米贸易竞争情况

15.2.1.3 显性比较优势指数

显性比较优势指数（RCA）是某一产业或产品在该国出口中所占的份额与世界贸易中该产业或产品占世界总贸易额之比。常用的指数计算公式如下：

$$\text{RCA}_{ij} = \frac{X_{ij}/X_{it}}{X_{wj}/X_{wt}}$$

上式中：RCA_{ij}表示i国家第j种商品的显性比较优势指数，X_{ij}表示i国家第j种商品的出口值；X_{it}表示i国家所有商品的出口总额；X_{wj}表示世界第j种商品的出口总值；X_{wt}表示世界所有商品的出口总值。

一般认为，如果RCA>2.5，则表明该国该产品具有极强的比较优势；如果1.25<RCA<2.5，则表明该国该产品具有较强的比较优势；如果0.8<RCA<1.25，则表明该国该产品具有一般的比较优势，且处于不稳定状态；如果RCA<0.8，则表明该国该产品已经失去了比较优势。

2000—2020年，中国大米显性比较优势指数长期处于低位并呈下降趋势（图15-16）。2000—2003年，中国大米显性比较优势指数由2.48下降至1.31，表明这一时期中国大米具有较强的比较优势。2004年跌至0.38，并不断下降至2015年的0.05，2016—2020年微弱回升至0.27，表明2004—2020年中国大米不具备比较优势，尤其是在2004—2015年失去比较优势的境况不断恶化，2016—2020年虽有向好态势但扭转乏力。

观察同时期印度、巴基斯坦、越南、泰国和美国大米显性比较优势指数，可以发现，美国大米显性比较优势指数基本在1.0～1.6波动，表明美国大米具有一定的比较优势，但处于不稳定状态。印度和泰国大米显性比较优势指数处于10～30波动，泰国呈现小幅下降态势，表明印度和泰国大米具有极强的比较优势，但泰国的比较优势有减弱趋势。越南大米显性比较优势指数一直处于7以上的高值，但连年持续降低，由2000年的53.41降低到2020年的7.31，年均降幅9.5%。2000—2012年，越南大米显性比较优势指数显著高于印度和泰国，但2012年以后，其显性比较优势指数下降到低于印度和泰国。表明越南大米具有极强的比较优势，但越南的比较优势呈快速减弱趋势，尤其是2012年以后其比较优势弱于印度和泰国。巴基斯坦大米显性比较优势指数在51～91的超高值区间波动，表明巴基斯坦大米具有极强的比较优势，并保持相对稳定状态，在国际市场上有着不可撼动的地位。由此可见，美国、印度、泰国、越南、巴基斯坦的大米贸易竞争优势在不同程度上强于中国，尤其是印度、泰国、越南、巴基斯坦的竞争优势远远强于我国。

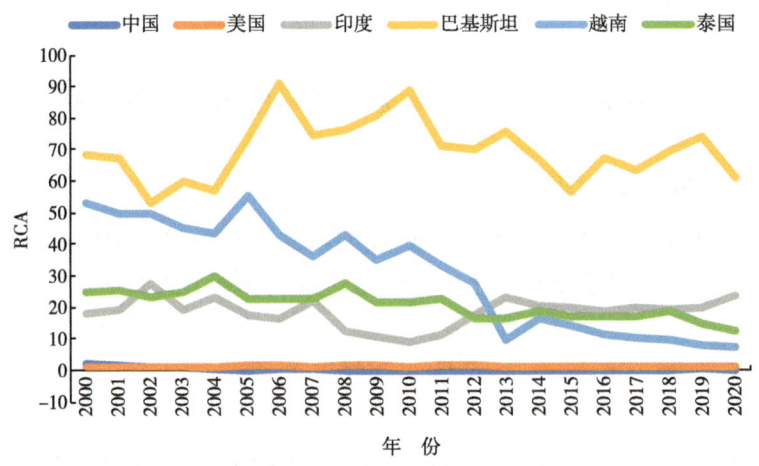

图15-16　2000—2020年中国、美国、印度、巴基斯坦、越南和泰国大米显性比较优势指数

15.2.1.4　综合评价

综合国家市场占有率、贸易竞争优势指数和显性比较优势指数三个指标，中国大米贸易的国际竞争力偏低，无法跻身优势贸易产品行列，与世界上主要贸易国家竞争优势的差距不断扩大，同大米生产大国的地位不匹配。

15.2.2　中国稻米国际竞争力的影响因素

根据波特钻石模型，影响一国某产业或产品国际竞争力的因素有生产要素、需求条件、相关与支持性行业、企业战略结构与同业竞争等四个基本要素和政府、机遇两个辅助要素。下面将运用波特钻石模型理论，重点对生产要素、需求条件、相关与支持性行业、政府等影响中国大米国际竞争力提升的四个因素进行分析。

15.2.2.1 生产要素

波特认为，生产要素可分为初级生产要素和高级生产要素，其中，初级生产要素包括天然资源、地理位置、低值劳动力等，高级生产要素包括现代基础设施、高素质人才、专业技术等。这些生产要素一般是混合出现的，但每个产业对其依赖程度又随产业性质而定。影响中国大米贸易国际竞争力的关键生产要素呈现出如下特征。

（1）耕地条件欠佳，制约水稻总产和单产提升，间接削弱中国大米贸易国际竞争力。耕地的数量和质量是约束水稻播种面积和单位面积产量的重要条件。从耕地数量来看，中国现有耕地19.18亿亩，在全球排名第三，但人均耕地面积不足1.5亩，远低于世界平均水平，处于世界中下水平。其中，水田47 087.97万亩，占24.55%；水浇地48 172.21万亩，占25.12%；旱地96 532.61万亩，占50.33%。位于一年三熟制地区的耕地28 243.68万亩，占全国耕地的14.73%；位于一年两熟制地区的耕地71 739.85万亩，占37.40%；位于一年一熟制地区的耕地91 809.26万亩，占47.87%。耕地资源有限，尤其是水土热条件匹配度高的宜稻耕地占比不高，水稻播种面积增加困难。

从耕地质量来看，如果只考虑土壤的天然效力，中国耕地质量欠佳，远不如欧洲、北美洲和南美洲的部分区域。如果综合考虑立地条件、耕层理化性状、养分状况、土壤健康状况和土壤管理等，中国存在生产障碍因素的耕地占比高达68.8%，其中，生产障碍因素突出的耕地占比达到22.0%。《2019年全国耕地质量等级情况公报》显示，评价为一至三等的耕地面积为6.32亿亩，占耕地总面积的31.24%；评价为四至六等的耕地面积为9.47亿亩，占耕地总面积的46.81%；评价为七至十等的耕地面积为4.44亿亩，占耕地总面积的21.95%。稻田基础地力条件欠佳，是制约水稻单产进一步提升的重要因素。

（2）要素价格持续上涨，推高水稻生产成本，间接削弱中国大米贸易国际竞争力。近年来，中国农地要素价格逐步上涨。2000—2018年，稻谷亩均土地成本由49.96元增加至235.12元，增幅370.6%，年均增速8.1%；土地成本占比则由12.4%上升至19.2%，高于美国15%和日本11%的水平（图15-17）。

图15-17　2000—2018年中国水稻生产土地成本变化情况

同时，水稻生产是劳动密集型产业，对劳动力需求大，人工成本占生产总成本比重高。随着中国劳动力价格不断上涨，2000—2018年，稻谷亩均人工成本由152.48元增加至473.85元，增幅210.8%，年均增速5.8%；人工成本占比则在32%~43%波动，明显高于美国的10%和日本的26%（图15-18）。

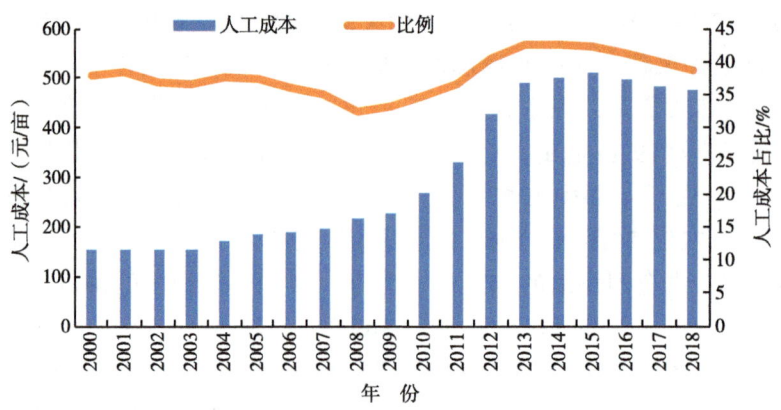

图15-18　2000—2018年中国水稻生产人工成本变化情况

（3）机械化程度偏低，制约劳动生产率提升，间接削弱中国大米贸易国际竞争力。2018年我国水稻耕种收综合机械化率80.2%，但与小麦（95.1%）、玉米（85.6%）等主要粮食作物相比，我国水稻生产机械化的综合水平依然较低，各个稻区发展水平很不平衡，特别是水稻栽插机械化严重滞后，2018年水稻机械种植率仅48.16%，是水稻生产机械化中最薄弱环节。随着中国工业化、城镇化进程加快，农村劳动力大量转移，可用于水稻生产的青壮年劳动力供给严重不足，需要用机械代替人力。同时，随着土地成本、劳动力价格不断攀升，只有依靠机械化才能降低成本、提高效益。推进水稻生产全程机械化，是增强中国稻米综合生产能力、保障粮食安全、推进农业现代化的必然要求。

15.2.2.2　需求条件

随着经济的发展、社会的进步和人们生活水平的不断提高，人们的消费观念、消费结构等都发生了巨大变化，由追求数量向追求质量转变，从"吃饱"向"吃好"转变。水稻作为最主要的口粮作物，稻米的品质日益受到大家重视。水稻产业也从追求高产量转变为追求安全优质，但中国水稻品质育种相对滞后，稻米优质率表现不佳，与高品质消费需求不匹配。

（1）品质育种相对滞后，优质稻供给量小。中国是全球水稻科技强国，杂交水稻育种技术尤其是三系、两系法杂交稻育种技术领先于国外，在超高产育种上依然保持世界领先。优良品种的推广，加上增产节本栽培技术的推广应用，中国水稻单产水平屡创新高。2020年我国水稻单产水平达到7 059.0kg/hm^2，比1990年的5 726.1kg/hm^2，每公顷产量提高了1 332.9kg，年均增长率为0.7%，单产水平对总产量的贡献率为83.6%。对水稻来说，高产往往带来品质差、抗病虫害能力低的问题，这一状况成为我国稻米行业竞争力提高的瓶颈。自2004年以来，我国水稻产量连年提升，同时稻谷库存高企，2018年政策性稻谷库存已达1.4亿t以上，库存稻谷主要是普通稻谷，优质稻谷品种占比较小，结构性的供大于求现象明显。在品质育种方面，国内往往注重于产量、品质、抗性、适应性"四性"的综合协调，而发达国家更加注重于水稻的理化品质和食味品质。在功能性稻米的研究及其产业化方面，我国刚起步，而发达国家走在了前面。如日本针对特定疾病人群，开发了低球蛋白米、花粉症减敏稻米、糖尿病改善米、血清胆固醇减缓米、气喘减敏米、阿尔茨海默病疫苗米、辅酶Q10强化米、矿物质强化米、高氨基酸米、高维生素米等；印度培育出了适合糖尿病患者食用的水稻品种ISM的改良变种，该变种除了具有高产、抗白叶枯病等优良性状外，其血糖生成指数（GI）仅为50.99。

（2）稻米优质率表现不佳，难以满足消费需求。根据农业农村部稻米及制品质量监督检验测试中心分析统计，2001—2015年，除2007年优质率较高为42.5%外，我国稻米整体优质率在22.5%~35.4%波动。从2015年开始，我国稻米优质率快速提升，从27.3%增加到2020年的49.2%。从碾磨品质优质率来看，糙米率优质率一直处在较高的水平，在95.9%以上，但整精米率优质率较低，籼稻米和粳稻米分别为53.4%~79.5%和68.2%~95.5%，是限制稻米优质率的一个主要指标。从外观品质优质率来看，籼稻米和粳稻米的垩白度都有明显改善，2020年优质率均达到94.0%以上。籼稻米的透明度不断改善，优质率从2001年的77.7%提升到2020年的96.6%，但是粳稻米的透明度优质率在2016—2020年为85.4%~91.0%，还有提升的空间。从蒸煮食用品质优质率来看，直链淀粉含量优质率表现欠佳，还有较大提升空间；胶稠度表现整体较好，优质率较高；碱消值优质率整体表现有待提高。

15.2.2.3 相关与支持性产业

稻米产业链涵盖稻米及其衍生品生产、加工、销售、服务等诸多环节。上游环节主要是水稻种植、种子农机化肥农药生产、稻谷收获烘干等，中游环节主要是稻谷仓储流通、大米加工等，下游环节主要是工业用粮类食品制造业、口粮消费、饲料用粮及其他用粮。其中，大米加工是关键环节。目前中国大米加工行业发展形势不容乐观，一是加工企业行业集中度低，品牌效益不突出。目前全国有大米加工企业9 760个，年加工能力3.7亿t。行业集中度低，行业排名三甲的中粮集团公司、北大荒米业集团、益海嘉里投资有限公司，三家产能合计也只有4%左右的份额。大米品牌既多且杂，企业各自为战，造成了国内优质稻米品牌间的内耗和严重的同质竞争。消费者难以通过品牌辨别大米品质，品牌溢价能力差，2019年全国大米加工企业产品收入利润率仅2.6%。很多国家都热衷于建立本国的大米品牌，如泰国的香米、越南的大米、柬埔寨的荣利花香米等都是国际上公认的好大米。这几个大米品牌在国际市场上的名气较大，拥有极强的市场竞争力，而我国尚未建立起本国大米的国际品牌，与知名国际大米品牌相比竞争力较弱。二是产业链条短，精深加工水平低。目前我国稻米加工产业向上下游延伸过短，精深加工水平低。这不仅使附加值偏低，产品结构单一，而且加剧行业不良竞争，导致企业处于价值链的低端，难以与大型外资企业抗衡。具体而言，突出表现在以下两个方面：一是整体呈现小、散、低的现象，加工工艺水平较低，技术低水平复制，特别是中小型稻米加工企业工艺质量差、效益低，资源浪费严重。二是产品品质单一，精细化程度低，一些附加值高的免淘洗米、胚芽米和营养强化米等产品的加工能力有限。

15.2.2.4 政府政策

大米进出口政策主要有关税政策、关税配额政策、进出口补贴政策等，这些政策通过不同的作用方式对中国大米贸易国际竞争力产生着不同程度的影响。

在大米出口方面，中国根据国内外市场供求形势，在不同阶段采取了不同的政策。2004—2006年，为了促进大米出口，中国对大米实行零增值税政策，出口免征销项税。2007年世界范围内粮价出现大幅度上涨，为了抑制粮食出口，平衡国内粮食供求关系，2007年12月，中国取消了粮食的出口退税政策。2008年为了进一步抑制粮食出口，对小麦、玉米、大米等粮食征收5%~25%出口暂定关税。2009年7月，取消了小麦、大米等的暂定关税。总的来说，实行零增值税、免征销项税、取消出口关税等政策，有利于增强中国大米贸易国际竞争力；反之，取消出口退税、征收出口关税等政策，则削弱中国大米贸易国际竞争力。

中国对大米进口实行关税配额管理，配额量为532万t，国有贸易比例为50%，配额内进口关税仅1%。在国外大米价格低于国内市场价格的情况下，由于配额内关税过低，对于来自国外的大米，即使加上运费、保险、关税、增值税以及装卸费等，其到岸价要低于国内大米市场价格，将增加大米进口意愿。对于配额外关税税率，与日本加入WTO时争取到351日元/kg的大米保护性关税不同，我国对大米只争取到了65%的配额外关税率。这个关税率，不足以对冲我国与主要大米出口国之间的资源禀赋差异。如果中国稻米生产成本上升速度长期快于主要大米出口国，这一关税税率将难以抵挡国外大米大举进入中国市场。

15.2.3 提升中国稻米国际竞争力的对策建议

随着我国居民生活水平提高，优质大米需求旺盛，在保证总量的前提下要加快优质水稻品种研发，培育出品质可与泰国香米、日本越光大米相媲美的品种，既丰富了国内市场，又可增加农民收入，使我国的粮食生产在质量上再上一个台阶。

15.2.3.1 加强高标准稻田建设，提升水稻生产能力

在水稻适生区，围绕耕地保护和地力提升，加强高标准农田建设，提高建设标准和质量，形成一批集中连片、旱涝保收、节水高效、稳产高产、生态友好的口粮田，确保田面平整，耕层深厚，土壤肥沃，无严重土壤障碍因素，农田基础设施完善，灌溉水源有保障，排涝能力强，路、林、电网配套，土壤改良培肥和测土配方施肥技术措施到位，能够满足水稻高产栽培、节水灌溉、机械化作业等标准化、规模化生产要求，实现

"一季千斤、两季吨粮"的周年生产能力。

15.2.3.2 优化政策引导，避免农地成本抬升

完善土地流转和规模经营有关政策，重点支持符合当地适度规模标准、以家庭为核算单位、以家庭成员为主要劳动力的种粮大户和家庭农场。优化政策支持方式和环节，避免与土地流转行为直接挂钩。除了地块互换、连片置换流转和土地承包经营权退出的一次性奖励、补偿外，避免给予可以直接转化为收益的现金补贴或奖励，防止发生"补贴或奖励转化为地租"现象。引导发展土地股份合作、生产托管、联耕联种等经营方式，通过实物计租货币结算、租金动态调整等措施，降低市场价格风险，控制地租成本。

15.2.3.3 提高机械化水平，降低劳动力成本

聚焦水稻生产机械化薄弱环节，加强农业机械创新与开发，重点开展水稻大苗机插、再生稻头季机收等攻关研究，提高农机具供给的多样性和适应性，根据地域差异、经营规模等，推广与之相适应的农机具，确保农机农艺融合、机械化信息化融合、农机服务模式与农业适度规模经营相适应，提高水稻生产全程机械化水平，减少劳动力投入，降低劳动力成本。

15.2.3.4 加快优良品种选育，提升大米品质

加快培育优质高产、多抗广适的水稻新品种，推进常规稻品种提纯复壮，改善杂交籼稻、籼粳杂交稻品质，着力强化高整精米率、高碱消值和功能性品种研发，研发功能性品种，从品种上提高大米质量。优化种植结构，在确保稻谷产量稳定供给的同时，逐步增加优质水稻的种植面积，不断完善支持政策，改革最低收购价政策，促进"优粮优价"，提高中国大米整体质量。

15.2.3.5 优化加工环节，推进全产业链开发

培优培强一批龙头企业，把大米的生产、收购、贮藏、加工、销售等环节连接起来，形成完整的产业链，提高稻米流通效率，降低稻米在仓储物流环节的成本。大力发展集中烘干、加工、仓储服务，减少产后损失。引导加工企业向主产区集聚，提高精深加工和副产品综合利用水平，创建优质稻米品牌，加快地方特色品牌开发，不断完善和延长产业链条，增加产品附加值，提升中国大米产业整体竞争力。

15.2.3.6 优化支持政策，加强质量体系建设

调整稻米产业支持政策结构，将更多的财政支农资金用于高标准稻田建设、技术推广、农民培训等，促进水稻生产降成本，以"绿箱"政策支持提高中国大米国际竞争力。加强稻米全产业链标准建设，构建覆盖水稻种子选择和处理、选地和整地、播种、田间管理、病虫害防治、收获、加工、包装、储运等各个环节的全产业链标准体系，加强与国际标准和国外先进标准接轨，并逐步引领国际稻米产业标准制定，提升中国大米国际竞争力。

第五篇　政策篇

第16章 水稻生产支持政策

16.1 粮食生产支持政策的演变轨迹及内在逻辑

民以食为天，粮食是安身立命之本。粮食安全是国家安全的重要基础。新中国成立70多年来，我国始终坚持以农业为基础，千方百计争取粮食总产量稳定增长。但由于不同的经济社会发展阶段的重点任务不同，其对粮食生产采取的支持政策及力度也不同。系统梳理新中国成立以来的粮食生产支持政策及内在逻辑，对新时代农业生产支持政策创新与实现农业农村现代化具有重要意义。

（1）传统时期（1949—1977年），针对新中国成立初期政府财力分散、资本稀缺的问题，为确保工业优先战略的实施，国家财政实施高度集中的统收统支体制，农业责无旁贷承担起了为工业资本积累的职责。在此背景下，财政对农业呈现多取少予、负向保护的阶段性特征（赵和楠和侯石安，2019）。统收统支体制利用工农价格剪刀差，将农业生产剩余不断输送给工业部门，仅1952—1982年的30年间，统收统支体制利用工农价格剪刀差从农业流向工业资金达到6 000亿元。但是，出于粮食增产和维护农村社会稳定的需要，国家还是采取了一些粮食支持政策，可以分为三种：首先是以农村基础建设、农林水利气象部门事业费、农村救济费为代表的绿箱政策，1950—1978年财政用于农业支出总计为1 577.12亿元，占财政总支出的10.7%；其次就是农业生产资料补贴，化肥、农药等补贴政策开始实行，补贴形式一是在流通环节，即出厂价与到手价的购销差价，二是在生产环节，即农资工业企业原材料的低价购买与降税免息；最后就是农产品价格补贴，主要体现在流通和消费环节上，即购销差额补贴，与此同时，国家也给予粮食企业经营费用以及职工补贴，到了80年代初期，国家每年的粮油价格补贴款已达200多亿元（彭慧蓉和钟涨宝，2011）。可见，传统时期我国实行的是"农业受损、工业受益""农民利益受损、城市消费者受益"的非均衡的负补贴政策。

（2）改革初期（1978—2003年），此阶段可分为深化农业剥夺阶段（1978—1997年）和从农业剥夺向农业保护阶段（1998—2003年）。在深化农业剥夺阶段（1978—1997年），1983年《当前农村经济政策的若干问题》确定了家庭联产承包责任制是党的领导下中国人民的伟大创造，人民公社正式走下历史舞台；《关于1984年农村工作的通知》进一步坚持和完善了联产承包责任制制度，并且规定土地承包期一般至15年以上，1985年《关于进一步活跃农村经济的十项政策》取消了30多年来实行的农副产品统购统销制度。虽然国家取消了粮食统购统销制度，进一步提高了粮食收购价格、加大了投入品补贴力度和农村基础设施投资，但是对农业剥夺的步伐却没有减缓。农业投入总课题组对1982—1994年农业生产补贴等值（PSE）进行了测算，结果发现这一时期我国农业生产补贴等值不仅为负值，而且还呈增大趋势（农业投入总课题组，

1997），如表16-1所示。农民负担进一步加重，一方面农业生产资料价格大幅上升，按1950年不变价格计算，1978—1993年农业生产资料价格上升了191%，而农产品价格却大起大落；另一方面政府依然从农业税和工农价格剪刀差提取资金，仅1979—1994工农价格剪刀差为15 000亿元，1979—2002年农业税额3 378.58亿元，与1979—1997年财政支农总计5 889.3亿元相差极大（彭慧蓉等，2010）。在农业剥夺向农业保护阶段（1998—2003年），1998年《中共中央关于农业和农村工作若干重大问题的决议》明确指出将"增加农民收入，减少农民负担"作为2010年以前政府工作的指导原则。至此，农业政策的保护重点由保护城镇居民、保护工业回到了逻辑起点：保护农民。2000年开始实行"三取两调一改"的农业税费改革，2002年开始实行粮食直补制度，经过一系列的政策调整，我国开始由农业剥夺向农业保护转变。总体来看，在这一阶段，农民承担的税费总额要大于财政支农资金总额，仍处于负向保护阶段，而且从补贴环节来看，该阶段粮食支持政策以实行流通环节补贴和消费者补贴为主，生产环节补贴为辅。

表16-1 1982—1994年生产者补贴等值（PSE）

项目	年份						
	1982	1984	1986	1988	1990	1993	1994
总量PSE/百万元	-25 642	-72 790	-178 094	-152 461	-148 667	-219 450	-100 832
PSE百分比/%	-12.34	-26.04	-38.54	-21.93	-26.25	-24.07	-7.79

资料来源：农业投入总课题组. 关于支持与保护农业问题研究[J]. 管理世界，1997（4-5）。

（3）探索完善农业补贴政策时期（2004—2015年），由于1999—2003年粮食产量持续下降，农民收入低下，迫切要求转变粮食支持方式；与此同时，2001年加入世界贸易组织在一定程度上为粮食支持方式的转变提供了外部动力；在内外部因素的共同作用下，2002年开始进行粮食直接补贴试点。2004年中央一号文件《关于促进农民增加收入若干政策的意见》聚焦"农民增收"，旨在通过有力的举措尽快扭转城乡居民收入差距不断扩大的趋势，粮食直补政策在全国全面实施，且于同年开始农业税减免试点，放开粮食购销市场，对水稻、小麦实施粮食最低收购价政策。2004年是划时代的一年，标志着我国粮食支持制度进入了一个崭新的时代，进入了生产者补贴阶段，粮食支持政策不断强化，政策措施不断完善，农业发展目标由解决温饱问题为主转向全国建设小康社会。2005年中央一号文件《关于进一步加强农村工作提高农业综合生产能力若干政策的意见》聚焦"提高农业综合生产能力"，旨在解决农业投入不足、基础脆弱等问题。2006年的中央一号文件以《关于推进社会主义新农村建设的若干意见》聚焦"社会主义新农村建设"，旨在落实党的十六届五中全会提出的建设社会主义新农村的重大历史任务。此后，中央一号文件以"三农"发展为题延续至今，经过这一时期的不断探索和完善，我国已形成以粮食直接补贴和农资综合直接补贴为主要内容的综合性收入补贴（普惠制）、以良种补贴和农机具购置补贴为主的，专项生产性补贴（特惠制）和粮食最低收购价、农业税减免相结合的直接补贴政策体系，对促进农业发展和农民增收起到了较大作用。

（4）新时代的农业补贴政策（2016年至今），随着开放程度的加深，为适应中国特色社会主义进入新时代的新需求，进一步提高政策的导向性、精准性和实效性，粮食支持政策体系进入改革深化阶段。随着《关于全面深化农村改革加快推进农业现代化的若干意见》等政策的相继颁布和实施，我国农业发展由追求农业发展数量向追求农业发展质量转变。2016年中央一号文件《关于落实发展新理念加快农业现代化实现全面小康目标的若干意见》聚焦"农业现代化"，旨在用发展新理念破解三农新难题，加快补齐农业农村短板，政策体系的几大重要调整：一是实施农业"三补贴"改革，将良种补贴、粮食直补、农资综合补贴合并为"农业支持保护补贴"，用于耕地地力保护和支持粮食适度规模经营。这项政策以绿色生态为导向，由激励性补贴向功能性补贴转变，由覆盖性补贴向环节性补贴转变，旨在提高补贴政策的指向性、精准性和实效性。二是优化价格支持政策，探索"市场定价，价补分离"。三是探索农业生产全程社会化服务。四是以粮食高质量发展为导向。

梳理农业生产支持政策的演变历程后发现，农业生产支持政策的调整受粮食安全和国家大战略背景的双重影响。在中华人民共和国成立后不久，国家实行优先发展工业战略，利用工农价格"剪刀差"尽可能地用农业剩余支持工业发展，将农业剩余源源不断输送至工业，但同时在1961年又不惜花重金大范围大幅度提高粮食统购价格以缓解三年困难时期造成的粮食短缺问题；改革开放初期进入深化剥夺农业阶段，农民受到农业生产资料上涨、农产品价格大涨大跌以及农业税费三重负担，但同时为了保障国家粮食安全，政府先后于1994年和1996年两次调高粮食收购价格，调幅分别达到42%和40%，一定程度上刺激了随后连续3年（1994—1996年）粮食生产大幅度增长。在2003年以后，我国人均GDP已突破1 000美元，开始进入工业化后期。2004年以来中央一号文件都以支持三农为主要内容，粮食安全目标融入国家战略中，农业生产支持政策的力度进一步加大（表16-2）。

表16-2 粮食生产政策演变规律

阶段	政策目标	补贴特征	政策措施
1949—1977年	粮食安全，农业支持工业发展	负向保护	生产资料投入补贴政策（1950）；粮食统购统销政策（1953）；农田水利基础设施建设
1978—2003年	在维护粮食安全的基础上逐步增加农户收入	由负向保护逐渐向正向保护迈进	减免农资企业税费降低农资销售价格（1979）；确立家庭联产承包责任制（1983）；取消粮食统购统销制度（1985）；粮食保护价收购（1990）

（续表）

阶段	政策目标	补贴特征	政策措施
2004—2015年	在粮食增产、农民增收基础上促进农业可持续发展	正向保护	农业税减免试点、粮食直补政策、放开粮食购销市场、建立和完善最低收购价（2004）；良种补贴（2005）、农业机械购置；农资综合补贴、取消农业税（2006）及农业保险补贴（2007）；高标准农田建设（2011）
2016年至今	在粮食增产、农民增收、农业可持续发展基础上促进粮食产业高质量发展	正向保护	农业三补贴政策改革、农业生产社会化服务（2016）；稻谷、小麦和玉米完全成本保险和收入保险（2018）；全国高标准农田建设规划（2021）

16.1.1 粮食生产支持政策的主要内容

关于粮食生产支持政策，主要有"粮食支持政策""粮食财政支持政策""粮食支持保护政策""粮食生产支持政策"等不同的提法。国内多位学者对2004年以来我国粮食生产支持政策体系进行了总结。叶慧（2007）认为，我国形成了以直接收入补贴为主，最低收购价为辅，生产要素补贴和农田基础设施建设相配套的粮食财政支持政策体系。国家粮食局课题组（2009）把我国现行粮食支持政策总结为"四取消""四补贴""一支持""一保险"和"一奖励"五项主要内容。其中"四取消"指的是取消农业特产税、农业税、牧业税和屠宰税；"四补贴"是粮食直接补贴、良种补贴、农机具购置补贴和农资综合补贴；"一支持"是最低收购价支持政策；"一保险"是种植业保险；"一奖励"是产量大县奖励。万姝（2015）认为，我国粮食生产支持政策包括耕地保护政策、粮食补贴政策、粮价保护政策和金融支持政策。晋乐（2018）认为，我国初步形成了以价格支持政策为基础，以直接收入补贴与农业综合服务政策互补、综合补贴与专项补贴相结合的粮食支持政策体系。2021年财政部和农业农村部联合印发通知，明确了中央财政支持粮食生产的一揽子政策，主要包括：一是落实藏粮于地，夯实粮食生产能力；二是落实藏粮于技，提高粮食生产效率；三是稳定种粮补贴，保障种粮合理收益；四是优化粮食产业结构，延伸粮食产业链条；五是防范粮食安全风险，保证粮食稳产增产。由此可以看出，随着我国基本国情和具体农情的变化，以及国际形势的变化，粮食生产支持政策也在不断调整。

水稻是我国最主要的粮食作物，稻谷是两大口粮之一。因此，水稻在生产过程中得到各种政策的支持。按不同的分类方法，水稻生产支持政策可分为不同的类型。按照生产环节划分，可以分为耕地保护、选种、育秧、插秧、耕作、田间管理、收购及综合等支持政策。按照支持政策类型划分，可分为与水稻生产销售直接相关的支持政策和与水稻生产并不直接相关的，多以项目形式支出的专项资金，这类支持政策，虽然与水稻生产过程并无直接关系，但却是水稻生产的重要基础和稳产增产的主要保障。因此，本书将其纳入研究范围。本书从2021年最新发布的中央财政支持粮食生产的一揽子政策的五个方面，即藏粮于地、藏粮于技、稳定补贴、结构调整、防范风险对水稻生产支持政策进行梳理。

16.1.2 现行水稻生产支持政策（图16-1）

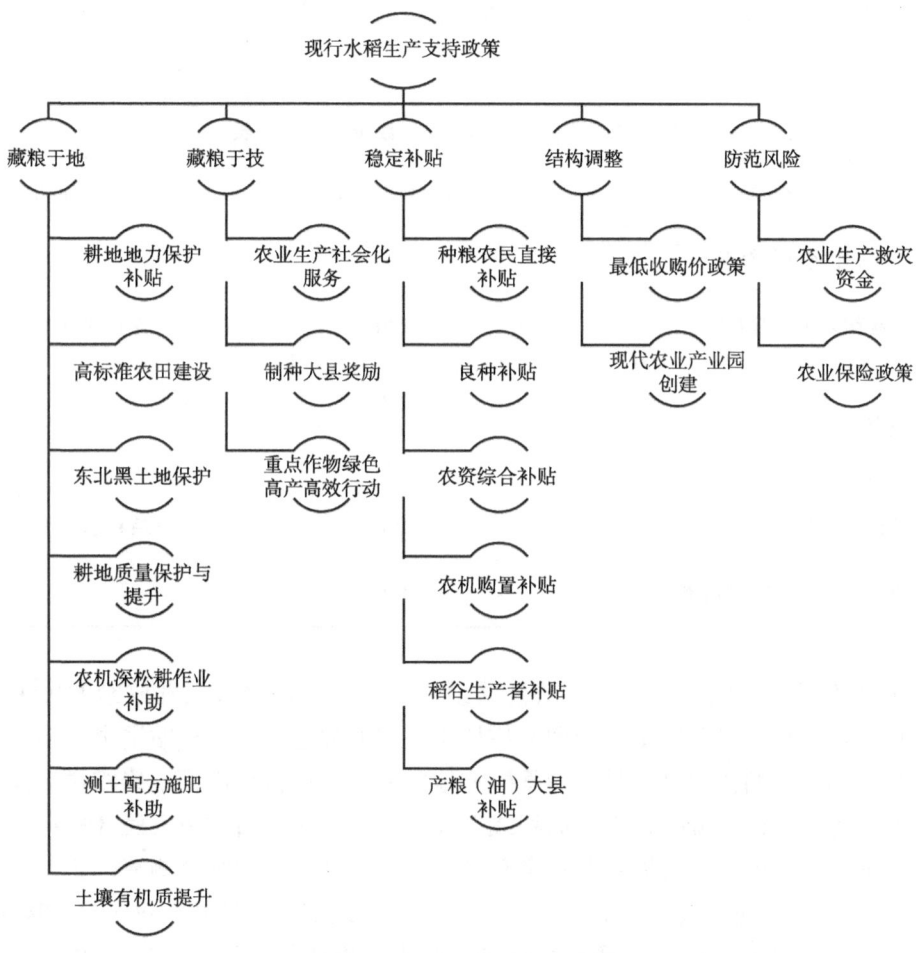

图16-1 现行水稻生产支持政策

16.1.2.1 水稻"藏粮于地"支持政策

耕地质量是粮食生产的根基。"藏粮于地"支持政策具体主要包括耕地地力保护补贴、高标准农田建设、东北黑土地保护、农机深松耕作业补助、测土配方施肥补助、土壤有机质提升（耕地保护与质量提升）和耕地轮作休耕制度7个方面的内容。

（1）耕地地力保护补贴。耕地地力保护补贴的前身是农业"三项补贴"，即农作物良种补贴、种粮农民直接补贴和农资综合补贴。随着农业农村发展形势的变化，从

2004年起先后实施的农业"三项补贴"政策效应递减,政策效能逐步降低,迫切需要调整完善。2015年,经国务院同意,财政部、农业部印发了《关于调整完善农业三项补贴政策的指导意见》(财农〔2015〕31号),将农作物良种补贴、种粮农民直接补贴和农资综合补贴合并为农业支持保护补贴,政策目标调整为支持耕地地力保护和粮食适度规模经营,具体资金分配见表13-3。2015年安徽、山东、湖南、四川和浙江5个省开展农业"三项补贴"改革试点。2016年4月,财政部、农业部发布《关于全面推开农业"三项补贴"改革工作的通知》(财农〔2016〕26号),农业支持保护改革在全国推开。

表16-3 农业"三项补贴"改革资金分配表

补贴类型	资金比例/%	资金使用方向
农作物良种补贴	100	支持耕地地力保护
种粮农民直接补贴	100	
农资综合补贴存量资金	80	
	20	支持粮食适度规模经营
种粮大户补贴试点资金	100	
农业"三项补贴"增量资金	100	

耕地地力保护补贴属于中央财政公共预算安排的以现金形式发放给农民种植户的专项补贴资金,补贴对象原则上为拥有耕地承包权的种地农民,补贴资金与耕地面积或播种面积挂钩,补贴依据可以是二轮承包耕地面积、计税耕地面积、确权耕地面积或粮食种植面积等,具体以哪一种类型面积或哪几种类型面积,由省级人民政府结合本地实际自定。补贴标准由地方根据补贴资金总量和确定的补贴依据综合测算确定,一般金额是每亩50~200元,如黑龙江省牡丹江市2021年度耕地地力保护补贴每亩56.724 5元。

耕地地力保护补贴政策是现阶段党中央强农惠农政策的重要内容。2021年,《财政部办公厅、农业农村部办公厅关于进一步做好耕地地力保护补贴工作的通知》(财办农〔2021〕11号)要求,探索耕地地力保护补贴发放与耕地地力保护行为相挂钩的有效机制,加大耕地使用情况的核实力度,做到享受补贴农民的耕地不撂荒、地力不下降,切实推动"藏粮于地"战略部署,遏制耕地"非农化"。

(2)高标准农田建设补贴。2008年《政府工作报告》中首次提出"建设一批高标准农田"之后,自2009年起,连续8个中央一号文件都强调,加快高标准农田建设。但高标准农田建设一直分散在财政、水利、发改、自然资源、农业等多个管理部门,直到

2018年农田建设管理项目职责才整合到农业农村部统一管理。2019年中央财政将原农业综合开发、农田整治和农田水利等项目资金整合为农田建设补助资金。同时,中央预算内投资也通过农业生产发展专项资金安排,支持高标准农田建设。高标准农田建设属于中央和地方共同事权,且以中央投入为主,地方适当投入。按照《全国高标准农田建设总体规划(2013—2020年)》的筹资方案,亩均投资标准控制在1500元左右,参照中央和地方8:2的分担比例,中央应承担1 200元左右。从2019年中央实际安排的投资看,亩均只有1 050元左右。由于物价和人工成本上涨较快,加上经过多年建设,一些基础条件相对较好的地块多数都已实施过项目,剩余的地块都是难啃的"硬骨头"。各地普遍反映投入标准偏低,难以适应新时期农业高质量发展的需求。亟须完善我国不同地区和不同类型农田建设标准和投资定额的细化规范工作,以提高高标准农田建设投资渠道、投资标准及资金使用金测算的科学性、合理性。

部分省市已经提高了高标准农田建设标准。江西中低产田比例较高,且大多处在丘陵山区,高标准农田建设成本高。为此,江西省决定将全省高标准农田建设亩均财政补助标准提高到3 000元,达到全国前列水平;江苏省2021年将高标准农田建设投资标准从每亩1 750元提升至3 000元,改造提升投资标准为每亩2 000元,同时明确,省以上资金对苏北、苏中、苏南地区分别补助80%、60%、40%。

(3)东北黑土地保护补贴。针对东北黑土地遭透支的状况,为保护好黑土地这一"耕地中的大熊猫",2015年中央财政专项安排5亿元资金在17个产粮大县开展"东北黑土地保护利用试点"项目。补贴区域涉及辽宁、吉林、黑龙江和内蒙古四省(自治区),补贴重点是控制黑土流失、增加土壤有机质含量、保水保肥、黑土养育、耕地质量监测评价等工程技术;补贴对象采用物化补贴和购买服务的方式,重点支持新型农业经营主体承担项目任务,补贴资金向种养大户、家庭农场、农民合作社、有机肥生产企业倾斜。

补贴标准。一是秸秆还田,秸秆翻压(埋)还田作业补助100元/亩,由社会化服务组织集中连片实施;二是畜禽粪便及秸秆堆沤有机肥,通过购买服务,鼓励农业合作社等社会化服务组织在村旁、田头修建简易堆沤肥设施,开展秸秆集中堆沤并施用到田;三是商品有机肥施用,施用有机肥(含腐熟堆沤有机肥及商品有机肥等)补助150元/亩;四是推广应用测土配方施肥技术,施用缓控释肥料、中微量元素肥料、微生物肥料、土壤调理剂等补助50元/亩;施用水溶性肥料补助100元/亩;五是粮豆轮作补助500元/亩;六是建立耕地质量监测评价体系,补助120万元/县(其中,购置设备及田间监测100万元,黑土地保护技术指导与研究补助20万元)。黑土地保护资金补贴采取"先干后补"的方式进行。

2016—2017年,中央财政每年继续安排5亿元资金,在东北3省和内蒙古的17个县(市、区、旗)开展黑土地保护利用试点,积极探索黑土地保护有效技术模式和工作机制。

2018—2019年,扩大试点规模,中央财政每年安排8亿元资金在东北3省和内蒙古的32个县（市、区、旗）开展黑土地保护利用试点，组织项目县（市、区、旗）集成示范推广秸秆还田、有机肥施用、肥沃耕层构建、土壤侵蚀治理、深松深耕等技术模式，累计实施面积1 760万亩。

2020年，按照中央一号文件要求，继续落实《东北黑土地保护规划纲要（2017—2030年）》任务，制定年度实施方案，安排财政资金，支持32个项目县（市、区、旗）实施4大类17种黑土地保护利用综合技术模式示范推广，统筹推进黑土地有效治理工作，进一步遏制项目区黑土地退化趋势。

2020年3月，国家相关部门推出《东北黑土地保护性耕作行动计划（2020—2025年）》，这一行动计划覆盖东北3省和内蒙古，要在2025年达到1.4亿亩土地实施保护性耕作，占东北适宜区域耕地面积的70%。第一年的补贴总额为16亿元，主要用于支持秸秆覆盖免耕作业补助。

（4）农机深松耕作业补助政策。2009年中央一号文件提出"实行重点环节农机作业补贴试点"。2009年10月12日，国务院常务会议研究决定"实施土壤有机质提升和农机深松作业补贴"，财政部明确将农机深松整地纳入新增农资综合补贴资金重点支持范围。2010年，农业部印发了《关于落实补贴资金推进农机深松整地作业的通知》，2011年，农业部办公厅印发了《全国农机深松整地作业实施规划（2011—2015）》；2016年，在"十二五"期间积极开展农机深松整地作业补助试点，探索总结适宜深松作业模式和技术路线的基础上，结合2014年和2015年国务院《政府工作报告》对"农机深松整地"提出的具体要求，农业部办公厅关于印发《全国农机深松整地作业实施规划（2016—2020年）》，明确了这一段时期推进农机深松整地的指导思想、发展目标、实施区域、技术路线、实施进度和重点工作。2017—2021年作业面积及补贴标准见表16-4。补贴方式采取"先作业后补助、先公示后兑现"的原则实行定额补助。补助对象为承担农机深松整地作业任务的农机合作社、农机大户等农业生产服务组织及个人。

表16-4 2017—2021年农机深松整地作业面积及补贴标准

年份	作业面积	作业深度	补贴标准
2017	1.4亿亩以上	一般要求达到或超过25cm，打破犁底层	科学确定标准，不宜过高
2018	1.5亿亩以上	一般要求达到或超过25cm，打破犁底层；启动深翻作业补助试点（东北三省和内蒙古）	合理确定补助标准，原则上每亩不宜超过25元，具体由各省根据作业成本情况科学确定
2019	1.4亿亩以上	一般要求达到或超过25cm，打破犁底层	
2020	1.4亿亩以上	一般要求达到或超过25cm，打破犁底层	每亩补助原则上不超过30元
2021		一般要求达到25cm以上	每亩作业补助原则上不超过30元，具体补助标准和作业周期由各地因地制宜确定

（5）测土配方施肥补助。测土配方施肥项目源于湖北枝江农民曾祥华向时任总理温家宝反映，能不能测一测土壤养分，而后施肥。温总理在农业部测土配方施肥村级行动报告上作出专项批示，于2005年8月下达财政专项"测土配方施肥补贴资金试点项目"，全国首批试点项目县200个，投资2亿元，按照每个县100万元的标准，重点对测土、配方、配肥等环节给予补贴。

从官方公布的数据看，2005—2012年，中央财政累计投入57亿元，覆盖了全国所有县级农业行政区。2013—2017年，中央财政每年安排7亿元专项补助资金推动测土配方施肥工作。2018年，测土配方施肥政策由县区政府组织申报，项目县对区域内所有农户免费提供测土配方服务，提高亩均效益。中央财政对测土配方施肥取土化验县补助资金60万元，在此基础上，化肥减量增效试点县另增加200万元。个别地区对农户和新型经营主体购买肥料另有补贴，如常熟市对测土配方肥料每吨补贴300元。

（6）土壤有机质提升补贴。2006年农业部开始启动土壤有机质提升项目，主要在长江中下游稻作区示范秸秆腐熟还田技术，试点区域为江苏省、江西省、湖北省、湖南省、广西壮族自治区和四川省，总补贴资金1 700万元，主要对农民购买稻田秸秆腐熟剂进行补贴，每亩补贴20元；2007—2009年补贴资金分别为3 700万元、4 000万元和3 990.66万元[①]。2010—2013年，农业部、财政部联合印发了土壤有机质提升补贴项目实施指导意见，意见中明确了项目实施内容、范围规模、实施条件、实施方式与补贴标准（表16-5）。

表16-5 2010—2013年土壤有机质提升项目补贴对象和补贴标准

年份	补贴对象和标准
2010	（1）秸秆还田腐熟技术补贴。对农民应用秸秆还田腐熟技术，购买秸秆腐熟剂给予补贴，每亩补贴20元。通过竞争性谈判使秸秆腐熟剂产品价格降低的，多出部分资金用于实施面积扩大。 （2）种植绿肥补贴。对农民种植绿肥、购买种子和根瘤菌剂给予补贴，每亩补贴20元。 （3）商品有机肥补贴。对农民施用有机肥给予补贴，每亩补贴20元。 北方地区在开展秸秆腐熟还田、西北地区在开展绿肥种植技术模式探索的过程中，补贴资金参照以上相应标准执行。
2011	（1）秸秆还田补贴。对农民应用秸秆还田腐熟技术，购买秸秆腐熟剂给予补贴，每亩补贴20元。通过竞争性谈判使秸秆腐熟剂产品价格降低的，资金多出部分用于扩大实施面积。 （2）绿肥种植补贴。对农民种植绿肥、购买种子和根瘤菌剂给予补贴，每亩补贴20元。 （3）增施商品有机肥补贴。对农民购买使用商品有机肥给予补贴，每亩补贴20元。 （4）土壤改良培肥补贴。对于农民应用酸性土壤改良技术和盐碱地改良技术，购买土壤调理剂给予补贴，每亩补贴50元。

---

① 数据来源于农业部2007—2009年土壤有机质提升试点补贴项目资金分配表。

(续表)

年份	补贴对象和标准
2012	（1）秸秆还田补贴。对农民专业合作社、种粮大户及农户应用秸秆还田腐熟技术，购买秸秆腐熟剂给予补贴，每亩补贴15元，施用量2kg/亩。通过招标，施用秸秆腐熟剂亩成本低于15元的，多余资金购买秸秆腐熟剂，在南方地区扩大实施面积；在北方地区增加亩施用量。 （2）地力培肥补贴。对农民专业合作社、种粮大户及农户推广应用秸秆还田、增施有机肥、种植肥田作物等综合集成技术，给予每亩30元补贴资金。另外，对广东省农垦总局增施有机肥，给予每亩补贴20元补贴资金。 （3）绿肥种植补贴。对绿肥种植示范区的农民专业合作社、种粮大户及农户购买种子和根瘤菌剂给予补贴，每亩补贴15元。 补贴物资由省级农业部门会同财政部门公开招标，统一供应发放到专业合作社、种粮大户及农户手中。
2013	（1）秸秆还田。对农民合作社、种粮大户及农户施用秸秆腐熟剂给予补贴，每亩补贴15元。 （2）地力培肥。对农民合作社、种粮大户及农户推广应用秸秆还田、增施有机肥、施用调理剂、种植肥田作物等综合集成技术给予补贴，每亩补贴30元。 （3）绿肥种植。对农民合作社、种粮大户及农户种植绿肥及接种根瘤菌给予补贴，每亩补贴15元。 （4）大豆接种根瘤菌。对农民合作社、种粮大户及农户示范推广大豆接种根瘤菌剂技术给予补贴，每亩补贴5元。

从2014年起，"土壤有机质提升项目"改为"耕地保护与质量提升项目"。采用物化补助或购买服务等方式，推广以秸秆还田为主的耕地质量提升综合技术模式，突出集中连片实施，原则上每个项目县补助资金不少于80万元。在项目实施中，优先选择种植大户、家庭农场和农民合作社等新型农业经营主体承担项目任务。2014—2021年，耕地保护与质量提升项目的工作重点见表16-6。

（7）耕地轮作休耕制度。基于国内外市场粮食供给宽裕的总体格局，2016年，国家启动实施耕地轮作休耕制度试点，印发了《探索实行耕地轮作休耕制度试点方案》，当年轮作和休耕试点总面积616万亩（轮作500万亩，休耕116万亩），补助资金14.36亿元。轮作试点不涉及水稻。休耕试点涉及水稻，其中，湖南省长株潭重金属污染区10万亩，每年每亩补助1 300元（含治理费用），所需资金从现有项目中统筹解决；贵州省和云南省两季作物区各2万亩全年休耕试点，每年每亩补助1 000元。补助方式是中央财政将补助资金分配到省，由省里按照试点任务统筹安排，因地制宜采取直接发放现金或折粮实物补助的方式，落实到县乡，兑现到农户。允许试点地区在平均补助水平不变的前提下，根据试点目标和实际工作需要，建立对农户实施轮作休耕效果的评价标准和体系，以评价结果为重要依据实行保基本、重实效的补助发放制度。

表16-6　2014—2021年耕地保护与质量提升项目的工作重点

年份	工作重点
2014	一是在适宜地区推广秸秆还田腐熟技术、绿肥种植技术和大豆接种根瘤菌技术；重点在南方水稻产区开展酸化土壤改良培肥综合技术推广。 二是在北方粮食产区开展增施有机肥、盐碱地严重地区开展土壤改良培肥综合技术推广。
2015	一是全面推广秸秆还田综合技术。在南方稻作区，主要解决早稻秸秆还田影响晚稻插秧抢种的问题。在华北地区，主要解决玉米秸秆量大，机械粉碎还田后影响下茬作物生长、农民又将粉碎的秸秆收集到地头焚烧的问题。 二是加大地力培肥综合配套技术应用力度。集成秸秆还田、增施有机肥、种植肥田作物、施用土壤调理剂等地力培肥综合配套技术，在开展补充耕地质量验收评定试点工作和建设高标准农田面积大、补充耕地数量多的省份大力推广应用。 三是加强绿肥种植示范区建设。主要在冬闲田、秋闲田较多，种植绿肥不影响粮食和主要经济作物发展的地区，设立绿肥种植示范区。
2016	一是退化耕地综合治理。重点是南方土壤酸化（包括潜育化）和北方土壤盐渍化的综合治理。施用石灰和土壤调理剂，开展秸秆还田或种植绿肥等。 二是污染耕地阻控修复。重点是土壤重金属污染修复和白色（残膜）污染防控。施用石灰和土壤调理剂调酸钝化重金属，开展秸秆还田或种植绿肥等。 三是土壤肥力保护提升。重点是秸秆还田、增施有机肥、种植绿肥。
2017	一是根据不同土壤类型和种植制度，选择重点县建设一批耕地质量提升和化肥减量增效示范区，支持农户和新型农业经营主体应用耕地质量提升、化肥减量增效技术。 二是采取政府购买服务的方式，依托社会化服务组织开展土壤培肥改良和科学施肥服务。 三是支持各地继续做好取土化验、田间肥效试验、肥料配方制定发布和指导服务等基础工作，统筹开展耕地质量调查监测与评价、测土配方施肥数据成果开发应用等工作。
2018	一是以北方土壤盐渍化退化、南方土壤酸化贫瘠化和设施蔬菜土壤连作障碍等区域为重点，集中连片开展耕地质量提升示范，针对主要障碍因素，因地制宜推广土壤改良、地力培肥、治理修复等综合技术模式。 二是突出粮棉油等作物，选择一批重点县开展化肥减量增效示范，采取政府购买服务、物化补助等方式，支持农户和新型农业经营主体应用化肥减量增效新技术新产品，引导企业和社会化服务组织开展科学施肥技术服务。 三是继续支持做好取土化验、田间肥效试验、肥料配方制定发布、耕地质量等级调查评价、测土配方施肥数据成果开发应用等工作。
2019	一是突出土壤酸化、盐渍化等耕地质量退化区域和设施农业土壤连作障碍严重区域，集中连片推广土壤改良、地力培肥、治理修复等综合技术模式。 二是推进科学施肥，选择一批重点县开展化肥减量增效示范，采取政府购买服务、物化补助等方式，支持农户和新型农业经营主体应用化肥减量增效新技术新产品，引导企业和社会化服务组织开展科学施肥技术服务。 三是继续支持做好耕地质量等级调查评价与监测、取土化验、田间肥效试验、肥料配方制定发布、测土配方施肥数据成果开发应用等工作。

（续表）

年份	工作重点
2020	一是开展化肥减量增效示范。选择一批节肥潜力大的重点县开展化肥减量增效示范，引导企业和社会化服务组织开展科学施肥技术服务，支持农户和新型农业经营主体应用化肥减量增效新技术新产品，着力解决限制化肥使用过量、利用率不高的突出问题。选择部分县开展肥料包装废弃物回收处理工作试点。继续支持做好取土化验、田间肥效试验、肥料配方制定发布、测土配方施肥数据成果开发应用等工作。 二是开展退化耕地治理。选择一批耕地质量退化情况突出的重点县开展退化耕地治理，集中连片推广应用土壤改良、地力培肥、治理修复综合技术模式，提升耕地质量等级，强化耕地增产稳产能力。在土壤酸化区域，集成示范施用石灰质物质和酸性土壤调理剂、种植绿肥还田等治理模式；在土壤盐碱化区域，结合排灌工程措施，集成示范施用碱性土壤调理剂、耕作压盐、增施堆沤有机肥等治理模式。 三是加强生产障碍耕地治理。在西南、华南等地区，针对不同耕地生产障碍程度，结合作物品种、耕作习惯等，因地制宜采取品种替代、水肥调控、叶面阻控、农业废弃物回收利用等环境友好型农业生产技术，克服农产品产地环境障碍，提升农产品质量安全水平。 四是加强耕地质量等级调查评价。开展县域耕地质量等级年度变更评价，试点补充耕地质量等级评价等工作。
2021	一是开展化肥减量增效示范。在重点作物绿色高质高效行动县协同开展化肥减量增效示范，引导企业和社会化服务组织开展科学施肥技术服务，支持农户和新型农业经营主体应用化肥减量增效新技术新产品，着力解决化肥使用过量、利用率不高的突出问题。继续做好取土化验、田间试验、配方制定发布、测土配方施肥数据成果开发应用等测土配方施肥基础性工作。 二是开展退化耕地治理。在耕地酸化、盐碱化较严重区域，集成推广施用土壤调理剂、绿肥还田、耕作压盐、增施有机肥等治理措施。继续做好耕地质量等级年度变更评价与补充耕地质量评定试点工作。 三是加强生产障碍耕地治理。在西南、华南等地区，针对不同耕地生产障碍程度，结合作物品种、耕作习惯等，因地制宜采取品种替代、水肥调控、农业废弃物回收利用等环境友好型农业生产技术，克服农产品产地环境障碍，提升农产品质量安全水平。

2017年，继续在内蒙古、辽宁、吉林、黑龙江开展粮改豆（粮豆轮作）试点，实施面积1 000万亩，支持以玉米与大豆轮作为主，兼顾与杂粮杂豆、马铃薯、油料、饲草等作物轮作，鼓励各地优先选择规模种植、相对集中连片的地区开展试点；继续在河北黑龙港地下水超采区、湖南长株潭重金属耕地污染区、西南石漠化区（贵州、云南）及西北生态严重退化地区（甘肃）开展耕地休耕试点，实施面积200万亩。中央财政补助资金25.6亿元。

2018年试点面积比2017年翻一番，达到2 400万亩。试点地区由9省区扩大到12省区，即在现有轮作试点基础上，鼓励长江流域小麦稻谷低质低效区开展稻油、稻菜、稻肥轮作；在现有休耕试点基础上，新增塔里木河流域地下水超采区开展冬小麦休耕、黑龙江寒地井灌稻地下水超采区开展水稻休耕。具体试点地区有：内蒙古、辽宁、吉林、黑龙江、河北、湖南、贵州、云南、甘肃，以及长江流域的江苏、江西两省的小麦稻谷低质低效区。中央财政拨付资金50.9亿元。

2019年,实施耕地轮作休耕制度试点面积3 000万亩。其中,轮作试点面积2 500万亩,主要在东北冷凉区、北方农牧交错区、黄淮海地区和长江流域的大豆、花生、油菜产区实施;休耕试点面积500万亩,主要在地下水超采区、重金属污染区、西南石漠化区、西北生态严重退化地区实施。试点地区扩大到17个省区。

2020年,实施轮作休耕试点面积3 000万亩以上,以轮作为主、休耕为辅,扩大轮作、减少休耕。稳定东北地区玉米—大豆为主的轮作面积,重点扩大长江流域和黄淮海地区水稻—油菜、玉米—大豆或花生等轮作规模,适当扩大西北地区小麦—薯类或豆类、玉米—豆类等轮作规模。逐步退出地方积极性不高、试点效果一般、三年试点到期的休耕任务。2021年,实施规模扩大到4 000万亩,比2020年增加1 000万亩。

16.1.2.2 水稻"藏粮于技"支持政策

"藏粮于技"支持政策具体主要包括:大力推广农业生产社会化服务、制种大县奖励、开展重点作物绿色高产高效行动等。

(1)农业生产社会化服务。"大国小农"是我国基本国情农情,习近平总书记明确指出要通过健全农业社会化服务体系,实现小农户和现代农业发展有机衔接。为贯彻落实党中央、国务院决策部署,2013年起,中央财政专门安排资金支持农业生产社会化服务,通过先服务后补助等方式,支持农村集体经济组织、农民专业合作社、农业服务专业户和服务类企业面向小农户开展社会化服务,重点支持小农户在粮棉油糖等重要农产品规模化生产中的关键和薄弱环节,推动实现农业社会化服务对现代农业发展的有效支撑。2013—2020年,中央财政共安排支持农业生产社会化服务资金190亿元,项目实施省份达到29个(表16-7)。

表16-7 中央财政支持农业生产社会化服务资金投入情况

年份	投入资金/亿元
2013	5
2014	8
2015	10
2016	12
2017	30
2018	40
2019	40
2020	45

农业生产社会化服务项目的宗旨是把小农户引入现代农业发展大格局。因此,其服务对象也是突出小农户,农业农村部办公厅、财政部办公厅《关于进一步做好农业生

产社会化服务工作的通知》（农办计财〔2019〕54号）指出，项目任务实施县安排服务小农户农业生产社会化服务的补助资金或面积，占比应高于60%；项目任务实施县应根据农业生产不同领域、不同环节、不同对象和市场发育成熟度，确定不同的财政补助标准，原则上财政补助占服务价格的比例不超过30%，单季作物亩均各关键环节补助总量不超过100元（扩种大豆的河北、山东、江苏、安徽、河南、四川6省可放宽比例，总额不超过150元）；对贫困地区、丘陵山区，原则上财政补助占服务价格的比例不超过40%，单季作物亩均各关键环节补助总量不超过130元。

（2）制种大县奖励。自2015年制种大县奖励政策实施至今，支持范围涉及玉米、水稻、油菜、大豆等七大作物。6年间已累计支持34亿元，实施奖励280个县次。2021年，为贯彻落实党中央关于打好种业翻身仗要求，政策进行了五个方面的优化和调整。在政策目标上，加大基地支持的同时突出强调支持龙头企业。在支持方式上，将积极推进基地、企业合作共建。在支持内容上，进一步延伸扩展，加大企业的种育加环节、基地的田间基础设施、管理能力提升等支持力度。在支持期限上，由3年调整为5年。在资金规模上，资金总量与单个基地资金规模均大幅增加，奖励资金由原来的10亿元提高到20亿元，单个基地大县年度奖励资金最高达到5 000万元。农业农村部认定的水稻制种大县见表16-8。

表16-8 农业农村部认定的农业水稻制种大县

省	县	省	县
福建省（1）	建宁县	四川省（9）	邛崃市
贵州省（1）	岑巩县		江油市
海南省（3）	乐东县		安县
	临高县		东坡区
	三亚市		彭山区
湖北省（1）	公安县		泸县
湖南省（9）	洪江市		罗江县
	靖州县		梓潼县
	零陵市		绵阳市
	绥宁县	江苏省（5）	大丰区
	武冈市		阜宁县
	溆浦县		建湖县
	攸县		金湖县
	芷江县		盐城市
	怀化市	重庆市（1）	垫江县
江西省（1）	宜黄县		

（3）重点作物绿色高产高效行动（粮棉油糖高产创建）。2006年4月28日，"全国粮食优质高产创建活动启动仪式"在吉林榆树举行。创建活动示范区以吉林、黑龙江、内蒙古、辽宁、河北、山东、河南、四川等为重点，兼顾非主产省粮食主产地区，建设400个示范区，之后将2008年作为"全国粮食高产创建活动年"。2008—2013年水稻高产创建的实施范围、目标任务和补贴标准见表16-9。

表16-9 2008—2013年水稻高产创建实施范围、目标任务和补贴标准

年份	实施范围和目标任务	补贴标准
2008	在河北、辽宁、吉林、黑龙江、上海、江苏、浙江、安徽、福建、江西、河南、湖北、湖南、广东、广西、海南、重庆、四川、贵州、云南、陕西、宁夏22个省（区、市）及新疆兵团选择150个县（市、区）各建立1个万亩连片水稻高产创建示范点。东北、长江中下游单季稻区高产创建目标亩产700kg以上，双季稻区两季亩产900kg以上，其他地区亩产600kg以上。各创建示范点县水稻总产较前三年平均增产10%以上。	—
2009	选择300个主产县，建设600个万亩高产创建示范片，每县2个。万亩集中连片单季稻亩产700kg，双季稻亩产900kg。	—
2010	按照《水稻优势区域布局规划》，在全国建设2 000片万亩连片水稻高产创建示范片，其中早稻270片、双季晚稻270片、一季稻1 460片。东北、长江中下游单季稻区高产创建亩产700kg以上，双季稻区两季亩产900kg以上，其他地区亩产600kg以上，示范片较上年增产5%以上，辐射带动示范县均衡增产。	每个示范片安排资金20万元。重点用于物化技术推广、专业化服务、物化补贴、信息服务、项目考核等方面。中央财政补贴资金10亿元。
2011	按照《水稻优势区域布局规划》，在全国建设1 940片万亩连片水稻高产创建示范片，其中早稻270片、双季晚稻270片、一季稻1 400片。东北、长江中下游单季稻区高产创建亩产700kg以上，双季稻区两季亩产900kg以上，其他地区亩产600kg以上，示范片较上年增产5%以上，辐射带动示范县均衡增产。	每个示范片安排资金20万元。重点用于物化技术推广、专业化服务、物化补贴、信息服务、项目考核等方面。中央财政补贴资金15亿元。
2012	在全国建设4 300个万亩连片水稻高产创建示范片，其中早稻650片，双季晚稻650片，一季稻3 000片。东北、长江中下游单季稻区亩产700kg以上，双季稻区两季亩产900kg以上，其他地区亩产600kg以上。	每个万亩高产创建示范片中央财政原则上安排补助资金16万元，各地可根据实际情况进行适当调整。中央财政补贴资金20亿元。
2013	全国建设12 500个万亩示范片（其中水稻4 288个），并选择5个市（地）、81个县（市）、600个乡（镇）开展整建制推进高产创建试点。东北、长江中下游单季稻区水稻高产创建万亩示范片亩产700kg以上，双季稻区两季亩产900kg以上，其他地区亩产600kg以上。	每个万亩高产创建示范片中央财政原则上安排补助资金16万元，各地可根据实际情况进行适当调整。中央财政补贴资金20亿元。

2014年是提升年，在粮食"十连增"的高起点上，农业部印发《2014年粮食高产创建及增产模式攻关提升年活动方案》，在支持粮棉油糖高产创建和整建制推进试点的基础上开展粮食增产模式攻关，集成推广区域性、标准化高产高效技术模式，辐射带动区域均衡增产。2015年开展粮食绿色增产模式攻关试点。2016年政策再次升级，原有"高产创建"和"绿色增产模式攻关"优化升级为"绿色高产高效创建"，改"万亩片"创建为"整建制"创建，由"高产"指标提升为"既要争高产，又要见高效，更要体现可持续发展"的综合要求。2017年，农业部启动"2017年绿色高产高效创建年"活动。2019年调整为"重点作物绿色高质高效行动"（表16-10）。

表16-10　2014—2021年高产创建政策、目标和任务的调整

年份	政策名称	目标和任务	补贴金额/亿元
2014	深入推进粮棉油糖高产创建支持政策	以粮食高产创建万亩示范片为单元，突出抓好5个市（地）、50个县（市）、500个乡（镇）整建制推进试点。在东北、黄淮海、长江中下游、西南西北地区，选择生态条件相同、生产基础相似的29个优势区域，将高产创建的成熟技术集成组装成58个区域性标准化的技术模式，重点在50个粮食增产模式攻关试点县示范应用。	20
2015	深入推进粮棉油糖高产创建和粮食绿色增产模式攻关支持政策	在建设好高产创建万亩示范片的基础上，突出抓好5个市（地）、50个县（市、区）、500个乡（镇）高产创建整建制推进试点。同时，在60个县开展粮食绿色增产模式攻关试点。	20
2016	深入推进粮棉油糖高产创建和粮食绿色增产模式攻关支持政策	以主要粮食作物为主，适当兼顾棉花、甘蔗、大豆、马铃薯、油菜、花生、杂粮等品种。在重要农产品主产区和优势区，选择288个优势县开展整建制创建。	15
2017	绿色高产高效创建政策	力争实现"四个一批"目标：集成一批绿色技术模式；打造一批绿色高效典型；创建一批优质特色品牌；培育一批新型经营主体。重点开展"五大行动"：绿色技术模式示范行动；区域关键技术攻关行动；口粮作物品质提升行动；特色产品提质增效行动；农业功能拓展增收行动。	
2018	绿色高产高效创建政策	突出水稻、小麦、玉米三大谷物，兼顾薯类、大豆、杂粮杂豆、棉油糖、菜果茶等品种，选择一批生产基础好、优势突出、特色鲜明、产业带动强的县开展整建制创建，示范推广绿色高产高效技术模式，增加绿色优质农产品供给。	

（续表）

年份	政策名称	目标和任务	补贴金额/亿元
2019	重点作物绿色高质高效行动	以重点县为单位，突出水稻、小麦、玉米三大谷物和大豆及油菜、花生等油料作物，集成推广"全环节"绿色高质高效技术模式，探索构建"全过程"社会化服务体系和"全产业链"生产模式，辐射带动"全县域"生产水平提升，增加绿色优质农产品供给。承担任务的相关省份从中央财政下达预算中统筹安排予以支持。	
2020	重点作物绿色高质高效行动	建设一批绿色高质高效生产示范片，集成组装耕种管收全过程绿色高质高效新技术，示范推广优质高产、多抗耐逆新品种，集中打造优良食味稻米、优质专用小麦、高油高蛋白大豆、双低双高油菜、高品质棉花、高产高糖甘蔗、优质果菜茶、道地中药材等生产基地，带动大面积区域性均衡发展，促进种植业稳产高产、节本增效和提质增效。南方早稻主产省要集中支持早稻生产，促进双季稻恢复。	
2021	重点作物绿色高质高效行动	集成组装推广区域性、标准化高产高效技术模式，在更大规模、更高层次上提升优良食味稻米、优质专用小麦、高油高蛋白大豆、双低双高油菜等粮棉油糖果菜茶生产能力，同时因地制宜推广测墒节灌、水肥一体化、集雨补灌、蓄水保墒等旱作节水农业技术，示范带动大面积区域性均衡发展，促进粮食等农作物稳产高产、节本增效和提质增效。	

16.1.2.3 水稻"稳定种粮补贴"支持政策

"稳定种粮补贴"支持政策具体主要包括：种粮农民直接补贴、良种补贴、农资综合补贴、农机购置补贴、稻谷生产者补贴、产粮（油）大县补贴等。

（1）种粮农民直接补贴。种粮农民直接补贴简称粮食直补。粮食直补政策是针对当时农民增收困难和粮食生产连年下降的严峻形势提出的，其目标是保护种粮农民的利益，调动农民的种粮积极性，刺激粮食生产的复苏。粮食直接补贴改变了我国长期实行的间接补贴的方式。我国于2002年在吉林和安徽的3个县开始试点，2004年在全国全面实施。补贴依据主要有以下4种：一是按照农村税费改革时核定的农业税计税面积进行补贴；二是按照计税常产进行补贴；三是按照粮食种植面积进行补贴；四是按照农民交售的粮食数量进行补贴。粮食直补资金从粮食风险基金中安排，粮食风险基金由中央财政和地方财政共同负担。补贴资金采用财政惠农"一折通"或"一卡通"的形式直接兑付给种粮农民。2016年以后粮食直接补贴政策被农业支持保护补贴政策取代。表16-11为2004年各省份水稻直接补贴情况。之后各省份根据政策执行情况进行了适当的调整，表16-12和表16-13为安徽和广西2004—2015年的水稻直补情况。

表16-11　2004年水稻直接补贴（水稻直补）标准及对象

省份	补贴标准	补贴对象
吉林	0.083元/kg	所有水稻生产者
湖南	11元/亩	所有水稻生产者
四川	0.13元/kg	所有水稻生产者
江苏	20元/亩（2004—2012年没变）	只补贴计划种植面积
黑龙江	15元/亩	所有水稻生产者
辽宁	18.82元/亩	5个粮食主产区
安徽	0.09元/kg	所有水稻生产者
江西	0.08元/kg	所有水稻生产者
湖北	0.06元/kg	只补粮食订单户
浙江	10元/亩	补贴实际种植面积
福建	0.16元/kg	只补粮食订单户
广东	20元/亩	只补贴种植大户
广西	0.08元/kg	只补粮食订单户（18个试点县、市、区）
上海	60~80元/亩	所有水稻生产者
宁夏	10元/亩	主产市、县
云南	15元/亩	20个县（市、区）
天津	10元/亩	所有水稻生产者
内蒙古	0.06元/kg	/
河南	12.3元/亩	粮食主产区
重庆	10元/亩	只补2个试点基地
陕西	0.033元/kg	28个粮食主产县
贵州	5元/亩	32个市、县

注：表中数据由叶慧根据相关资料整理而得。

表16-12 2004—2015年安徽省水稻（中晚稻）直接补贴落实情况

时间	补贴标准
2004年	0.09元/kg
2005年	10元/亩
2006年	10~30元/亩
2007—2015年	10~35元/亩

表16-13 2004—2015年广西水稻直补标准

时间	补贴标准	补贴对象
2004年	0.08元/kg	只补粮食订单户（18个县、市、区）
2005年	0.10元/kg	只补粮食订单户（31个县、市、区）
2006年 2007年	普通稻0.08元/kg；优质稻0.14元/kg	只补粮食订单户（40个县、市、区）
2008年	0.20元/kg	全区所有县（市、区）
2009—2010年	0.24元/kg	只补粮食订单户（60个县、市、区）
2011—2014年	0.24元/kg	只补粮食订单户（64个县、市、区）
2015年	0.24元/kg	只补粮食订单户（67个县、市、区）

（2）良种补贴。良种补贴又称良种推广补贴，是中央财政为扶持农民生产选用优良品种及配套栽培技术，从而降低农民用种成本增加收入而提供的资金补贴。资金主要来源于中央财政的专项补贴资金。2002年在东北三省和内蒙古针对高油大豆实施试点，2004年增加了对水稻的良种补贴，补贴区域为湖南、湖北、安徽、辽宁、江西、吉林及黑龙江七省。到2011年，水稻良种补贴在全国31个省（区、市）实现全覆盖。水稻为每公顷225元。2016年以后，粮食作物良种补贴政策被农业支持保护补贴政策取代。

（3）农资综合补贴。由于化肥、农药等农资价格的上涨，直接影响了农民种粮的收益。为降低生产成本，稳定并提高农民种粮积极性，我国于2006年开始实施农资综合补贴政策。资金来源于粮食风险基金，通过已经建立的粮食直补渠道，一次性直接拨付给种粮农民。2009年，财政部、国家发展和改革委员会及农业部联合出台《关于进一步完善农资综合补贴动态调整机制的实施意见》，对农资综合补贴的目标原则、补贴规模、资金拨付与管理等进行调整规范。此后农资综合补贴按照"价补统筹、动态调整、只增不减"的原则进行，补贴资金由2006年的120亿元增加到2015年的1 071亿元。

2016年以后农资综合补贴政策被农业支持保护补贴政策取代（表16-14）。

表16-14　部分省2006—2012年水稻农资综合补贴标准　　　　　　（单位：元/亩）

省份	年份						
	2006	2007	2008	2009	2010	2011	2012
江苏	15	30	69	69	69	81.5	103.4
福建	5.96/5	18.45/13	45/34.8	45/34.8	51/41	57.27/47.27	69.66/59.66

江苏数据来源：徐十佳. 江苏省粮食直接补贴政策实施效果研究[D]. 南京：南京财经大学，2014。福建省对粮食主产县和非粮食主产县给予不同的农资综合补贴："/"前的为粮食主产县的农资综合补贴标准；"/"后的为非粮食主产县的农资综合补贴。

（4）农机购置补贴。农机购置补贴是对农民和其他农业生产经营组织购买国家推广的先进适用的农业机械给予的补贴，以提高农业机械化程度，增强农业综合生产能力，促进农业增产增效，加快现代农业发展。农机具购置补贴于2004年由财政部和农业部共同启动，当年财政安排0.7亿元在全国66个县（市、区）实施，此后，中央财政不断加大投入力度，补贴资金规模连年大幅增长，实施范围扩大到全国所有农牧县和农场，种类不断增加。补贴资金由2004年的0.7亿元增加到2014年的238亿元，仅次于农资综合补贴。2015年以后农机购置补贴金额开始减少，2019年为180亿元。农机购置补贴有固定的种类和范围，由农业农村部定期发布和修订。《2021—2023年全国农机购置补贴机具种类范围》（公示稿）中确定了15大类44个小类172个品目的补贴种类，直接与水稻生产有关的有水稻直播机、水稻插秧机、碾米机等。为了指导各地规范实施农机购置补贴政策，充分发挥政策效益，推动农业机械化向全程全面高质高效转型升级，2021年，农业农村部办公厅、财政部办公厅印发了《2021—2023年农机购置补贴实施指导意见》，指出要重点支持稳产保供、突出农机科技自主创新。补贴标准方面，提升部分重点补贴机具补贴额，测算比例从30%提高到35%，包括水稻插（抛）秧机、重型免耕播种机等；逐步降低区域内保有量明显过多、技术相对落后的轮式拖拉机等机具品目的补贴额，到2023年将其补贴额测算比例降低至15%及以下，并将部分低价值的机具退出补贴范围（表16-15）。

表16-15　2004—2021年我国农机具购置补贴金额　　　　　　（单位：亿元）

年份	2004	2005	2006	2007	2008	2009	2010	2011	2012
金额	0.7	4.1	6	33	40	130	145	175	215
年份	2013	2014	2015	2016	2017	2018	2019	2020	2021
金额	218	238	228	228	186	174	180	170	190

（5）稻谷生产者补贴。2018年，为支持深化稻谷收储制度和价格形成机制改革，保障农民种粮收益基本稳定，国家继续下调稻谷最低收购价水平，同时配套建立稻谷生产者补贴机制。中央财政将一定数额补贴资金拨付到省，由有关省份制定具体补贴实施方案。

2020—2022年，水稻生产者补贴有了上限要求。2020年，中央财政对稻谷补贴数量上限为基期（2016—2018年）稻谷年平均产量的85%。通过2016—2018年产量的85%折算后，上限水稻种植面积约3.84亿亩。水稻生产者补贴将延续到2022年。黑龙江省2019—2021年稻谷生产者补贴标准见表16-16。补贴对象为本省辖区范围内稻谷合法实际种植面积的实际生产者（包括农民、农民专业合作社、企事业单位等）。补贴资金直接发放给实际生产者。补贴范围为本省辖区稻谷合法实际种植面积，国家和省已明确退耕的土地和未经批准开垦的土地等非合法耕地上种植的稻谷面积、未经申报公示审核的稻谷种植面积不给予补贴。

表16-16　黑龙江省2019—2021年稻谷生产者补贴标准　　　　　　　　　（单位：元/亩）

年份	地表水补贴标准	地下水补贴标准
2019	133	93
2020	136	86
2021	133	83

（6）产粮（油）大县奖励。为改善和增强产粮大县财力状况，调动地方政府重农抓粮的积极性，2005年中央财政出台了产粮大县奖励政策。坚持"测算到县、拨付到县"的原则。产粮（油）大县奖励资金覆盖范围经历过几次调整（表16-17），奖励资金逐年提高（表16-18）。常规产粮大县的入围条件：一是近五年平均粮食产量大于2亿kg，粮食商品量大于500万kg；二是未达到上述标准，但在主产区粮食产量或商品量列前15位，非主产区列前5位的县级行政单位。超级产粮大县的入围条件为：近五年平均粮食产量或商品量分别位于全国前100名的县。奖励资金的分配采用因素法，所选因素及权重变化见表16-19。常规产粮大县奖励资金与省级财力状况挂钩，不同地区采用不同的奖励系数（表16-20），产粮大县奖励资金由中央财政测算分配到县，常规产粮大县奖励标准为500万～8 000万元，奖励资金作为一般性转移支付，由县级人民政府统筹使用，超级产粮大县奖励资金用于扶持粮食生产和产业发展。

表16-17　2005—2019年产粮（油）大县奖励内容调整

时间	奖励内容
2005—2007年	产粮大县奖励
2008年	增加超级粮大县奖励，增加产油大县奖励

（续表）

时间	奖励内容
2012年	增加商品粮大省奖励
2015年	增加制种大县奖励
2019年	增加"优质粮食工程"实施省份奖励

表16-18　2011—2020年产粮（油）大县奖励资金

年份	奖励资金（亿元）	年份	奖励资金（亿元）
2011	236	2016	392.77
2012	280	2017	416.15
2013	320	2018	426.40（其中常规产粮大县261.38）
2014	351	2019	447.86（其中常规产粮大县261.38）
2015	371	2020	464.81（其中常规产粮大县299.38）

注：数据来源于财政部网站，2016—2020年数据由中央财政产粮大县奖励资金分配结果统计得到。

表16-19　2005年以来产粮大县奖励资金分配考虑因素及其权重

时间	资金分配考虑因素及权重
2005—2011年	粮食商品量50%、粮食产量25%、粮食播种面积25%
2012—2014年	粮食商品量60%、粮食产量20%、粮食播种面积20%
2015—2020年	粮食商品量60%、粮食产量20%、播种面积18%、绩效评价2%

表16-20　全国不同地区常规产粮大县奖励资金奖励系数

地区	系数
浙江、广东	0.2
辽宁、江苏、福建、山东省	0.5
扣除一、二类地区以外的省份（但不包括北京、天津、上海市）	1

16.1.2.4 水稻"优化产业结构"支持政策

"优化产业结构"支持政策具体包括水稻最低收购价政策和国家现代农业产业园创建。

（1）水稻最低收购价政策。

① 政策内容。2004年国家颁布施行了《粮食流通管理条例》，明确规定，当市场粮价过低时，由国家发展和改革委员会依据相关制度牵头财政部、国家粮食局在每年粮食播种期开始前公布本档期最低收购价，在粮食收获上市前颁布不同品种的收购预案（张环，2020）。预案内容包括预案执行主体、触发启动条件、执行地区、执行品种、执行时间段等，当市场价低于收购价时启动预案，由具有收储资格的企业进行收购。

粮食最低收购价政策的执行主体为中储粮及其有关分公司，中储粮集团公司负责做好政策执行和粮食库存管理等工作，部分地方储备粮管理公司和受委托的地方骨干企业、少数民营企业辅助执行粮食收购。具体从事最低收购价收储业务的各类企业承担企业收储和管理主体责任，对其收购最低收购价粮食数量、质量、食品安全、库存管理、销售出库以及出现风险造成的损失等负全部责任。

一般来说，执行品种为国家重点短缺粮食品种，如小麦、稻谷等。执行区域为13个粮食主产区。一般来说早籼稻主产区为安徽、江西、湖南、广西、湖北等，执行时间从当年7月中上旬到9月末；中晚稻主产区为江苏、安徽、江西、河南、湖北、湖南等，北方省区执行时间从当年11月下旬到次年3月末，南方省区执行时间从当年9月中下旬到12月底。

② 最低收购价格及总量的变化。如表16-21所示，从2008年开始，国家连续7次上调了稻谷的最低收购价，对种粮农民形成正向激励，粮食产量不断增加。2015年未做调整，2016年仅是早籼稻下调，中晚籼稻和粳稻保持不变。2017年稻谷最低收购价首次全面下调，2018年继续下调，且幅度较大。稻谷最低收购价下调是中央深入推进农业供给侧结构性改革的重要举措，调低最低收购价，实行托底收购+价补分离的收储政策，是今后粮食收储制度改革的基本方向[①]。近年来，我国稻谷最低收购价随着生产成本上升逐渐小幅提升，使得加工企业用粮成本居高不下，市场化收购缺乏动力，导致稻强米弱的现象普遍存在。作为乡村振兴战略的重要举措之一，2022年，国家继续下调稻谷最低收购价水平，同时将配套建立稻谷生产者补贴机制[②]。

《关于完善稻谷最低收购价有关政策的通知》（国粮粮〔2020〕41号）规定，自2020年起对最低收购价稻谷限定收购总量，2020年和2021年的收购总量均为5 000万t（籼稻2 000万t、粳稻3 000万t），且分两批下达。

---

① http://www.hubei.gov.cn/gzhd/gzhd/201802/t20180210_1253546.shtml
② http://www.moa.gov.cn/ztzl/2018cg/spbd/201804/t20180418_6140483.htm

表16-21 2004—2021年水稻最低收购价　　　　　　　　（单位：元/kg）

品种	年份								
	2004	2005	2006	2007	2008	2009	2010	2011	2012
早籼稻	1.40	1.40	1.40	1.40	1.54	1.80	1.86	2.04	2.40
中晚籼稻	1.44	1.44	1.44	1.44	1.58	1.84	1.94	2.14	2.50
粳稻	1.50	1.50	1.50	1.50	1.64	1.90	2.10	2.56	2.80
平均	1.45	1.45	1.45	1.45	1.59	1.85	1.97	2.25	2.57

品种	年份								
	2013	2014	2015	2016	2017	2018	2019	2020	2021
早籼稻	2.64	2.70	2.70	2.66	2.60	2.40	2.40	2.42	2.44
中晚籼稻	2.70	2.76	2.76	2.76	2.72	2.52	2.52	2.54	2.56
粳稻	3.00	3.10	3.10	3.10	3.00	2.60	2.60	2.60	2.60
平均	2.78	2.85	2.85	28.4	2.77	2.51	2.51	2.52	2.53

（2）国家现代农业产业园创建。为突出现代农业产业园产业融合、农户带动、技术集成、就业增收等功能作用，引领农业供给侧结构性改革，加快推进农业现代化，农业部（农业农村部）、财政部从2017年起开展了国家现代农业产业园创建工作。根据产业园的规划面积、园内农业人口数量、地方财政支持情况等因素，中央财政通过以奖代补方式对批准创建的国家现代农业产业园给予适当支持。为体现激励约束，强化地方政府责任，奖补资金分期安排。农业农村部、财政部将建立"能进能退、动态管理"的国家现代农业产业园考核管理机制，对考核不合格的，不再给予奖补资金，并按规定撤销创建资格，对绩效考核成绩突出的加大奖补力度。

2017—2020年，中央财政累计投入91亿元支持了138个国家现代农业产业园的建设。2021年，中央财政支持新创建50个国家现代农业产业园。在188个国家现代农业产业园中，以水稻为主导产业或水稻是其主导产业之一的产业园有27个（表16-22）。

表16-22 以水稻为主导产业（之一）的国家现代农业产业园名单

批准创建年	产业园名称	主导产业
2017	黑龙江省五常市现代农业产业园	水稻
	黑龙江省庆安县现代农业产业园	水稻
	浙江省慈溪市现代农业产业园	优质水稻、精品水果、出口蔬菜
	湖北省潜江市现代农业产业园	虾稻共作

（续表）

批准创建年	产业园名称	主导产业
2017	宁夏回族自治区贺兰县现代农业产业园	蔬菜、优质粮（水稻）、草畜（奶产业）
	内蒙古自治区扎赉特旗现代农业产业园	水稻和甜叶菊
	湖南省宁乡县现代农业产业园	宁乡花猪和优质稻
2018	辽宁省盘锦市大洼区现代农业产业园	有机稻米、河蟹养殖
	黑龙江农垦宝泉岭垦区现代农业产业园	大豆、小麦、水稻、玉米及经济作物
	浙江省湖州市吴兴区现代农业产业园	优质水稻和特色水产
2019	天津市宁河区现代农业产业园	大米和生猪
	黑龙江省富锦市现代农业产业园	水稻、玉米、大豆
	黑龙江农垦建三江管理局七星现代农业产业园	水稻
	安徽省天长市现代农业产业园	水稻和芡实
	江西省彭泽县现代农业产业园	稻渔综合种养、特色水产养殖
	湖南省长沙市芙蓉区现代农业产业园	水稻种业
	湖南省常德市鼎城区现代农业产业园	水稻和油菜
	云南省开远市现代农业产业园	花卉和高原优质水稻
2020	天津市宝坻区现代农业产业园	奶牛、小站稻
	吉林省吉林市昌邑区现代农业产业园	水稻
	江苏省盱眙县现代农业产业园	生态虾稻
	浙江省瑞安市现代农业产业园	水稻、蔬菜
	福建省建宁县现代农业产业园	水稻种业
	江西省万年县现代农业产业园	万年贡米和万年珍珠
2021	吉林省梨树县现代农业产业园	水稻
	黑龙江省绥滨县现代农业产业园	水稻
	安徽省颍上县现代农业产业园	水稻

16.1.2.5 水稻"防范安全风险"支持政策

防范粮食安全风险，保障粮食稳产增产。支持各地及时做好农业生产救灾及灾后恢复生产各项工作；继续开展粮食生产金融保险服务；健全产粮大县支持政策体系。具体对应的支持政策主要为农业生产救灾资金和农业保险政策。

（1）农业生产救灾资金。2001年，财政部印发了《农业防灾救灾资金管理办法》。2013年，财政部、农业部印发了《中央财政农业生产防灾救灾资金管理办法》，明确了农业救灾资金，是指中央财政预算安排用于预防、控制灾害和灾后救助的专项补助资金。补助对象是承担农业灾害预防和控制任务的，遭受农业灾害并造成损失的农业生产者。包括农户、直接从事农业生产的专业合作组织及相关企业、事业单位。

2014年中央财政安排农业防灾减灾稳产增产关键技术补助资金，在主产省实现了小麦"一喷三防"全覆盖，在西北实施地膜覆盖等旱作农业技术补助，在东北秋粮和南方水稻实行综合施肥促早熟补助，对南方台风和洪涝灾害安排了恢复农业生产补助，大力推广农作物病虫害专业化统防统治，对于预防区域性自然灾害、及时挽回灾害损失发挥了重要作用。2014年建立了地方先救灾中央后补助的救灾机制，2015年中央财政继续按照这个机制引导地方主动救灾。

2017年，财政部、农业部、水利部、国土资源部四部门印发了《中央财政农业生产救灾及特大防汛抗旱补助资金管理办法》，其中救灾资金是中央财政预算安排用于支持应对农业灾害的农业生产救灾、应对水旱灾害的特大防汛抗旱和应对突发地质灾害发生后的地质灾害救灾三个支出方向的专项补助资金。

2019年，财政部、农业农村部、水利部印发的《农业生产和水利救灾资金管理办法》中，救灾资金调整为中央财政安排用于支持应对农业灾害的农业生产救灾、应对水旱灾害的水利救灾两个支出方向的转移支付资金。其中，农业生产救灾支出用于农业灾害救灾；水利救灾支出用于水旱灾害救灾。救灾资金实施期限到2028年，由财政部、农业农村部、水利部共同管理。救灾资金主要按照因素法分配。

农业生产救灾支出方向分配因素包括：农业自然灾害主要根据受灾农作物种植面积、受灾畜禽数量、饲草料缺口、受灾水产养殖面积及产量、农牧渔业生产设施损毁情况等确定补助标准，农作物受灾根据受灾轻重程度，按受灾每亩5～10元、成灾每亩10～20元、绝收每亩20～50元测算，畜禽和水产养殖受灾根据灾情程度和因灾损失给予适当补助；农业生物灾害主要根据农作物病虫害防治任务按每亩次补助10～20元测算，植物疫情、赤潮防控按每亩补助50～100元测算。

水利救灾支出方向分配因素包括：洪涝灾害主要根据水利工程设施水毁直接经济损失、地方洪涝救灾资金投入情况等进行测算；干旱灾害主要根据耕地缺墒情况、受旱面积、因旱影响正常供水人口和大牲畜数量、地方调水和其他抗旱投入情况等测算。

在测算基础上，由财政部会同农业农村部、水利部根据党中央、国务院部署和中央领导同志指示批示，结合灾情实际情况适当调整、统筹确定救灾资金具体额度。

地方要在重大灾害发生前加大防灾资金投入，以及灾后资金投入，中央财政在分配救灾资金时将地方财政投入情况和财力情况作为重要因素予以考虑。

（2）农业保险政策。

①补贴范围。2007年，我国开始了有政府财政补贴的政策性农业保险试点。最初确定的6个试点地区为吉林、江苏、湖南、四川、新疆和内蒙古，其中开展水稻保险

的有吉林、江苏、四川和湖南。自2007年开展农业保险保费补贴以来，补贴范围和比例不断扩大和提高。2008年，新增10个省区，达到16个省区。2009年增加江西省，达到17个省区。2009年，江西省在中央补贴政策的支持下，在31个县试点政策性水稻保险，当年承保水稻624.66万亩，实现保费收入7 420.78万元。2010年增加6个省区，达到23个省区。2011年，新增广西、贵州、西藏、陕西、重庆5省份，达到28省。2012年，新增北京、天津和上海，中央财政保费补贴实施范围实现全国覆盖（表16-23）。

表16-23　全国农业保险中央财政保费补贴试点地区、水稻保险试点地区及试点时间

年份	新增试点省份	新增水稻保险试点省份
2007	吉林、江苏、湖南、四川、新疆、内蒙古	吉林、江苏、四川、湖南
2008	河北、辽宁、黑龙江、安徽、山东、河南、湖北、浙江、福建、海南	辽宁、黑龙江、安徽、河南、湖北、浙江、福建、海南
2009	江西	江西
2010	山西、广东、云南、甘肃、青海、宁夏	广东、云南、宁夏
2011	广西、贵州、西藏、陕西、重庆	广西、贵州、重庆
2012	北京、上海、天津	上海、天津
2017		山东

②补贴比例。从2007年保费补贴试点以来，中央财政补贴比例有过两次调整。我国种植业保险保费补贴政策从2009年开始改变全国统一的做法，补贴水平按区域划分为35%、40%、65%三档水平，体现出区域经济发展水平和财政承受能力的差异。2016年补贴政策进一步细化，中央财政进一步加大对产粮大县三大粮食作物保险的支持力度，同时提高了中央单位符合产粮大县条件的下属单位的补贴比例。2019年，中央强调保费补贴在重点支持粮食生产功能区、重要农产品生产保护区和深度贫困地区的同时，承担保障市场风险的责任，并对地方优势特色农产品保险施行以奖代补的方式予以支持（表16-24）。

表16-24　2007年以来中央财政补贴比例变化情况

年份	实施地区	中央财政补贴比例	省级财政补贴比例
2007	所有试点地区	25%	25%
2008	所有试点地区	35%	25%

（续表）

年份	实施地区	中央财政补贴比例	省级财政补贴比例
2009	中西部	40%	不低于25%
	东部	35%	不低于25%
	中央单位	65%	0%
2016	中西部	40%	不低于25%
	东部	35%	不低于25%
	中央单位	65%	0%
	其中：产粮大县	47.5%	32.5%
	非产粮大县	40%	40%
	中央单位符合产粮大县条件的下属单位	72.5%	0%
2018	中西部和东北试点地区	40%	农户自缴比例不低于30%
	东部试点地区	35%	
2019	中西部和东北试点地区	45%	25%
	东部试点地区	35%	25%

注：1.中央单位指纳入补贴范围的新疆生产建设兵团、中央直属垦区、中国储备粮管理总公司、中国农业发展集团有限公司等。2.产粮大县指根据财政部产粮（油）大县奖励办法确定的产粮大县。

③ 保障水平及调整。2007年，政策性农业保险试点确定的补贴险种以"低保障、广覆盖"为原则确定保障水平。保障金额原则上为农作物生长期内所发生的直接物化成本（以国家权威部门公开的数据为标准），包括种子成本、化肥成本、农药成本、灌溉成本、机耕成本和地膜成本。

2014年，开展了农产品目标价格保险试点，该保险是指对因作物减产或市价波动导致投保农户收入损失的部分，由保险公司按照约定价格和约定产量进行补偿，是国家利用保险的机制，对保费进行补贴，实现对农产品市场风险进行汇聚、分散和转移的一种制度安排。属于收益保障类产品，大大提高了农业保险的保障水平。

2017年，在河北、内蒙古、辽宁、吉林、黑龙江、江苏、安徽、江西、山东、河南、湖北、湖南、四川13个粮食主产省选择200个产粮大县开展农业大灾保险试点，试点期限暂定为2017年和2018年。在试点地区将试点县的农业保险基本保障金额按规定覆盖直接物化成本的基础上，开发面向适度规模经营农户的专属农业大灾保险试点，保障水平覆盖"直接物化成本+地租"，提高保险赔付金额，增强适度规模经营农户应对农业大灾风险的能力。

2018年，在内蒙古、辽宁、安徽、湖北、山东、河南6个省区开展了完全成本保险和收入保险试点，试点期限暂定为2018—2020年（共三年）。开展水稻完全成本保险试点的是湖北和安徽，各选择4个水稻主产县开展完全成本保险试点。完全成本保险即保险金额覆盖物质与服务费用、人工成本和土地成本等农业生产总成本的农业保险。收入保险即保险金额体现农产品价格和产量，覆盖农业生产产值的农业保险。农业生产总成本和产值数据，以最近一期国家发展改革委员会发布的《全国农产品成本收益资料汇编》为准。保障对象为全体农户，既包括规模经营农户，也包括小农户。

2021年，财政部、农业农村部、银保监会《关于扩大三大粮食作物完全成本保险和种植收入保险实施范围的通知》指出，2021年进一步扩大完全成本保险和种植收入保险的试点范围，2021年纳入补贴范围的实施县数不超过省内产粮大县总数的60%。2022年实现实施地区产粮大县全覆盖，同时，停止农业大灾保险试点。

由此可以看出，政策性农业保险开展14年以来，政策性农业保险的保障水平从直接物化成本，到直接物化成本+地租，再到完全成本保险和收入保险，呈不断提高的态势。

④ 水稻制种保险。为促进我国制种行业长期可持续发展，稳定主要粮食作物种子供给，保障国家粮食安全。2018年，财政部、农业农村部、银保监会印发了《关于将三大粮食作物制种纳入中央财政农业保险保险费补贴目录有关事项的通知》，农户、种子生产合作社和种子企业等开展的符合规定的三大粮食作物制种，对其投保农业保险应缴纳的保费，纳入中央财政农业保险保费补贴目录，补贴比例执行《财政部关于印发〈中央财政农业保险保险费补贴管理办法〉的通知》（财金〔2016〕123号，以下简称《补贴管理办法》）关于种植业有关规定。

16.1.2.6 其他地方性支持政策

除了中央财政的支持政策外，不同地区根据自身水稻产业发展情况，也推出一些地方性的支持政策。

（1）水稻浸种补贴。2019年，黑龙江省实行水稻智能浸种催芽补贴政策。补贴对象为在经认定的智能程控水稻浸种催芽车间进行水稻浸种催芽的水稻实际种植者，包括农民、农场、林场职工以及种植大户，家庭农场，农业企业和农民、农机专业合作社等新型农业经营主体。补贴标准为每千克水稻种子给予智能浸种催芽补贴1.0元，据实拨付补贴资金，每亩最多按4千克水稻种子核算。补贴资金实行公示制，保证精准发放。

2020—2021年，补贴标准不变。补贴对象为2020年使用各地农业部门和财政部门2011—2019年公开招投标（政府采购）建设且运转正常的智能程控水稻浸种催芽车间（含发改、农业开发、扶贫部门建设的车间或种粮大户、新型经营主体、农场自建但符合智能浸种催芽标准的车间）进行智能浸种催芽的水稻实际种植者。包括农民、农场（林场）职工以及种植大户、家庭农场、农业企业和农民（农机）专业合作社等新型农业经营主体。要特别注意的是不到县（市、区、农场）指定的智能程控水稻浸种催芽车间进行浸种催芽的水稻实际种植者不享受补贴。

（2）水稻全承包专业化统防统治用工补贴项目。江苏省在2012年张家港、邗江两地试点成功的基础上，2013年度由财政出资3 500万元，用于17个县（市、区）256个专业化服务组织承担全省水稻全承包专业化统防统治项目扩大试点工作，实施水稻承包防治面积5.83万hm²。凡参加水稻病虫害全承包统防统治并与专业服务组织签订服务合同的农户，每亩享受用工补贴40元，补贴费用由财政拨付给专业化服务组织，服务组织直接免收（或返还）农户相关费用。该项目从2012年起至今一直在执行。

（3）水稻重大病虫害防治药剂补贴。上海市为进一步加强突发性、暴发性、流行性农作物重大病虫害防控工作，2009年继续对水稻条纹叶枯病、稻纵卷叶螟、褐飞虱防治药剂进行定额补贴，补贴标准为每亩11元，补贴对象为在上海市范围内种植水稻的农户和从事水稻种植的农业生产组织。2020年上海市青浦区根据《关于调整本区粮食生产补贴政策的通知》（青农委〔2014〕23号）文件精神，实现水稻主要病虫害防治药剂全部由政府免费统一供应，除市级补贴资金外，其余按区、镇（街道）7∶3比例负担，2020年上海市青浦区水稻种植面积123 003.51亩，病虫害防治药剂总资金16 310 047.6元，其中，市财政补贴2 460 070.2元，区财政补贴10 456 233.9元，镇配套3 393 743.5元（包括多领用药剂资金141 704.15元由相关镇和农业园区承担）。

16.2　水稻生产支持政策的实施效果及存在问题

自2004年以来，水稻种植面积和产量均相对稳定，年播种面积3 000万hm²左右，年产稻谷产量2亿余t。

16.2.1　改善了水稻的基础生产条件

中央不断深化农田土地保护，深入实施"藏粮于地"战略，依次实施了测土配方施肥补贴项目（2005）、土壤有机质提升补贴项目（2006）、高标准农田建设（2008）、农机深松整地（2009）、东北黑土地保护补贴（2015）、耕地地力保护补贴（2016）和耕地轮作休耕制度（2016），并依据政策实施效果及时对政策补贴内容和工作重点进行调整，如从2014年起"土壤有机质提升项目"提升为"耕地保护与质量提升项目"，增加了污染耕地阻控修复、退化耕地治理、耕地质量等级评价等内容，使得政策执行更有力。截至2020年年底，全国已完成8亿亩高标准农田建设任务，全国耕地质量状况得到阶段性改善，耕地土壤酸化、盐渍化、养分失衡、耕层变浅、重金属污染、白色污染等问题得到有效遏制，为水稻高产稳产奠定了坚实的基础。

16.2.2　提升了水稻生产的科技水平，提高了水稻生产的风险应对能力

通过农业生产社会化服务项目，面向小农户开展社会化服务，把小农户引入现代农业发展大格局，提高水稻生产的集约化水平。通过对制种大县的奖励，强化水稻育种

的科技支撑；在水稻高产创建项目基础上升级而来的绿色高产高效行动，集成组装推广区域性、标准化高产高效技术模式，由"高产"指标提升为"既要争高产，又要见高效，更要体现可持续发展"的综合要求。农机购置补贴政策的实施推动农业机械化水平大幅提高。近几年来，在这些政策支持下，水稻生产逐步走上绿色高质高效的可持续发展道路。

通过安排农业防灾救灾资金和农业保险政策的实施，从应急和常规两个方面提高了水稻生产的风险应对能力。

16.2.3 一定程度上调动了农民的积极性，增加了产粮大县的财力状况

2004年以来实施的粮食直接补贴、良种补贴、农资综合补贴、农机购置补贴、粮食最低收购价格以及减免农业税等一系列惠农政策，虽然在执行后期出现了资金效率不高等问题，但在补贴政策执行初期，很大程度上提高了农民的种粮积极性，2004—2014年，我国水稻播种面积呈稳步增长趋势。

产粮大县奖励政策的实施缓解了地方财政压力，同时在促进其粮食生产方面的作用也不可忽视。奖励资金进一步强化了产粮大县田间工程、农技服务体系等项目建设，加快了粮食标准化和产业化发展。

16.2.4 促进了水稻生产的融合升级

以水稻、稻渔综合种养、稻菜结合及稻猪生态种养等为主导产业的国家现代农业产业园的创建，立足当地资源优势、发展水平和发展潜力，综合施策，促进了生产要素在空间和产业上的优化配置，开展新品种、新技术、新装备的研发、示范、推广，推行了农业绿色、低碳、循环发展模式，强化链条延伸和集约开发，逐步打破一、二、三产业割裂形态，探索了深度融合和系统经营模式，促进了小农户与大市场、现代农业的有机衔接。

水稻生产支持政策在促进水稻生产发展的同时，也依然存在一些问题，主要有补贴政策设计不尽合理、补贴精准度不高、效能不强、落实不到位、力度不够大、机制不完善等。

16.3 水稻生产支持政策相关建议

16.3.1 明确生产支持政策的总体原则和主要方向

完善水稻生产支持政策的总体原则，应是立足当前世界经济新格局和新冠肺炎疫情的影响，充分考虑我国国情，牢牢守住"谷物基本自给、口粮绝对安全"的底线，在此基础上，推进水稻产业高质量发展，努力满足人民日益增长的对水稻绿色优质多样化的需求。

16.3.2 进一步整合水稻生产支持政策

为了让种粮者和补贴发放者更好地理解繁琐、复杂的粮食补贴政策，应尽量整合粮食补贴项目，使得粮食补贴更加简易、便捷。尽管2016年已将"三项补贴"（种粮农民直接补贴、农作物良种补贴和农资综合补贴）合并为农业支持保护补贴，但目前各类补贴政策的补贴对象、标准和范围仍较复杂，为使农民更加准确地把握补贴政策，享受补贴优惠，建议拟定补贴目录，目录上明确写清楚补贴什么、补贴标准是多少、补贴对象是谁等事项，达到一目了然的效果，使农业生产者可以清晰地看到其所在地区能享受到的补贴种类和内容。

16.3.3 在国际规则约束下进一步提高补贴标准，加大补贴力度

粮食具有明显的准公共物品属性，粮食安全对于我国具有特殊的战略意义，加大补贴支出是中央财政义不容辞的责任，中央预算要根据粮食生产成本上涨幅度建立粮食生产补贴递增机制。但是，随着开放程度的加深，我国自2004年以来基于自身国情出发形成的国内支持政策体系，正面临较大的国际贸易规则约束。在这种情况下，中国国内支持政策急需调整，明确政策边界，在国际规则框架内建立灵活多样的补贴政策。

16.3.4 改革补贴方式，提高补贴发放的精准性和效能

以"互联网+现代农业"为契机，建设农业大数据共享平台。农业、林业、自然资源、财政、统计、气象、工商等政府部门通力配合，整合农业信息资源，实现农业生产、经营、管理、服务等各方面数据的有效融合，形成涵盖土地性质、权属、用途、农作物产出等基础信息的综合平台，使粮食生产补贴的发放有科学的依据和基础，提高补贴的精准性。通过建立粮食生产补贴与种粮者行为相关的奖惩约束机制，提高补贴效能。

16.3.5 完善生产补贴机制，推动水稻产业绿色可持续发展

现阶段我国粮食生产处于转型时期，由"数量导向型"向"质量导向型"转型，未来粮食补贴政策也应由"增量导向型"向"提质导向型"转变。我国实施藏粮于地、藏粮于技的战略，其核心是加快转变农业发展方式，实现农业的绿色可持续发展，因此，需要进一步完善水稻生产补贴机制，特别是绿色补贴机制。唯有如此，才能使"藏粮于地、藏粮于技"战略真正落到实处，从而实现促进农业供给侧结构性改革和促进农业可持续发展、保障国家粮食安全的目标。

参考文献

蔡秋华，林强，朱永生，等，2021.再生稻高产高效生产技术研究进展[J].科技促进发展，17（10）：1843-1850.

曹世杰，2017.新粮食补贴政策实施效果研究[D].长沙：湖南师范大学.

陈锡文，赵阳，陈剑波，等，2009.中国农村制度变迁60年[M].北京：人民出版社.

陈晓华，2014.大力培育新型农业经营主体——在中国农业经济学会年会上的致辞[J].农业经济问题，35（1）：4-7.

陈永红，2005.中国稻谷生产变化与供需平衡分析[J].农业展望（3）：8-14.

程侃声，周季维，卢义宣，等，1984．云南稻种资源的综合研究与利用：Ⅱ．亚洲栽培稻分类的再认识．作物学报，10（4）：271-280.

邓艳，高发富，吉勇，等，2018.浅谈糯稻加工利用与遗传育种的研究进展[J].农业与技术（24）：63.

丁常依，2022.南方地区储备稻谷轮换亏损原因及控亏减亏对策分析[J].粮油仓储科技通讯，38（1）：1-3.

丁颖，1964.中国水稻品种的生态类型及其与生产发展的关系[J].中国农业科学（10）：5-10.

杜润生，2002.当代中国的农业合作制[M].北京：当代中国出版社.

范萌萌，杨英姿，2021.绿色消费理念下推进我国有机大米产业发展的路径研究[J].商场现代化（8）：6-8.

高强，刘同山，孔祥智，2013.家庭农场的制度解析：特征、发生机制与效应[J].经济学家（6）：48-56.

郭庆海，2018.小农户：属性、类型、经营状态及其与现代农业衔接[J].农业经济问题（6）：25-37.

国家粮食局课题组，2009.粮食支持政策与促进国家粮食安全研究[M].北京：经济管理出版社.

郝海广，李秀彬，辛良杰，等，2018.农户兼业行为及其原因探析[J].农业技术经济（3）：14-21.

何德容，2013.再生稻丰产管理技术[J].农村新技术（8）：6-7.

黄松，1997.怎样种好水稻[M].北京：化学工业出版社.

黄宗智，高原，彭玉生，2012.没有无产化的资本化：中国的农业发展[J].开放时代（3）：10-30.

贾倩，赵琦，2009.高铁功能型水稻研究进展[J].生物技术通报（6）：16-19.

晋乐, 2018. 国际规则约束下中国粮食"国内支持"政策选择研究——基于WTO和OECD指标评价视角[D]. 南京: 南京农业大学.

柯炳生, 2018. 如何打造农产品区域公用品牌?[J]. 云南农业, 357 (10): 12-13.

雷亮, 彭真, 李鸿, 2015. 大数据在区域品牌营销中的应用研究[J]. 图书与情报 (2): 77-81.

李谷成, 冯中朝, 范丽霞, 2010. 小农户真的更加具有效率吗?来自湖北省的经验证据[J]. 经济学, 9 (1): 95-124.

李圣军, 2013. 新时期农产品消费特点及发展趋势[J]. 农业展望, 9 (5): 65-69.

李宪宝, 高强, 2013. 行为逻辑、分化结果与发展前景——对1978年以来我国农户分化行为的考察[J]. 农业经济问题, 34 (2): 56-65, 111.

李玉恒, 陈聪, 刘彦随, 2014. 中国城乡发展转型衡量及其类型——以环渤海地区为例[J]. 地理研究, 33 (9): 1595-1602.

林毅夫, 2008. 制度、技术与中国农业发展[M]. 上海: 格致出版社.

刘慧, 2021-6-3. 用好用活粮食储备资源[N/OL]. 经济日报. https://theory.gmw.cn/2021-06/03/content_34896488.htm.

刘琪, 靖峰, 郭方权, 等, 2021. 粮库稻谷收购标准与加工企业差异及建议[J]. 中国食品工业 (2): 85-87.

楼栋, 孔祥智, 2013. 新型农业经营主体的多维发展形式和现实观照[J]. 改革 (2): 65-77.

卢宝荣, 葛颂, 桑涛, 等, 2001. 稻属分类的现状及存在问题[J]. 植物分学报 (4): 373-388, 394.

陆国庆, 2002. 区位品牌: 农产品品牌经营的新思路[J]. 中国农村经济 (5): 59-62.

罗其友, 米健, 高明杰, 2014. 中国粮食中长期消费需求预测研究[J]. 中国农业资源与区划, 35 (5): 1-7.

罗文质, 刘其昌, 1979. 我国再生稻的研究利用[J]. 四川农业科技 (1): 52-57.

彭长生, 王全忠, 李光泗, 等, 2019. 稻谷最低收购价调整预期对农户生产行为的影响——基于修正的Nerlove模型的实证研究[J]. 中国农村经济 (7): 51-70.

普喆, 郑风田, 2020. 粮食储备规模优化研究: 基于库存消费比视角[J]. 农村经济 (7): 78-85.

孙健, 梅淑芳, 赵华等, 2013. 糯稻加工利用与遗传育种研究进展[J]. 中国稻米 (1): 36-40.

万姝, 2015. 我国粮食生产支持政策研究[D]. 洛阳: 河南科技大学.

万忠, 2016. 广东水稻产业经济研究 (2015年) [M]. 北京: 中国农业出版社.

王国刚, 刘合光, 钱静斐, 等, 2017. 中国农业生产经营主体变迁及其影响效应[J]. 地理研究, 36 (6): 1081-1090.

吴建寨, 张建华, 孔繁涛, 2015. 中国粮食生产与消费的空间格局演变[J]. 农业技术经济

（11）：46-52.

吴柳格，2019. 米粉稻与食用稻研究现状与展望[J]. 长江丛刊（29）：84-85.

夏征农，1988，辞海农业分册[M]. 上海：上海辞书出版社.

向国成，韩绍凤，2005. 农户兼业化：基于分工视角的分析[J]. 中国农村经济（8）：4-9，16.

谢华安，2005．汕优63选育理论与实践：中国农业出版社：79-81.

徐伟平，江宏，李义稳，2018. 中国人口集聚和经济集聚的环境效应差异研究——基于省域面板数据分析[J]. 生态经济，34（1）：123-127.

叶慧，2007. 贸易自由化下粮食财政支持政策研究[D]. 武汉：华中农业大学.

袁隆平，1987，杂交水稻的育种战略设想[J]. 杂交水稻（1）：1-3.

曾小溪，郭子豪，戴鹏，2015. 我国大米市场价格波动特征及趋势分析[J]. 价格理论与实践（4）：77-79.

张环，2020. 中国粮食最低收购价政策研究现状及其实践分析[J]. 农业展望（3）：7-10，38.

张名位，赖来展，杨雄，等，1995. 中国黑米种质资源的评价与利用研究进展[J]. 湖北农学院学报（4）：309-317.

张乃群，李运贤，祝莉莉，等，2003．稻属分类研究综论[J]. 中国水稻科学（4）：393-397.

张照新，赵海，2013. 新型农业经营主体的困境摆脱及其体制机制创新[J]. 改革（2）：78-87.

章清杞，陈志雄，2000. 我国糯稻的研究与利用概况[J]. 福建稻麦科技（3）：53-55.

赵和楠，侯石安，2019. 新中国70年粮食安全财政保障政策变迁与取向观察[J]. 改革（11）：16-24.

郑红明，2021. 2021年中国稻谷（大米）产业报告[N]. 粮油市场报.

郑秋锦，许安心，田建春，2008. 农产品区域品牌的内涵及建设意义[J]. 产业与科技论坛（2）：88-89.

中华人民共和国国务院新闻办公室，2019-10-4. 中国的粮食安全[EB/OL]. http://www.scio.gov.cn/zfbps/32832/Document/1666192/1666192.htm

周云峰，李翠霞，2015. 公共产品视角的绿色食品区域品牌建设研究：概念、属性及分析框架[J]. 农业经济，337（6）：121-122.

朱军，朱自忠，李平，2021. 中国糯稻遗传育种研究进展[J]. 杂交水稻（1）：1-8.

ANONYMOUS，（2002-8-15）. Rice environments[EB/OL]. http://www.knowledgebank.irri.org/ericeproduction/0.3._Rice_environments.htm.

BEAGLE E C，1978. Rice husk conversion to energy[R]. FAC Agricultural services Bulletin No. 31，Rome.

BODIE A R，MICCICHE A C，ATUNGULU G G，et al.，2019. Current trends of rice milling byproducts for agricultural applications and alternative food production systems[J]. Frontiers in Sustainable Food Systems, 3: 47.

FENG F, LI Y, QIN X, et al., 2017. Changes in rice grain quality of *indica* and *japonica* type varieties released in China from 2000 to 2014[J]. Frontiers in Plant Science, 8: 1863.

JENKINS B M, 1998. Physical properties of biomass[A]//biomass Handbook[M]. New York: Gordon and Breach, Science Press.

KIM B, 2018. Classifying asian rice cultivars (*Oryza sativa* L.) into *indica* and *japonica* using logistic regression model with publicly available phenotypic data[J/OL]. Peer J, 7: e7259.

MICHAEL E, PORTER, 2002. 竞争战略[M]. 陈小悦译. 成都: 西南财经大学出版社.

MORISHIMA H, OKA H I, 1981. Phylogenetic differentiation of cultivated rice, XXII: Numerical evaluation of the indica-japonica differentiation[J]. Japanese Journal of Breeding, 31(4): 402-413.

PRODHAN Z H, FARUQ G, RASHID K A, et al., 2017. Effects of temperature on volatile profile and aroma quality in rice[J]. International Journal of Agriculture and Biology, 19(5): 1065-1072.

VERMA D K, SRIVASTAV P P, NADAF A, 2018. Science and technology of aroma, flavor, and Fragrance in Rice[A]//Science and Technology of Aroma, Flavor, and Fragrance in Rice[M]. Palm Bay: Apple Academic Press.

VERMA D K, SRIVASTAV P P, NADAF A, 2018. Aromatic rice from different countries: an overview[A]//Science and technology of aroma, flavour and fragrance in rice[M]. Palmbay: Apple Academic Press.

WANG W, HE A, JIANG G, et al., 2020. Ratoon rice technology: A green and resource-efficient way for rice production[J]. Advances in Agronomy, 159: 135-167.

WORLD BANK, 2010. Reaching the rural poor: A renewed strategy for rural development[J]. World Bank Publications, 19(4): 563-573.

XU F, ZHANG L, ZHOU X, et al., 2021. The ratoon rice system with high yield and high efficiency in China: Progress, trend of theory and technology[J]. Field Crops Research, 272: 108282.